W0095858

Kurt Völkl, Heinz Peter Wallner

Das innere Spiel

Wie Entscheidung und Veränderung spielerisch gelingen

BusinessVillage

Update your Knowledge!

Kurt Völkl, Heinz Peter Wallner
Das innere Spiel
Wie Entscheidung und Veränderung spielerisch gelingen
1. Auflage 2013
© BusinessVillage GmbH, Göttingen

Bestellnummern
ISBN 978-3-86980-219-0 (Druckausgabe)
ISBN 978-3-86980-220-6 (E-Book, PDF)

Direktbezug www.BusinessVillage.de/bl/923

Bezugs- und Verlagsanschrift
BusinessVillage GmbH
Reinhäuser Landstraße 22
37083 Göttingen
Telefon: +49 (0)5 51 20 99–1 00
Fax: +49 (0)5 51 20 99–1 05
E-Mail: info@businessvillage.de
Web: www.businessvillage.de

Layout und Satz
Sabine Kempke

Illustration auf dem Umschlag
KristinaVelickovic, http://deutsch.istockphoto.com/

Druck und Bindung
Westermann Druck, Zwickau

Inhalt

Über die Autoren

Univ.-Prof. Dipl.-Ing. Kurt Völkl ist Generaldirektor einer österreichischen Sozialversicherung, Lehrender an der Karl-Franzens-Universität Graz und Sachbuchautor. Er ist seit zwanzig Jahren in Top-Managementpositionen mit Veränderung konfrontiert. In dieser Zeit hat er zahlreiche Change-Projekte und Führungsentwicklungsvorhaben umgesetzt. Gemeinsam mit dem Co-Autor ist er Entwickler des »train the eight«-Veränderungsmodells.

Dr. Heinz Peter Wallner ist Change-Berater, Führungskräfteentwickler und Coach. Mit seinem Beratungsunternehmen Wallner & Schauer betreibt er ein Büro in Graz und in Wien. Seine langjährige Erfahrung aus vielen Change-Projekten und aus der Arbeit an der ganzheitlichen Entwicklung von Menschen fließt in seine Sachbücher und in seinen Blog ein. Er versteht sich als Wegbegleiter in Zeiten der Veränderung.

Kontakt zu den Autoren:
E-Mail: wallner@trainthe8.com
Blog: www.hpwallner.at
Web: www.trainthe8.com

Vorwort

Seit der ersten Veröffentlichung unseres Buches *Das Lila-Management-Prinzip* sind vier Jahre ins Land gezogen. Damals hatten wir die Idee eines neuen, ganzheitlichen Veränderungsmodells publiziert. In der Zwischenzeit sind die Ideen gereift, sie haben sich ausgeweitet und wir haben eine Menge Erfahrungen gesammelt – einerseits im Management in einer Top-Führungsposition und andererseits in der Change-Beratung und im Führungstraining. Aus einer Idee ist ein ganzes Spiel geworden, das wir jetzt das »innere Spiel« nennen.

Wir, die Autoren, hatten eine wunderbare Zeit. Einmal im Monat – meist an einem Freitag – trafen wir einander zu einer Entwicklungssitzung. Wenn wir diese gemeinsame Zeit mit einem Begriff beschreiben wollen, dann passt am besten: Inspiration. Eine Frage zu Beginn, einen Widerspruch ausloten, gemeinsames Denken und Entwickeln, erste Skizzen, immer weitere Skizzen am Flipchart und dann der Fluss an inspirierenden Ideen. Der Entwicklungsprozess fühlte sich an wie eine spannende Entdeckungsreise. Unser Logbuch waren die Eintragungen auf dem Flipchart, die mehr als hundert Seiten umfassen. Das Ergebnis unserer Reise liegt nun vor Ihnen, eingepackt zwischen zwei Buchdeckeln.

Eine solche Reise braucht Unterstützer an allen Ecken und Enden. Wir bedanken uns herzlich für viele direkte und indirekte Hilfestellungen. Es waren unsere Freunde, Kollegen und Kunden, die oft für großen Ideenreichtum sorgten und Motivation spendeten. Im Dialog mit Kunden erst konnten unsere Ideen und Konzepte reifen und die Gestalt des »inneren Spiels« annehmen. Alles, was wir hier vorstellen, hat den harten Test der Praxis in drei Dimensionen bestanden. Erstens wurde das Spiel in der aktiven Führungsrolle intensiv gespielt. Zweitens wurde es in der Beratung und im Training einem mehrjährigen Härtetest unterzogen. Das war extrem reinigend und äußerst förderlich. Drittens haben wir das Spiel in unserer persönlichen Entwicklung konsequent durchgespielt. An einem selbst zu üben, ist der zäheste Test von allen. Auch das Buch selbst ist Ergebnis dieses inneren Spiels.

Für das Gelingen des Buches sind Christian Hoffmann und Jens Grübner vom BusinessVillage Verlag mit verantwortlich. Deren Unterstützung geht weit über einen Feinschliff hinaus. Sie haben Ideen eingebracht und an der strategischen Ausrichtung des Manuskripts intensiv mitgewirkt. Sabine Kempke zeichnet für Satz und Layout verantwortlich, auch ihr möchten wir für ihre Ideen und die konsequente Umsetzung herzlich danken. Das Schreibbüro Knöspel aus Bad Muskau hat den Kampf gegen den Fehlerteufel aufgenommen und gute Arbeit geleistet.

Dodo Kresse-Wallner begleitet uns als Autoren schon geraume Zeit. Sie ist für uns eine Quelle der Inspiration und eine wunderbare Texterin, die mit viel Engagement und Liebe unsere Texte lektoriert hat. Herzlichen Dank!

Graz und Wien, im Jänner 2013

Kurt Völkl   Heinz Peter Wallner

1.
Die Spiellandschaft

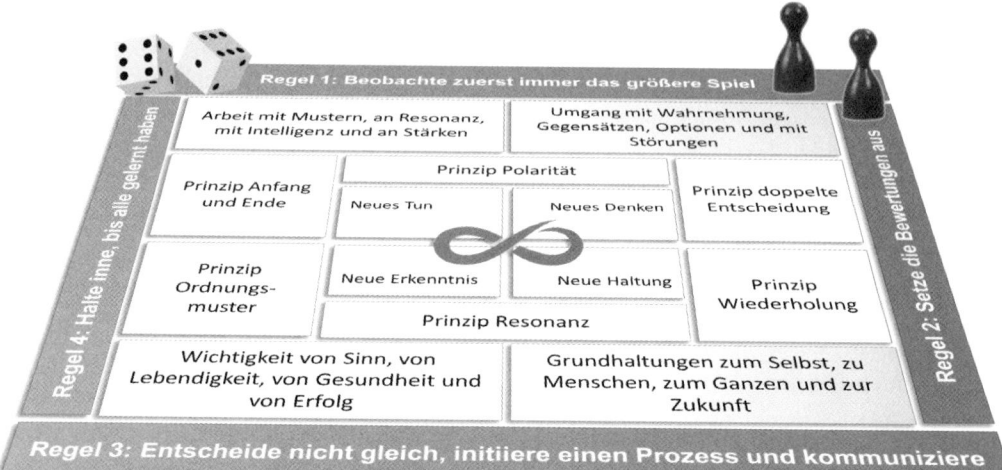

Abbildung 1: Das innere Spiel »Zwischen den Polen und mitten im Fluss« – Spiellandschaft

1.1 Das innere Spiel als neues Spiel

Wer das alte Spiel des Erfolgs heute so spielt, wie es uns die Tradition gelehrt hat, der bemerkt mit der Zeit die neuen Spielregeln, die sich langsam eingeschlichen haben. Anstrengung, Bildung und der Wille zur Karriere reichen nicht mehr aus. Die Plätze der Anerkennung in der Gesellschaft sind enger geworden. Macht und Geld führen uns nicht zum Glück. Sie führen nicht einmal mehr zu einem erträglichen Leben, weil das Burnout uns schon zuvor aufsucht und zu Boden wirft. Die Gesellschaft spielt das Spiel in den letzten Zügen. Sie brennt aus und mit ihr die Menschen, die das alte Spiel noch weiterspielen wollen. In dieser Zeit des Übergangs sind Erfolge mit dem alten Spiel auch noch gut möglich, erweisen sich aber nicht als zukunftsfähig, denn es tut sich eine parallele Welt auf. Dort wird bereits ein anderes Spiel gespielt und Erfolge werden hier zunehmend möglich. Warum also nicht das Spiel wechseln? Wir stellen Ihnen ein neues vor. Dieses Spiel heißt »Zwischen den Polen und mitten im Fluss«. Es wird weder alle Probleme der Welt lösen noch kann es Ihnen eine Sicherheit garantieren, die Sie zum Erfolg führt. Was immer unter den neuen Gegebenheiten als »Erfolg« gelten wird, der Spielausgang ist offen. Das »innere Spiel« aber wird Ihnen helfen, sofern Sie es zu spielen beginnen, mit mehr Gelassenheit durch das Leben zu gehen. Es wird Ihnen neue Möglichkeiten kreieren. Lassen Sie sich zwischen den Polen des Lebens aufladen und tauchen Sie voller Leidenschaft in den abwechslungsreichen, abenteuerlichen Fluss des Lebens.

Wie wir diesen spielerischen Zugang zu »Entscheidung und Veränderung« finden können, davon handelt dieses Buch. Um das neue Spiel spielen zu können, braucht es eine Vorbereitung. Wie in jedem Spiel müssen wir ein Spielfeld definieren. Was ist Teil dieses Spiels und was nicht mehr? Unser Spielfeld ist jenes der Entscheidung in schwierigen, nicht (einfach) zu überblickenden Situationen. Besonders dann, wenn mit der Entscheidung ein relevanter Veränderungsprozess verbunden ist.

Jedes Spiel hat Regeln. Auch das innere Spiel definiert neue und teilweise bekannte Regeln. Jedenfalls wollen die Regeln gelernt und eingehalten werden. Um ein Spiel erfolgreich zu spielen, lohnt es sich, eine Spielstrategie und eine Taktik, die zum Erfolg führt, im Kopf zu haben. Wir stellen Ihnen sechs Erfolgsprinzipien vor, die eine Grundstrategie bilden. Hinzu kommen Grundsätze und Fähigkeiten, die dieses Spiel sehr positiv beeinflussen können. Gegen Ende laden wir Sie ein, einige Spielzüge zu erlernen. Sehen Sie das als Vertiefung an.

1.2 Innere Widersprüche auflösen

In unserer Kultur kennen wir Himmel und Hölle. Der Himmel ist »oben« und gut, die Hölle ist »unten« und schlecht. Damit spannen wir die größte aller Polaritäten auf, die wir kennen. Unser ganzes Streben als Mensch in unserer Kultur dient daher dem Oben. Wir wollen nach oben kommen. Auch wenn wir alle religiösen Tendenzen ablegen, bleibt tief in uns drinnen das Oben erstrebenswert. Vielleicht ist es am Ende des Tages nur die Karriereleiter, die wir nach oben klettern wollen, oder eine andere Form der persönlichen Weiterentwicklung, die uns ein besseres Leben – wieder aber weiter oben – ermöglicht. Der bekannte Philosoph Peter Sloterdijk meint, wir werden von »oben« her beansprucht.

Welche Bedeutung oben und unten für Sie persönlich auch haben mag, diese Polarität hat einen entscheidenden Einfluss auf unser Leben. Sie versetzt uns in Spannung, sie beansprucht uns und bringt uns in Bewegung. Wir können sagen, ohne Polaritäten gäbe es keine Entwicklung mehr. Jede Stunde unseres Lebens ist von solchen Polaritäten geprägt. Ständig befinden wir uns zwischen den Polen, zwischen Möglichkeiten und immer wieder fordert das Leben von uns eine Entscheidung. Wir wissen aus Erfahrung, welche Auswirkungen eine einseitige Entscheidung haben kann. Wer nur nach moralischen Grundsätzen handeln und ganz Engel sein will, trägt die Bestie dennoch in sich und umgekehrt. Wir können in unserem Leben gar nicht anders agieren. Den Polaritäten können wir nicht entrinnen, wir können sie nur zähmen und richtig mit ihnen umgehen lernen. Daher ist es wichtig, genauer hinzusehen, wie und warum Entscheidungen getroffen werden. Was haben wir eigentlich zu entscheiden? Nehmen Sie das Beispiel »Bewahren oder Verändern«. Wir spüren intuitiv, eine solche Entscheidung können wir grundsätzlich nicht treffen. Immer brauchen wir beide Seiten der Polarität. Wir können nicht verändern, ohne zu bewahren, wir können nicht bewahren, ohne zu verändern. Solche eigentlich nicht entscheidbaren Entscheidungen brauchen einen »Prozess«. Keinen Gerichtsprozess freilich, sondern einen Weg, der uns zu einem Ergebnis leiten kann. Wie dieser aussehen kann, werden wir zeigen.

Wir sind gezwungen, uns immer wieder auf diese Polaritäten einzulassen und werden die damit verbundenen Widersprüche mit der Zeit besser und intensiver verstehen. Starrheit löst sich im Fluss auf. Ein solcher Fluss aber kommt nur zwischen zwei Polen zustande. Wasser fließt von oben nach unten, der Strom fließt vom Minuspol zum Pluspol (entgegen der technisch festgelegten Stromrichtung), Wärme immer vom wärmeren zum kälteren Pol. Alles, was fließen will, braucht eine Art von Spannung oder ein Gefälle. Betrachten wir unser Leben als Fluss: Wir müssen danach trachten, in den zu Fluss kommen und dürfen nicht alles künstlich aufstauen. Wir müssen unseren Fluss rein halten. Zunächst aber muss er fließen.

Im Alltag nimmt die Polarität ein anderes Gesicht an. Sie versteckt sich hinter der Maske der Möglichkeiten. Je lebendiger wir sind, desto mehr Möglichkeiten finden wir vor, unser Leben zu gestalten. Möglichkeiten verbinden uns mit dem Leben, wir werden handlungsfähig und können unseren freien Willen einsetzen.

Das Problem, das wir täglich wiederholt lösen müssen, um unser Leben zu verbessern, heißt: Entscheidungen treffen. Das Leben wird zu einer schier endlosen Kette von Entscheidungen. Kleine, große, wichtige und unwichtige Entscheidungen. Leben heißt nach Sir Karl R. Popper auch Problemlösen. Wir sind immer auf der Suche nach einer besseren Welt.

1.3 Die Batterie des Lebens

Kennen Sie das? Sie fühlen sich so richtig ausgelaugt? Die Batterie ist leer? Geht bei unseren Autos der Treibstoff aus, so wissen wir immer den Weg zur nächsten Tankstelle. Wenn unser Smartphone nach Energie ruft, ist immer eine Steckdose in der Nähe. Wo aber finden wir die Tankstelle für unsere Lebensenergie? Lassen Sie sich zur Tankstelle des Lebens führen. Jeder Widerspruch, wenn Sie ihn als das nehmen, was er wirklich ist, kann Sie mit Energie aufladen. Aber jedes Aufladen braucht Zeit. Wir müssen zwischen den Polen innehalten, die Polarität auskosten, die Widersprüche spüren und wirken lassen, bevor wir eine Entscheidung treffen.

Lassen Sie uns das Bild eines Staudamms verwenden. Unser Fluss des Lebens wird beizeiten durch verschiedene Ereignisse aufgestaut. Es entsteht Spannung und der Druck steigt stetig an. Je mehr Wasser wir aufstauen, desto wuchtiger und stärker wird sich der Fluss des Lebens seinen Weg bahnen. Die ausstehende Entscheidung ist immer die Staumauer, die Entscheidung selbst ist der Startknopf, die Dämme zu öffnen. Entscheiden wir zu früh, wird sich der Fluss des Lebens nicht bahnbrechend entwickeln. Entscheiden wir zu spät, halten wir dem Druck nicht stand und die Dämme bersten, ohne dass wir eine bewusste Entscheidung getroffen hätten. Dann werden wir zum Spielball des Lebens. Warten wir lange genug, aber nicht zu lange, dann wird sich der Fluss des Lebens mit ganzer Kraft entfalten und uns auf unserem Entwicklungsweg positiv dahintragen.

1.4 Der Fluss des Lebens

Das Leben ist ein Wechselspiel aus Sein und Werden. Manchmal halten wir inne, laden uns zwischen den Polen neu auf, ergeben uns dem Sein, dann wieder geben wir uns dem Fluss hin, entwickeln uns weiter und ergeben uns dem Werden. Wenn sich durch wichtige Entscheidungen unsere gewohnte Welt auf den Kopf stellt und sich allzu vieles zu verändern beginnt, dann ziehen wir oft die Notbremse und stauen wieder alles auf. Jede Mauer ist uns recht, wenn sie den Fluss des Lebens bremst, denn Veränderung macht Angst. Wir fließen in unbekannten Flussläufen und wissen nicht, welche Unwägbarkeiten vor uns liegen.

Damit Veränderung ein leichteres Spiel wird, binden wir das Veränderungsspiel in unser inneres Spiel ein. Wir zeigen Ihnen einen spielerischen Zugang zur Veränderung. Wenn schon alles unbekannt scheint, was vor uns liegt, dann sollte wenigstens die Veränderung selbst ein bekanntes Bild abwerfen. Machen wir also Veränderung für uns zu einem gewohnten Muster. Wenn uns das gelingt, können wir uns mit mehr Sicherheit auf Veränderungen einlassen, denn Gewohnheiten funktionieren trotz schwieriger

Situationen recht gut, auch wenn der rationale Geist durch Stress oder Angst blockiert ist.

Der Weg der Veränderung ist ein Fluss entlang einer liegenden Acht. Sobald wir die Muster der Veränderung erkennen, kann das durchaus Spaß machen – und zum Spiel werden. Wir müssen nur unsere Angst überwinden.

1.5 Die vier neuen Spielregeln

Spiel, Satz, Sieg. Das ist ein altes Spiel. »Ober sticht unter« ist ein noch älteres Spiel. »Geld regiert die Welt« ebenso. Das alles funktioniert heute nicht mehr wirklich gut. Jedenfalls nicht mehr gut genug für die Mehrheit der Menschen. Wir kennen viele dieser alten Spiele. Es sind die Spiele der Macht, der Hierarchie, es sind die Spiele des Wettbewerbs – »survival of the fittest« – es sind die Spiele um »richtig oder falsch«. Wir, die wir im westlichen Kulturkreis leben, haben unser Spiel fast zu Ende gespielt. Wir haben zweifellos sehr erfolgreich gespielt. Kaum ein Land auf Erden möchte nicht in dieses Spiel einsteigen und mitspielen. Es ist aber ein Spiel, das nur wenige gewinnen können, und daher bleiben allzu viele als Verlierer übrig. Wir haben so oft und so lange gewonnen, bis wir zu glauben begannen, es könne ewig so weitergehen. Dabei haben wir übersehen, wie viele Verlierer wir geschaffen haben. Nur der verklärte Blick kann überall Gewinner entdecken. Das ist das wirklich große Spiel, das soeben beginnt, sich selbst infrage zu stellen.

Es sind nur vier Spielregeln, die wir zu Beginn vorstellen möchten. Ihre volle Bedeutung wird sich erst im Laufe des Lesens schrittweise eröffnen. Wir nehmen aber vorweg: In diesem Spiel geht es nicht darum, zu gewinnen. Es geht um einen Erfolg für alle. Das Leben bietet viel mehr Möglichkeiten als den Sieg. Wenn Sie nur auf einen persönlichen Sieg aus sind, dann gibt es andere Bücher, die Sie lesen sollten.

Die vier neuen Spielregeln

Regel 1: Neues Denken – beobachte zuerst immer das größere Spiel

Du bist mit Deinem Spiel immer Teil eines größeren Spiels. Blicke zuerst nach oben und mache Dir ein Bild, was gespielt wird. Das Spiel über Dir gibt Orientierung, es zeigt Möglichkeiten, aber es schränkt auch ein. Es fließt immer der kleinere Fluss in den größeren. Seine Wasser werden zum Strom des Ganzen.

Regel 2: Neue Haltung – setze die Bewertungen aus

Das Leben konfrontiert uns mit unterschiedlichen Situationen. Ob etwas gut oder schlecht für uns oder andere ist, können wir – im Augenblick eines Geschehens – nicht sinnvoll entscheiden. Spiele Dein Spiel zunächst einmal ohne zu werten. Verzichte auf den Anspruch zu wissen, etwas sei richtig oder falsch, gut oder schlecht.

Regel 3: Neues Tun – entscheide nicht gleich, initiiere einen Prozess und kommuniziere

Die wesentlichen Entscheidungen im Leben – immer, wenn es um etwas wirklich Wichtiges geht – sind eigentlich nicht entscheidbar. Statt voreilig zu entscheiden, initiiere lieber einen Entscheidungsprozess. Nur ein solcher Prozess kann der Komplexität des Lebens gerecht werden. Sobald mehrere Spieler am Feld sind, braucht es eine gute Kommunikation, um gemeinsame Wirklichkeiten zu erzeugen.

Regel 4: Neue Erkenntnis – halte inne, bis alle gelernt haben

Die Entwicklung besteht immer aus vielen kleinen Entwicklungsschritten. Nach jedem Schritt halte kurz inne und schaue, was Du gelernt hast. Wenn mehrere Menschen in diesem Spiel mitspielen, ist es wichtig, darauf zu achten, dass alle aus der Entwicklung gelernt haben. Mache erst dann den nächsten Zug.

Diese Spielregeln klingen sehr einfach. Sie sind es auch. Sie bilden die Basis eines Spiels, das die Komplexität des Lebens in sich aufnehmen kann. Lassen Sie sich nun auf das innere Spiel zwischen den Polen und mitten im Fluss ein.

Obendrein ist das auch eine neue Regel: Du kannst neue Regeln erfinden. Diese vier Regeln sind eine Basisausstattung. Doch das Spiel entwickelt sich während des Spielens weiter. Eine neue Regel, die Du in das Spiel einbringst, erzeugt eine Wirkung und verändert das Spiel. Im besten Fall wird eine gute neue Regel neue Ordnungen erzeugen. Dazu sind Regeln da. Sie erzeugen Ordnung, wo Chaos herrscht. Dabei ist das Prinzip »Ordnungsmuster« zu beachten, das aus dem alten Spiel erst ein neues Spiel macht. Achte darauf, ob die neue Regel für mehr Lebendigkeit sorgt.

2.
Zwischen den Polen

Das Leben spielt sich zwischen Extremen ab. Mal ist es Tag, dann wieder Nacht, mal zieht es uns gen Süden, mal gen Norden, mal ist es heiß, dann kalt. Zwischen den Extremen, also etwa zwischen den Polen Weiß und Schwarz liegt nicht nur ein Graubereich, sondern auch ein Freiraum, der uns zu Entscheidungen zwingt. Selbst wenn wir wollten, könnten wir nicht immer im Graubereich verharren. Die goldene Mitte mag sich oft bewähren, aber sie ist kein Lebensweg, kein gangbarer Pfad, weil das Leben von uns mehr verlangt und uns – wenn auch manchmal unfreiwillig – alle Höhen und Tiefen auskosten lässt. Des neuen Spiels erster Teil »Zwischen den Polen« ist eine Empfehlung, sich mit den Polen des Lebens zu beschäftigen und nicht bei jeder Gelegenheit nach einer schnellen Balance zu suchen. Sicher ist Balance wichtig, denn ohne sie verlieren wir den Halt. Aber Balance im Sinne von »ein wenig von diesem, ein bisschen von jenem und schon ist der optimale Mittelweg gefunden«, bewährt sich nicht. Dann wird Balance zu einem faulen Kompromiss. Entwicklung findet nicht in der Balance statt, sondern nur in der vollen Energie zwischen den Polen. Dazu müssen wir die Pole erkunden und die Balance hinter uns lassen. Die Suche nach Balance ist ein Irrtum, ein fehlgeleiteter Versuch, einen Ausweg aus dem alten Spiel zu finden.

2.1 Widersprüche machen lebendig

Unsere Welt verlangt nach Entscheidungen. Das macht unser Leben manchmal schwierig, weil wir immer Entscheidungen treffen müssen, auch dann, wenn uns alle Grundlagen dafür fehlen. Werfen wir also von Zeit zu Zeit eine Münze und lassen den Zufall entscheiden. Die zwei Seiten einer Münze sind ein Symbol für das Leben an sich. Jede Situation birgt eine Chance und ein Risiko, jede Veränderung bringt Gutes und Schlechtes, jeder Mensch kennt in sich eine helle und eine dunkle Seite. Alles im Leben passiert zwischen zwei Polen wie auch die ganze Welt dem Einfluss des Magnetfeldes, das sich zwischen Nord- und Südpol aufspannt, ausgesetzt ist. Das prägt uns Menschen und unser Empfinden in der Welt. Wir erleben unser Leben gegensätzlich und diesen Gegensatz nennen wir Polarität. Im täglichen Leben begegnet uns Polarität auf Schritt und Tritt, sie lässt uns nie ausruhen und fordert uns ständig. Wenn Sie einen guten Job haben, aber dennoch eine gewisse Unzufriedenheit verspüren, kann Ihnen plötzlich eine neue Option, eine neue Chance, ein neues Angebot zufallen. Einfach so. Und dann spüren Sie, was Polarität aus Ihrem Leben macht. Das Alte und das mögliche Neue stehen einander gegenüber und fordern Sie heraus. Es braucht eine Entscheidung. Im Zustand vor der Entscheidung spüren Sie die Unruhe. Sie wälzen sich im Bett hin und her, sie reden mit Freunden, sie schwanken in Gedanken wie das Pendel einer Uhr zwischen den Möglichkeiten. Ticktack, ticktack, aber noch ohne klares Bild. Sie sind in diesem Zustand der Nicht-Entscheidung in einem »Übergangsraum«. Sie sind nicht mehr ganz hier, aber noch lange nicht dort. Sie stehen zwischen den Möglichkeiten und fühlen sich in Aufregung versetzt und unruhig. Erst nach einer Entscheidung kommen Sie wieder in den positiven Fluss des Lebens. Die Dinge klären sich. Aber egal, welche Entscheidung Sie auch getroffen haben: Alleine die zusätzliche Möglichkeit, die sich aufgetan hat, erzeugt eine Polarität, die Sie noch lange begleiten wird. Der alte Job ist nämlich mit vielen Vor- und Nachteilen verbunden und der neue ebenso. Und vollkommen unabhängig davon, wie Sie sich entschieden haben, sie müssen etwas zurücklassen. Mit jeder Entscheidung treffen Sie bewusst eine Auswahl für etwas und gegen etwas anderes. Jede Entscheidung zwingt Sie dazu, etwas hinter sich zu lassen.

Widersprüche des Lebens

Es sind aber nicht nur die Alltagssituationen, die uns mit Gegensätzen konfrontieren. Polaritäten ziehen sich durch unser gesamtes Leben als ein Spiel von Licht und Schatten. Geburt und Tod, Mann und Frau, Werden und Sein sind Gegensätze des Lebens. Kein Mensch entkommt ihnen. Manchmal erleben wir Stabilität im Leben. Wir fühlen uns aufgehoben und in Sicherheit, weil es das Leben gut mit uns meint. Die Dinge haben sich eingependelt, die Beziehung gibt uns Kraft und Ruhe, die Kinder entwickeln sich erfreulich und der Beruf gibt Grund zur Zufriedenheit. So einen Zustand wollen wir »bewahren«, es darf alles so bleiben. Doch das Leben ist im Fluss und wir sind mittendrin. Nach einer Phase der Stabilität beginnt an irgendeinem Zipfel des Lebens plötzlich ein Wandel. Etwas Neues dringt in unser Leben ein und sorgt für Unruhe, beispielsweise eine unerwartete Erbschaft. Oder es passiert etwas, das so nicht hätte passieren dürfen. Wir verlieren etwas, das uns heilig und wertvoll war. Eine Krankheit, der Verlust eines Menschen, ein Misserfolg oder eine andere Störung kann unsere Stabilität gefährden. Was bis heute stabil war, beginnt plötzlich zu wanken.

Der Phase der Stabilität folgt eine instabile Phase, die voller Veränderungen steckt und von uns viel Energie abverlangt. Wir wissen in diesen Phasen nie, was uns hinter der nächsten Tür erwartet. Es kann, mit etwas Glück, besser werden, oder es kann nachher schlechter sein als zuvor. Was oben ist, kommt wieder nach unten, was unten ist, kommt wieder nach oben. Einige unter uns erleben erstaunlich lange stabile Phasen und wirken auf uns als Menschen, die ruhig und sicher mit beiden Beinen im Leben stehen. Es will uns scheinen, das ständige Auf und Ab sei bei uns öfter zu Gast als bei den Nachbarn oder den Arbeitskollegen. Aber seien Sie beruhigt: oft verbirgt sich hinter den Masken der Stabilität eine ziemliche Unruhe. Wir sitzen alle im selben Boot – alle befinden wir uns zwischen den Polen und diese Pole beanspruchen uns alle gleich.

Der Wechsel zwischen Zeiten der Stabilität und der Instabilität pumpt uns voll mit Leben. Das ist nicht immer angenehm, aber am Ende des Tages das Beste, was uns passieren kann. Wir sind gezwungen, unsere Komfortzone zu verlassen und an unserer Entwicklung zu arbeiten. Es gibt den Ausspruch: An der Grenze entsteht Energie. Und es ist tatsächlich so. Seien wir dankbar für die Störungen und Instabilitäten, weil sie uns mit Energie aufladen und an die Grenzen führen, wo wir uns wirklich weiterentwickeln können. Die stabilen Phasen mögen sich gut anfühlen, aber Entwicklung passiert hier nicht. Sie bleiben in diesen »Wohlfühlzeiten« immer die Person, die Sie schon waren. Es mehren sich nur Ihr Erfahrungsschatz und die Anzahl der Gewohnheiten, die Sie durch das Leben bringen. Denken Sie auch an die Evolution. Die großen Schritte der Entwicklung hat das Leben immer in Zeiten großer Störungen durchlaufen. Es brauchte einen riesigen Asteroideneinschlag, um die Ära der Dinosaurier zu beenden und den Siegeszug der Säugetiere zu ermöglichen.

Das wirkliche Leben spielt sich also in einem »Raum der Gegensätze«, einem »Raum der Widersprüche« ab. Wir pendeln zwischen den Polen. Widersprüche gehören zum Leben. Wir können sie als Lebensprinzip anerkennen. Und diese Widersprüche nehmen wir überallhin mit und übertragen sie in jede unserer Rollen im Leben. Sei es nun die Rolle als Mensch in einer Beziehung oder die Rolle, die wir im Berufsleben einnehmen. Das kann eine Führungsrolle sein. Und wie wir alle wissen, ist die Führungsarbeit von sehr intensiven Widersprüchen betroffen. Sobald Sie eine solche Rolle annehmen, stehen Sie im Raum der Widersprüche. Sie sind nicht mehr Teil des Teams, sondern müssen die Leitung übernehmen, Sie stehen zwar hinter dem Team, aber Sie vertreten die Interessen der Organisation. Und alleine hier ist der Widerspruch täglich spürbar. Widersprüche bieten uns abwechselnd heiße und kalte Duschen an, sie spielen mit unseren Gefühlen und bringen uns nicht selten an die Grenzen des Erträglichen. Dennoch sind sie Teil unseres Lebens, sie sind nicht wegzudenken und wir brauchen sie. Und warum? Ganz einfach: Ohne Widersprüche, ohne Gegensätze, ohne Pole ist keine Entwicklung in Sicht. Gegensätze treiben uns an, sie versorgen uns mit Energie, die Lernen und letztlich Leben ermöglicht.

Wechselbäder des Lebens

Kaum ein anderes Wechselbad beeinflusst unser Leben derart stark wie das »Bewahren und Verändern«, das »Sein und Werden«. Was ist nun gut für uns? Ist es besser, das Erlangte zu bewahren und im »Sein« zu verweilen, oder ist es besser, sich der Veränderung hinzugeben und ständig zu »werden«? Dies ist eine der großen Fragen im Leben jedes Menschen und wir spüren, eine Entscheidung können wir nicht so einfach treffen. Beides ist sowohl gut als auch schlecht und abhängig vom Zeitpunkt im Leben und unserer Perspektive, die wir einnehmen.

Nun zählen aber Fragen, die wir nicht einfach mit Ja oder Nein beantworten können, nicht gerade zu unseren Lieblingsfragen. Viel angenehmer ist es, wenn wir mit rein logischen Fragen konfrontiert werden und letztlich eine Ja- oder Nein-Antwort zielsicher geben können. Wenn wir »ja« oder »nein« sagen, ist die Welt in Ordnung, wir fühlen so etwas wie Stabilität und Sicherheit mitten im Ungewissen. Wenn wir aber »vielleicht« sagen müssen oder uns das gut bekannte, »Ja, aber« einfällt, wird es schwieriger. Wenn wir uns die Mühe machen und vor einer Entscheidung etwas in die Tiefe gehen, werden wir eines sehr schnell feststellen: Es gibt überhaupt keine wichtige Frage in unserem Leben, auf die eine einfache Ja- oder Nein-Antwort die richtige Wahl wäre. Sie sind skeptisch? Was ist mit diesen Fragen: Wollen Sie noch ein Glas Wein? Nein, danke. Dürfen wir unser Geschäft jetzt abschließen? Ja, bitte. Sind wir zu einer guten Vereinbarung gekommen? Ja, unbedingt. Es geht also doch? Wir brauchen diese Sicherheiten, die aus einfachen Ja- oder Nein-Antworten resultieren. Aber diese Sicherheit ist nur Schein, eine Täuschung, eine Selbst-Irreführung unseres Geistes. Warum das so ist?

Es gibt verschiedene Entscheidungen

Wenn wir etwas entscheiden müssen, dann haben wir meist zwei Möglichkeiten. Wir können beispielsweise etwas kaufen oder nicht, wir können uns zwischen dem blauen und dem grauen Mantel entscheiden. Manchmal stehen wir vor wesentlich mehr Optionen. Wenn diese Optionen – das sind unsere Möglichkeiten, die zur Wahl stehen – für unser Leben nicht besonders wichtig sind, dann nennen wir die Entscheidung eine »taktische«. Wenn wir uns im Laden vier verschiedene Kleidungsstücke ansehen und eine Entscheidung gefällt werden muss, weil das Budget für alle vier nicht reicht, dann ist das eine taktische Entscheidung. Es mag uns im Augenblick wichtig vorkommen, hat aber für unser Leben keine große Bedeutung.

Es gibt aber Situationen, da verlangt das Leben von uns eine wirklich wichtige Entscheidung. Wenn Sie in einer Beziehung stehen und einen anderen Menschen kennenlernen, dann stehen Sie vor einer wichtigen Entscheidung für Ihr Leben. Oder wenn Sie einen guten Job haben und ein weiteres Angebot bekommen. Wir verlassen das Feld der taktischen Fragen und erreichen die Sphäre der »strategischen Fragen«. Eine Frage ist strategisch, wenn die Entscheidung längerfristige und erhebliche Auswirkungen auf unser Leben hat. Solche Fragen rühren in einem Topf, in dem das Leben eine Suppe mit den Zutaten »Bewahren und Verändern« für uns kocht. In dieser Suppe liegt die Würze des Lebens. »Bewahren und Verändern« trifft uns immer mitten ins Herz. Können wir zwischen »Bewahren und Verändern« eine Ja-Nein-Entscheidung treffen? Wenn wir alles extrem vereinfachen, dann ja. Wenn wir aber die »Komplexität des Lebens« wahrnehmen wollen, dann funktioniert das nicht mehr.

Wir treffen bei der Frage »Bewahren oder Verändern« erneut auf einen Widerspruch. Diese Frage wird vielleicht nur selten direkt ausgesprochen, genauer betrachtet, steckt sie jedoch in fast allen wichtigen Lebensproblemen. Etwa in der Frage des Jobwechsels. Es geht hier im Wesentlichen um die Frage, ob Sie lieber bewahren, was sie derzeit vorfinden, oder ob Sie sich einer Veränderung aussetzen wollen. »Ja oder Nein« passt hier nicht als Antwort, weil es keine richtige und keine falsche Entscheidung gibt. Es ist weder richtig noch falsch, im alten Job zu bleiben, genauso wie es weder richtig noch falsch ist, einen neuen Job anzunehmen. Viele Gründe sprechen für die eine und viele Gründe sprechen für die andere Option. Was sich am Ende und nach einiger Zeit als gute oder schlechte Entscheidung herausstellt, ist zum Zeitpunkt der Entscheidung nicht mit Sicherheit zu sagen.

So erleben wir viele Fragen im Leben als »Polaritäten« und wir müssen uns mit widersprüchlichen Argumenten befassen. Es spricht viel für das eine, aber auch viel für das andere. Beide Seiten könnten gut für uns sein und beide Seiten scheinen richtig oder ebenso falsch zu sein. Mehr über verschiedene Arten von Entscheidungen präsentieren wir in Kapitel 5 *Am Punkt der Entscheidung* ab Seite 81.

Der Widerspruch als Aporie

Für Aristoteles war Aporetik die Kunst, unlösbare oder schwer zu lösende Probleme zu durchdenken und zu erörtern, eine eigene Forschungsmethode (Wikipedia). Die intensive Herausarbeitung von Widersprüchen war für ihn somit ein Weg zur Erkenntnis. Mit dem Widerspruch zwischen »Bewahren und Verändern« haben wir eine der ganz großen Fragen der Menschheit vor Augen. Herbert Pietschmann, einer der wenigen modernen Universalgelehrten, ist dieser Frage intensiv nachgegangen (Pietschmann 2002). Er stellt den Bezug zum griechischen Philosophen Sokrates her und lässt uns begreifen, wie bedeutsam diese Frage für unser gesamtes Leben ist. Er nennt die Situation, in die wir kommen, wenn wir zwischen »Bewahren und Verändern« zu entscheiden haben, eine Aporie, eine Ausweglosigkeit. Eine Aporie ist somit ein erkennbarer nicht lösbarer Widerspruch und diese Erkenntnis bringt uns in vielen Fällen viel weiter, als die verzweifelte Suche nach einer Auflösung oder einem Ausgleich im Sinne einer goldenen Mitte.

Wir befinden uns in einer Aporie, wenn wir an einem Punkt im Leben eine Entscheidung zu treffen haben, aber eine solche nicht sicher treffen können. Für beide Seiten finden sich nachvollziehbare und schlüssige Argumente und beide sind wahr oder falsch. Gleichzeitig sind die beiden Positionen voneinander abhängig, ohne die eine gibt es die andere nicht. Die Auslöschung einer Seite löscht auch die andere in ihrer Bedeutung aus. Logischerweise lässt sich eine Entscheidung in solchen Situationen nicht herbeiführen. Die Aporie führt uns das eigene Nichtwissen vor Augen, sie setzt unsere zweiwertige »Richtig-falsch«-Logik außer Kraft, das »Entweder-oder« wird durch ein »Sowohl-als-auch« ersetzt. Jetzt sind wir mitten im Leben – genau zwischen den Polen.

Es sind gerade die Aporien, die unser Leben spannend machen, sie sind das Salz in der Suppe, das Prickeln, das unser Leben lebenswert macht. Aber die Aporien sind auch unsere Geißel, weil sie uns den meist sehr unbeliebten Widerspruchsraum im Leben eröffnen. Widersprüche sind uns im Leben so lästig wie ein Schwarm von Mücken. Es gibt nur eine innere Tendenz, nämlich sich der Mücken zu entledigen. Den gleichen Umgang pflegen wir mit Widersprüchen. Widersprüche lassen uns nicht ruhen, wir werden zu Getriebenen, die unaufhörlich versuchen, den Widerspruch aufzulösen. Gelingt es uns nicht, nennen wir es ein Dilemma, eine ausweglose Situation und wir erstarren angesichts unseres Nichtwissens und unserer Unfähigkeit, die Sache endlich zu bereinigen. Wir wünschen uns nur, die Belastung möge von uns abfallen, darum ringen wir dann jede Minute. Nur: Sie fällt nicht ab. Entscheiden wir uns aber doch für das eine und gegen das andere, dann erfreuen wir uns nur kurzfristig an der Lösung, weil sich der Widerspruch von einer anderen Seite her wieder zeigen wird. Das Problem setzt dann eine seiner vielen Masken auf und erschreckt uns hinter der nächsten Ecke erneut.

Wir erfahren das als Menschen häufig in unseren Beziehungen. Wenn wir uns zwischen zwei Menschen entscheiden müssen, gibt es kein richtig und kein falsch. Sobald wir eine Entscheidung treffen, kommen wir in den Fluss des Lebens. Die Dinge nehmen ihren Lauf und die Entscheidung scheint trotz der Schmerzen eine gute zu sein. Aber auch in der neuen Beziehung erfahren wir wieder und wieder die alten Problemmuster. Unsere Probleme aus der einen Beziehung begegnen uns in der neuen in ähnlicher Form. Der Widerspruch zwischen »Bewahren und Verändern« zeigt sich dann erneut. Vielleicht sind wir besser beraten, wenn wir den Widerspruch nicht durch eine Entscheidung zu lösen versuchen, sondern lernen, mit dem

Widerspruch zu leben. Natürlich sollen wir im Leben immer wieder Entscheidungen treffen. Auch dann, wenn sie zu keiner Verbesserung führen, tauchen sie uns in das wahre Leben ein. Wir gehen an die Grenzen, tanken Energie und fühlen uns dem Leben verbunden. Wir sollten aber wissen und verinnerlichen, mit solchen Entscheidungen die Widersprüche in unserem Leben nicht auflösen zu können. Sie sind nämlich ein Teil unseres Lebens und unserer Welt, sie sind ein Teil von uns.

Das Gute am Widerspruch

Widersprüche sind gut für uns und für unsere Entwicklung. Nur wenn wir uns mit Widersprüchen und ihren Extremen – ihren Polen – ernsthaft auseinandersetzen, erhalten wir ein vollständiges Bild der Welt. Ein Mensch, der bemüht ist, immer nur auf der bequemen Seite des Lebens zu agieren und der seine Grenzen nicht sucht, dem wird ein Teil seiner selbst verborgen bleiben. Wer sich dem Pol des Bewahrens voll und ganz verschreibt und jede Veränderung ausschließt, der wird ein langweiliges Lebens führen. Erst eine unvorhergesehene Situation verhilft uns dann dazu, den anderen Pol zu erkennen. Da diese Veränderung unter Zwang erfolgt, ist sie oft mit großen Schmerzen und viel Leid verbunden. Wir plädieren daher für ein bewusstes Leben im Widerspruchsraum. Erkunden Sie beide Pole, lassen Sie sich auf Zeiten der Veränderung ein und genießen Sie danach eine Phase des Bewahrens.

Zwischen den Polen

Wer sich als Mensch ernsthaft weiterentwickeln will, muss sich den Widersprüchen seines Lebens stellen und mit ihnen arbeiten. Der Widerspruch »Bewahren und Verändern« ist ein Beispiel dafür. Widersprüche erweitern unseren Horizont. Sie helfen uns, das Leben in seiner ganzen Vielfalt wahrzunehmen.

Die Beschäftigung mit Widersprüchen engt uns nicht ein. Im Gegenteil. Widersprüche bieten uns immer zwei Pole, deren Erkunden uns neue Möglichkeiten schafft. Aus dem Widerspruch folgen für uns neue Optionen – als Mensch, aber auch als Organisation und als Gesellschaft.

2.2 Vom Umgang mit Widersprüchen

Es gibt nur eine gute Möglichkeit, mit den Widersprüchen des Lebens umzugehen: Gelassenheit und Dialog.

Innere Widersprüche, die unser Leben bestimmen, brauchen besonders viel Gelassenheit und einen inneren Dialog, den wir mit uns selbst, mit unseren inneren Stimmen, führen müssen. Hier sind wir mitten im inneren Spiel. Wir müssen also unsere eigenen Schattenseiten betrachten. Es ist nicht einfach für jene, die alles daran setzen, das Gute im Leben hochzuhalten, auf die Suche nach dem Schlitzohr zu gehen, das sich im Inneren verborgen hält. Ein böser Gedanke mag nicht besonders erfrischend für die Welt sein, macht jedoch jenen Menschen, der besonders friedfertig und rücksichtsvoll ist, für alle anderen ein bisschen menschlicher. Reine Engel halten wir nur aus, wenn sie nicht mehr von dieser Welt sind.

Widersprüche tragen wir aber nicht nur in uns. Sie begegnen uns in Beziehungen mit anderen Menschen genauso wie in Funktionen und Rollen aller Art. Jene Menschen, die uns wiederholt auf die Palme bringen, sind ein wertvoller Spiegel für uns. Wenn sie eher ein Harmoniemensch sind, dann werden Sie konfliktorientierte Menschen immer wieder aus der Ruhe bringen. Wenn Sie ein Mensch mit hohem Durchsetzungsvermögen sind, dann werden Sie auf gediegene Wertschätzung und vornehme Zurückhaltung leicht mit Ungeduld und Ärger reagieren. Und wenn Sie Ordnung eher großzügig interpretieren und Ihr persönliches Chaos am Schreibtisch oder in Ihrer Wohnung lieben, dann wird Ihnen ein Mensch, der dem neurotischen Privatdetektiv Adrian Monk ähnelt, sehr schnell ziemlich auf die Nerven gehen.

Wenn Sie in einem Unternehmen oder einer Organisation arbeiten, dann begegnen Ihnen dort laufend Widersprüche folgender Art: Die einen setzen auf Qualität und wollen Fehler vermeiden, die anderen wünschen sich Innovation und lassen daher Fehler zu. Die einen berufen sich auf die Macht der Hierarchie und fordern die Umsetzung von Anweisungen ein, während wieder andere Wert auf Selbstverantwortung legen und Selbstständigkeit im Denken erwarten. Solche Widersprüche gibt es noch sehr, sehr viele. So viele, dass manche Menschen in Organisationen keinen gangbaren Weg aus den vielen Dilemmata erkennen können.

Und doch gibt es einen positiven Umgang mit all diesen Widersprüchen, den wir hier aufzeigen werden. Wir wecken die Erwartung, einen neuen Zugang zum Widerspruch zu entdecken, ohne aber den Anspruch zu stellen, alle Widersprüche aufzulösen. Letzteres geht nämlich aus Prinzip nicht. So einfach macht es uns das Leben nicht. Aber wenn wir einige Prinzipien anwenden, dann können wir aus den Widersprüchen für uns neue Chancen ableiten. Aus einem Dilemma entsteht ein neuer Weg. Genau aus diesem Grund spielen wir das innere Spiel.

Widersprüche in der Führungsrolle

Wenn Sie zu den Führungskräften in einer Organisation gehören, ist der Umgang mit Widerständen dreifach wichtig. Erstens ist er für Sie als Mensch wichtig, um sich nicht daran aufzureiben und Energie zu verlieren. Zweitens ist er wichtig, damit Sie das Zusammenspiel in Ihren Teams auf eine höhere Ebene bringen können. Und drittens ist er wichtig, damit Sie aus Widersprüchen neue Strategien für die Zukunft erkennen lernen.

Der Drang zur Lösung der Widersprüche braucht Gelassenheit, damit er nicht zur Dauerbelastung wird. Wir können nur sagen: Willkommen im Raum der Widersprüche! Beginnen Sie, sich mit der Möglichkeit anzufreunden, Widersprüche als Teil des Lebens, besonders als Teil des Lebens als Führungskraft, tapfer anzunehmen. Nach anfänglicher Enttäuschung werden Sie sehr bald in den energiegefüllten Widerspruchzeiten Ihre neue und wahre Kraftquelle – die Batterie des Lebens – entdecken. Zwischen den Polen finden wir die Gewürzkammer des Lebens. »Bewahren oder Verändern« ist eine Grundbasis, eine Frage von großer Wichtigkeit. Es ist die zentrale Frage der Führungsarbeit.

Der Unterschied in der Einheit

Wenn wir über Widersprüche reden, dann müssen wir auch der Grundaporie »Unterschied und Einheitlichkeit« auf die Spur kommen (Ossimitz/ Lapp 2006). Wo Unterschiede existieren, gibt es keine Einheitlichkeit, wo Einheitlichkeit herrscht, gibt es keine Unterschiede. Auf der anderen Seite macht Unterschiedlichkeit gar keinen Sinn, wenn es die Einheitlichkeit nicht gäbe und umgekehrt. Es ist eine wichtige Aufgabe von Führung und von Unternehmertum, Unterschiede zu schaffen, die Dinge für Menschen unterscheidbar zu gestalten und somit eine Asymmetrie in ihr Leben zu bringen.

Wenn Sie abends hungrig durch eine fremde Stadt fahren und keine Lust haben, ein richtiges Restaurant zu suchen, dann wird eine gelbe Doppelparabel, die Ihnen entgegenleuchtet, sofort auffallen. Sie erkennen das Logo von McDonald's aus Gewohnheit. Jetzt sind Sie in der Lage zu entscheiden. Sie könnten auch links abbiegen, aber die Anziehung der auf der rechten Seite leuchtenden Parabel macht alles anders. Das eine ist nun wichtiger als alles andere. Die vielen Möglichkeiten, die sich sonst noch bieten, existieren plötzlich nicht mehr. Sie werden vom gelben Logo magisch angezogen. Dieses Logo macht in der Fülle der Möglichkeiten einen entscheidenden Unterschied. Marken haben nur diese eine Aufgabe, für die Menschen einen Unterschied zu machen. Und zwar sollen sie einen Unterschied machen, der wirklich zählt und den Menschen keine Wahl mehr lässt. Unterschiede machen Entscheidung möglich.

Diese Unterschiede für Menschen so klar wie möglich zu machen, ist Aufgabe des Marketings. Ein Leben ohne Unterschiede wäre nicht nur eintönig, sondern gar nicht lebenswert. Wir brauchen die Unterschiede zur

Orientierung. Unterschiede helfen uns, den Alltag zu meistern. Sie erleichtern unsere Entscheidungen, weil wir andere Möglichkeiten weniger gut einschätzen und daher emotional ausschließen können. In unserer heutigen Gesellschaft gibt es aber widersprüchliche Entwicklungen. Die Markenwelt der Wirtschaft setzt volle Energie auf Unterschiede und auf Vielfalt. Die spirituelle Welt, die durch die Esoterikszene einen großen Zuspruch erfährt, setzt auf Einheit. Der Mensch als spirituelles Wesen strebt nach Einheit und sieht darin das Ziel der Bewusstseinsentwicklung. Hier gilt die Überwindung der Widersprüchlichkeit der Welt als eigentliche Meisterschaft.

Widersprüche im Alltagsleben

Widersprüche sind der Saft des Lebens. Deshalb sind sie uns manchmal so richtig sympathisch, die Querulanten, die Querdenker, die Gegenredner, die Revoluzzer, die Robin Hoods und Zorros, weil wir ganz tief in uns spüren, im Moment des Widerspruchs am Puls des Lebens zu sein. Hier passiert etwas, hier entsteht etwas, hier beginnt etwas. Und wir sind mittendrin – ein gutes Gefühl, das uns Angst überwinden lässt. Viel öfter, als wir es vielleicht glauben, wandern wir in Widerspruchsräumen und setzen unser logisches Denken zwangsweise außer Kraft. Der zweiköpfige Janus, der römische Gott von Anfang und Ende, sitzt mit seinen zwei Gesichtern immer noch auf jeder Parkbank und bringt uns ins Grübeln. Der Versuch der Überwindung dieser Widersprüchlichkeit ist ein sinnvolles Ziel. Jedoch ist die Überwindung mit poetischem Humor einfacher und erfreulicher. Ein kleiner Versuch? Der Widerspruch von »Bewahren und Verändern« lässt sich auch so formulieren: Wir werden immer das, was wir bereits sind. Und die dazu passende Lebensmaxime heißt: »Werde, was du bist!« (Pietschmann 2002: 93). Jetzt haben wir eine Synthese – die vorübergehende Auflösung eines Widerspruchs auf höherer Ebene – geschafft. Wir haben uns weiterentwickelt.

Sie fragen sich, was Ihnen diese »graue Theorie der Widersprüche« im Alltagsleben bringen kann? Die Antwort liegt auf der Hand: »Möglichkeiten«. Macht uns nicht alleine die Existenz von Möglichkeiten schon um vieles freier und unabhängiger, handlungsfähiger und damit auch kreativer und glücklicher? Wir wollen nicht jede »Möglichkeit« ausschöpfen, wir wollen sie bloß »haben« – um wieder Energie und Kraft für das Morgen zu spüren.

2.3 Das größere Spiel

Wir leben in einer Welt der Widersprüche. Unser neues Spiel beginnt genau hier zwischen den Polen, zwischen den beiden Extremen. Jetzt lautet die erste Spielregel aber so: Beobachte zuerst immer das größere Spiel. Was soll das heißen? Wenn uns als Menschen Widersprüche begegnen, dann sind diese Widersprüche eine Mitgift eines – und besonders Deines – größeren Spiels. Es gibt also ein Spiel »auf höherer Ebene«, das uns beeinflusst und das uns einen Widerspruch mit auf die Reise gibt. Die erste Spielregel leitet uns an, uns die Widersprüche auf höherer Ebene genauer anzusehen, bevor wir uns mit unseren eigenen Widersprüchen auf unserer Ebene – zwischen den Polen – beschäftigen.

Mit einer ersten, skizzenhaften Beobachtung der Widersprüche auf höherer Ebene, die wir heute in der Welt vorfinden, kommen wir zu folgenden Erkenntnissen:

Das größere Spiel – die logische Kette der Widersprüche

Gesellschaft: Die westliche Gesellschaft befindet sich in einem Übergangsraum, also zwischen zwei Polen. Der eine Pol ist das uns gut bekannte mechanistische Denken, das unsere Weltsicht heute am stärksten prägt. Daraus hat sich ein großes, mächtiges Spiel entwickelt. Es ist das Spiel mit der Ratio. Die Grundregel: Ratio schlägt Emotio, der Verstand besiegt das Gefühl. Der andere Pol ist das aufkeimende und uns weniger geläufige ganzheitliche Denken. Aus dieser Weltsicht muss sich erst ein durchgängiges Weltbild formen und ein neues Spiel mit neuen Grundregeln entwickeln.

Das größere Spiel – die logische Kette der Widersprüche

Der Grundwiderspruch auf gesellschaftlicher Ebene lautet: Ganzheitlich versus mechanistisch.

Wirtschaft: Die Wirtschaft befindet sich ebenso in einem Übergangsraum, der durch viele unterschiedliche und doch zusammenhängende Krisen gekennzeichnet ist. Das alte, uns bekannte Spiel der Steigerung und die daraus folgende nicht nachhaltige Entwicklung werden zunehmend von einem neuen Spiel der Ankunft begleitet (Schulze 2003), aus dem sich eine nachhaltige Entwicklung herauskristallisieren kann. Aus Steigerung und Ankunft werden ein neues, mehr qualitatives Wachstum und eine nachhaltige Wirtschaftsform.

Der Grundwiderspruch auf wirtschaftlicher Ebene lautet: Steigerung versus Ankunft.

Unternehmen, Organisationen, Kommunen: Die Unternehmen befinden sich – vom größeren Spiel der Wirtschaft beeinflusst – ebenso in einem Widerspruch. Das alte Spiel der Wirtschaft galt der Maximierung der Effizienz und der Wettbewerbsfähigkeit. Das neue uns weniger geläufige Spiel der Wirtschaft setzt auf Effektivität – und zwar ganz im Sinne der Nachhaltigkeit – und auf Zusammenarbeit.

Die Grundwidersprüche auf dieser Ebene lauten: Effizienz versus Effektivität sowie Wettbewerb versus Zusammenarbeit.

Als Mensch in verschiedenen Rollen des Lebens bin ich nun von einem größeren Spiel beeinflusst. In einer Gesellschaft lebend, die aus einer mechanistischen Weltsicht in eine ganzheitliche Weltsicht überwechselt, begegnet mir dieser Widerspruch auf Schritt und Tritt. Wenn ich einen Arzt im Telefonbuch suche, erkenne ich eine kürzer werdende Liste an reinen Schulmedizinern und eine ständige länger werdende Liste an Ganzheitsmedizinern. Wenn ich in einer Buchhandlung nach einem Buch suche, dann wühle ich mich lange durch Regale des esoterischen Betriebs. Und selbst die rationale Naturwissenschaft gebärt zunehmend ganzheitliche Erklärungsmuster für unsere Welt. Ob es die Theorie der Selbstorganisation oder die Stringtheorie ist, mit der reinen Vernunft hat das schon lange nur mehr wenig zu tun. Aber stellen Sie einmal die Evolutionstheorie nach Charles

Darwin – zweifellos eine wertvolle Sache, dennoch aber eine Geburt des mechanistischen Weltbildes – bei einer wissenschaftlichen Zusammenkunft infrage. Sie werden sehr bald die Aggression spüren, mit der Sie ein Teil der Community an die Wand spielt. Das aber ist nur ein Lebenszeichen der herrschenden Polarität. Ganzheitliche Zusammenhänge sind längst Teil unseres Lebens geworden. Und doch verteidigen wir vielfach das mechanistische, lineare Denken, weil es unser Leben so einfach, so herrlich strukturiert und geordnet gemacht hat.

In der Rolle als Führungskraft in einer Organisation oder einem Unternehmen werde ich durch »das Spiel über mir« vor eine Menge Probleme gestellt: Wenn aus Steigerung eine Ankunft wird, wie soll ich dann meine Wachstumsziele erfüllen? Wenn wir am Ende der Effizienz angekommen sind und Effektivität den Alltag bestimmt, was mache ich dann mit all den Instrumenten der Optimierung? Wenn die Hierarchie nicht mehr den Ton angibt und die Selbstorganisation um sich greift, wer hat dann noch das Sagen?

Beobachte zuerst immer das größere Spiel: Wenn wir den Grundwiderspruch des Spiels auf höherer Ebene erkennen, dann haben wir für unser Spiel einen Startvorteil. Das Spiel über mir gibt mir die Flussrichtung vor, an der ich mich ausrichten kann. Es eröffnet ein Fenster an Optionen. Gleichzeitig reduziert es meine Herausforderungen, weil es mich in meinen Möglichkeiten bereits einschränkt.

Es wird meist gelingen, aus einem Widerspruch auf höherer Ebene den Grundwiderspruch für mein Spiel abzuleiten. Wenn in meiner Organisation die Hierarchie und die Selbstorganisation einen Grundwiderspruch bilden, dann werde ich als Führungskraft davon direkt betroffen sein. Was werde ich wohl erleben? In der Hierarchie ist Macht einer Person jeweils zuschreibbar. Im Regime der Selbstorganisation ergibt sich Kraft erst aus dem Zusammenspiel des Teams. Es ist sehr wahrscheinlich, dass ich den Widerspruch Individuum und Gruppe in all seinen Facetten vorfinden werde.

Eine solche Situation ist häufig in Unternehmen anzutreffen, in denen eine Machtperson, meist der Gründer selbst oder ein direkter Nachfahre, die Macht an ein modernes Managementteam übergibt.

3.
Pole in der Zeitdimension

»Wer in denselben Fluss steigt, dem fließt anderes und wieder anderes Wasser zu.«

Wilhelm Capelle, Die Vorsokratiker

Das neue Spiel heißt: Zwischen den Polen und mitten im Fluss. Teil 1 »Zwischen den Polen« haben wir schon diskutiert, jetzt widmen wir uns dem zweiten Teil und tauchen in den Fluss des Lebens ein. Wir sprechen oft vom »Fluss des Lebens«. Was aber meinen wir damit? Was ist mit »panta rhei« (griechisch: »Alles fließt«), einem Aphorismus, der mit Heraklit von Ephesos in Verbindung gebracht wird, gemeint? Vielleicht können wir das so interpretieren: Das Leben ist ein Spiel. Es bietet uns Gewissheiten und Ungewissheiten. Es liegt an uns, wie wir damit umgehen, worauf wir uns konzentrieren und letztlich, ob wir bereit sind, das Leben als Abenteuer zu verstehen, dessen Ausgang für uns immer ungewiss bleiben wird.

Die beiden Gegensätze »Gewissheit und Ungewissheit« bilden ebenfalls Pole, eine weitere Batterie des Lebens. Wenn wir aber unser Leben über die Zeit verfolgen, so erkennen wir ein noch größeres Muster. Dieses Muster zeigt den ständigen Wechsel von stabilen und instabilen Zeiten. Unsere Erfahrung lässt uns hoffen, dass wir immer längere Phasen der Stabilität als Phasen der Instabilität vorfinden werden, denn jede Instabilität bedeutet für uns letztendlich eine Krise. Und wer lebt schon gerne lange in krisenhaften Zuständen? Die Krise ist der Ausnahmezustand. Dazu zwei Fragen:

Ist es gut für unsere Entwicklung, wenn die stabilen Lebensphasen länger andauern als die instabilen?

Antwort: Vielleicht. Angenehmer ist es auf jeden Fall, aber ob es besser ist, lässt sich nicht so einfach sagen. Nach einer langen Phase der Stabilität ist die nachfolgende tief greifende Veränderung besonders schmerzhaft. Menschen, die vielen Veränderungen ausgesetzt sind, steigern oft ihre Krisenfestigkeit. So gesehen sind lange stabile Phasen kein Vorteil.

Nehmen Häufigkeit und Dauer der instabilen Phasen zu?

Antwort: Es scheint so. Zwischen den Polen der mechanistischen und der ganzheitlichen Weltsicht der Gesellschaft und zwischen den Polen Steigerung und Ankunft der Wirtschaft sind Krisen längst kein Ausnahmezustand. Wie tief wir die Krisen auch immer empfinden mögen, die instabile Phase dauert schon lange an. Die stabilen Phasen dazwischen, in denen die Optimisten unter den Wirtschaftsforschern die Krise absagen, sind kurz geworden. Es ist heute keine Frage mehr, ob das Glas halb voll oder halb leer ist. Wir wissen längst, dass wir uns ein viel zu großes Glas genommen haben. Jeder Versuch, es wieder ganz zu füllen, erzeugt Leid an einer anderen Stelle der Welt, das unter der aufkeimenden ganzheitlichen Weltsicht nicht mehr erträglich scheint.

3.1 Wir leben im Zeichen des Wandels

Sicher gab es in den letzten Jahrzehnten eine ganze Reihe schwerer Krisen. Beispielhaft können wir in Europa 1973 die Ölkrise mit nachfolgender Rezession nennen. 1987 kam es am Schwarzen Montag erstmals seit dem Zweiten Weltkrieg wieder zu einem Börsenkrach. Ein erstes schweres Erzittern, wie es seit dem Schwarzen Donnerstag 1929 keines mehr gegeben hat. Aber die Zeichen blieben auf Wachstum und Entwicklung. Schon eineinhalb Jahre später haben die Leitindizes ihre alten Höchstwerte wieder erreicht. Auch das in den 1980er-Jahren erkannte Waldsterben hat erste Grenzen unseres Handelns aufgezeigt und die Umweltkritik gestärkt. Wenig aber ist vordergründig von diesen Krisen geblieben. Der immer wieder in verschiedenen Kontexten erzeugte »Sense of urgency« verlor zunehmend seine Wirkung, weil sich am Ende wiederholt die positive Weiterentwicklung durchsetzen konnte. Die Umweltkritik wurde von einer Umweltindustrie aufgesogen und die Nachhaltigkeitskritik wurde von einer Nachhaltigkeits-Investmentindustrie entkräftet. Seit der Finanzkrise 2007 aber bleibt das Klebrige der Krise in neuer Form an uns haften. Die

Finanzkrise ist nicht die einzige. Viele der altbekannten Krisen tauchen wieder auf und beginnen in komplexer Form ein »Zusammenspiel der Krisen«, die – so hoffen viele und fürchten noch viel mehr – zu einer ausgewachsenen Systemtransformation führen wird.

Die zahlreichen Krisen der letzten Jahrzehnte waren eine Art Rüttelstrecke für unser gesamtes System. Die großen Muster aber wurden nicht infrage gestellt. Alle Krisen waren irgendwie abgrenzbar und nicht umfassend. Es waren Steuerkrisen, keine Zielkrisen. In Steuerkrisen sind die Ziele noch klar und die Werkzeuge hilfreich. Es geht um eine Optimierung. In Zielkrisen, wie wir sie heute erleben, ist das ganz anders. Wie der Name bereits andeutet, haben wir als Gesellschaft keine neuen Ziele. Diese Funktion hat das Finanzsystem ausgenutzt und sich selbst und seine Entwicklung zum Ziel der Gesellschaft ernannt. In Zielkrisen wirken auch unsere alten Instrumente nicht mehr. Der dynamische Gleichgewichtszustand wird zunehmend verlassen und die Unsicherheiten steigen. Und alle Krisen zusammen sind die Vorzeichen einer neuen Welt, die Boten der Veränderung, deren Ausmaß wir erst langsam zu erkennen beginnen. Dem zugrunde liegt – wie schon beschrieben – der Wandel des Weltbildes. Das mechanistische Weltbild geht seinem Ende entgegen, das ganzheitliche Weltbild entsteht langsam.

Im Sinne der zwei Phasen der Welt sehen wir für die nächste Zeit eine klare Überhand zugunsten der instabilen Phasen, also des Wandels. Die großen Muster unserer Systeme werden sich verändern. Als zentraler Aspekt wird uns im wirtschaftlichen Umfeld »das Ende des Wachstums« beschäftigen. Welches Wachstum wird es in Zukunft noch geben? Mit dieser Frage beschäftigen sich weltweit zahlreiche Communitys. In Europa ist es die initiierte Aktivität »Wachstum im Wandel« (Hinterberger 2009), die eine besondere Beachtung verdient. Irgendwie können sich nur wenige Experten ein System ohne Wachstum vorstellen. Es geht also um die Frage, welches Wachstum zukunftsfähig ist. Mit dieser zentralen Frage und dem damit verbundenen Widerspruch »Steigerung und Ankunft« betreten wir die Domäne der Strategie.

3.2 Die zwei Phasen der Entwicklung

Bewahren braucht Veränderung und umgekehrt. »Was sich ändert, muss auch gleich bleiben, sonst ist es etwas Anderes!« (Pietschmann 2002: 92). Der Widerspruch »Bewahren und Verändern« führt uns also die Bedeutung der Zeit vor Augen. Jeder Lebensweg, jede Entwicklung lässt sich vereinfacht als Abfolge von zwei Phasen beschreiben. Es gibt die stabilen Phasen, in denen sich nur wenig verändert. In diesen stabilen Phasen können wir unsere Gewohnheiten einstudieren und zur Perfektion bringen. Eine Gesellschaft kann in Phasen der Stabilität prosperieren und zu großem Wohlstand gelangen und ebenso jedes Unternehmen.

Auch in diesen stabilen Phasen ist natürlich alles in Bewegung. Nur ist dieses Fließen wie ein Fluss, der ruhig vor sich hinströmt und seine Ufer nicht verlässt. Es ist eine Art Gleichgewicht im Fließen, ein dynamisches Gleichgewicht könnten wir sagen. Ein sehr einfaches Beispiel dazu? Wenn Sie in ein Waschbecken genauso viel Wasser einlaufen lassen, wie über den Abfluss ablaufen kann, dann wird der Wasserstand konstant bleiben. Das ist ein dynamisches Gleichgewicht, weil trotz des Bewahrens dennoch alles fließt. Im belebten Teil der Natur finden wir viele dynamische Gleichgewichtszustände. Leben kann nur als ein dynamisches Gleichgewicht verstanden werden. Dieses Gleichgewicht ist aber fernab eines statischen Gleichgewichts, das dem Tod entsprechen würde. Betrachten Sie eine blühende Blume. Sie scheint in vollkommener Ruhe zu sein, im perfekten Zustand des Seins, sich voll bewahrend. Es ist mit dem Auge nicht erkennbar, aber dieses dynamische Gleichgewicht ist nur durch dauernde Flüsse überhaupt möglich. Unermüdlich werden Nährstoffe vom Boden aufgenommen und nach oben transportiert. Wasser fließt in den Kapillaren der Pflanze aufwärts und verdunstet an der Blattoberfläche. Von außen wird Sonnenenergie aufgenommen und pausenlos im komplexen Prozess der Fotosynthese umgewandelt und nutzbar gemacht. Hunderte dynamische Prozesse ermöglichen ein dynamisches Gleichgewicht und somit das Leben.

Was aber ist passiert, bevor die Pflanze ihre Blüte hervorgebracht hat? Nun, sie hat einen alles durchdringenden Veränderungsprozess durchlaufen. Veränderung also ist die zweite Phase, die neben der stabilen Phase des Bewahrens gelebt werden will. Diese Phase ist – wie bereits beschrieben – die instabile Phase. Hier kommt wirklich alles in Bewegung. Das dynamische Gleichgewicht geht verloren und es verändert sich »das große Muster«. Aus einer Knospe wird eine Blüte. Das ist Veränderung pur. Die Blume, einstmals mit kleiner grüner Knospe, wechselt ihre Daseinsform. Sie blättert ihr Inneres nach außen, sie nimmt Farbe an, beginnt zu duften und entfaltet eine hoch komplexe, ästhetische Pracht. Wie die Pflanze das genau macht, bleibt uns bis heute ein Rätsel. Mit Sicherheit ist der Übergang von der Knospe zur Blüte ein massiver Veränderungsprozess. Die Pflanze durchlebt eine höchst instabile Phase. Es verändert sich viel. Ist sie zuvor für Insekten wenig attraktiv, beginnt mit der Blütezeit ein reges Treiben um sie herum. Milch und Honig beginnen zu fließen. Es entsteht eine komplexe Kommunikation der Pflanze mit der Umwelt. Und dennoch dient dieser radikale Veränderungsprozess auch dem Bewahren. Nur diese Veränderung ermöglicht letztlich die Erhaltung der Spezies, in ihr steckt der unerschütterliche Wunsch des Bewahrens.

Im Fluss des Lebens

Abbildung 2: Ein Veränderungsprozess in der Natur – Löwenzahn im Wandel

Auf der Zeitachse betrachtet, wechseln also stabile und instabile Phasen einander immer wieder ab. Nur in stabilen Phasen kann beispielsweise ein Unternehmen optimiert werden und nur dann lässt sich wirklich gutes Geld verdienen. In der Aufgabe des Optimierens liegt auch die höchste

Kompetenz im Management. In instabilen Phasen zeigt sich im Management hingegen oft die höchste Inkompetenz und das verbunden mit der bitteren Erkenntnis, in Zeiten der Veränderung kein Geld zu verdienen, sondern eher zu verlieren. Peter Kruse macht diesen Umstand in seinen Ausführungen immer wieder deutlich (Kruse 2010).

Auch in der Politik können wir diese Phasen immer wieder beobachten. Mal regiert über Jahrzehnte eine politische Partei und bringt Ruhe ins Land, dann wieder kommt es zum politischen Umbruch, der zu einer Kursänderung führt. In den letzten Jahrzehnten waren in der westlichen Welt Umbrüche und Krisen nur in einigen Teilsystemen zu beobachten. Große Umwälzungen gab es nur im Osten und neuerdings in der arabischen Welt. Bei uns haben sich die großen Muster nicht verändert, das Weltbild als genetischer Grundcode aller Systeme hat sich noch nicht grundlegend erneuert. Wie lange eine stabile Phase auch immer dauern mag, sie wird sicher von einer Instabilität abgelöst. Wenn wir bekannte Muster über lange Zeit einstudiert haben und alle Abläufe zur tiefschürfenden Gewohnheit geworden sind, dann ist der Wandel höchst unangenehm. In den stabilen Phasen verlieren wir mit der Zeit immer mehr von unserer Flexibilität. Nur im flexiblen Modus erhalten wir uns unsere Veränderungsbereitschaft. Wir lassen im Labyrinth des Lebens besser die Turnschuhe an und setzen nicht alles auf ein Käselager, wie es die enghorizontigen Mäusemenschen in *Die Mäuse-Strategie für Manager* taten (Johnson 2000). Es ist die Bequemlichkeit, die uns die Flexibilität langsam aufgeben lässt. Sind wir im Erstarrungsmodus der Gewohnheiten angekommen, steigt sofort die Angst vor der Veränderung auf und Angst macht bekanntlich dumm. Dabei ist Veränderung einfacher zu durchschauen, als wir es gemeinhin annehmen. Immerhin ist Veränderung ja ein Teil unseres Lebens, warum also sollten wir uns davor fürchten? Angst vor Veränderung ist eine Gewohnheit und eine solche lässt sich verändern. Davon aber später mehr.

3.3 Die Zeit eröffnet neue Polaritäten

Das schönste Diagramm, mit dem wir diese zwei Phasen der Entwicklung darstellen können, kommt aus der Komplexitätsforschung und nennt sich Bifurkationsdiagramm (Prigogine 1990). Die stabile Phase wird als »gerader Strich« symbolisch dargestellt. Die Geradlinigkeit soll die Quasi-Stabilität ausdrücken. Auch in stabilen Phasen gibt es viele Veränderungen, aber die großen Muster bleiben gleich. Wir nähern uns im Diagramm dann einem Punkt der Entscheidung: Plötzlich eröffnen sich für uns zwei oder mehrere Möglichkeiten. Wir betreten einen Übergangsraum, in dem die alten Muster infrage gestellt werden. Es treten Instabilitäten auf, die wir meist als Krisen bezeichnen und als kritisch erleben. In Wirklichkeit aber schenkt uns der Übergangsraum mit all seinen Widersprüchen vollkommen neue Chancen und Optionen. Daher kommt auch der Spruch: »Krise als Chance.« Es ist so. Ich darf die neuen Optionen zu dem Preis nutzen, einen alten Pfad verlassen zu müssen.

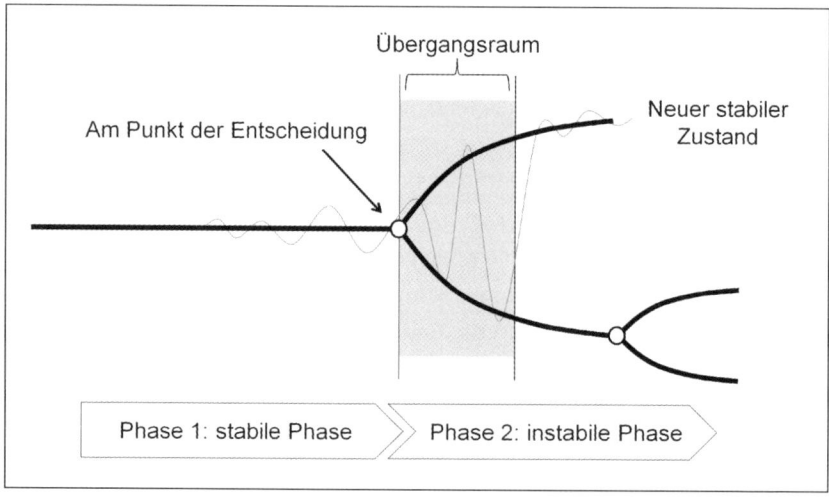

Abbildung 3: Das Bifurkationsdiagramm – die zwei Phasen der Entwicklung

Auch der Wandel braucht Anfang und Ende

Die Phase des Wandels dauert auch nicht ewiglich. Meist bietet sich nach den Instabilitäten, die wir als Krisen erleben, eine neue Option an, die wieder in einen stabilen Zustand, in ein neues Muster einschwingt. Wirklich stabil wird das neue Muster aber erst durch Übung und Wiederholung. Veränderung von einem stabilen zu einem anderen, besseren stabilen Zustand gelingt nur mit der Beharrlichkeit, das neue Muster einzustudieren. Genau daran scheitern so viele Veränderungsvorhaben.

Wie in Franz Kafkas postum erschienenem Roman *Der Proceß* sind Verfahren in unser Wirtschaftsleben getreten, die kein Ende in Sicht haben. Es scheint, als hätte Kafka die moderne Managementwelt vorhergesehen. Fein säuberlich wird zwischen Projekt und Prozess unterschieden. Das Projekt darf einen Anfang und ein Ende haben, nicht so der Prozess. Vieles aber nennen wir heute einen Prozess. Es sind das keine Gerichtsverfahren, die sich gegen eine Person richten, sondern Prozesse, in die viele Menschen einbezogen werden. Jede Veränderung wird als Veränderungsprozess betrachtet. Damit wird oft unbewusst verbunden, sich auf ein nie mehr enden wollendes Verfahren einzulassen, in dem kein endgültiges Urteil gefällt wird. Im Buch *Leben im Büro* (Bartmann 2012) sind viele solcher spannenden Reflexionen nachzulesen.

Wir wollen mit den zwei Phasen ganz deutlich machen: Jeder Veränderungsprozess hat einen Anfang und ein Ende. Wir erheben Anfang und Ende dann sogar in den Rang eines Erfolgsprinzips für das innere Spiel und sprechen vom »Prinzip Anfang und Ende«.

Zwei Phasen für die Führungsarbeit

Jeder Mensch, der eine Führungsrolle ausfüllt, ist auch in dieser Funktion mit den zwei Phasen der Entwicklung konfrontiert. Ob nun Führungsarbeit zum gewünschten Erfolg führt, hängt stark vom individuellen Menschen und vom Führungssystem ab, innerhalb dessen der Mensch führen muss. Sehr oft aber machen die Menschen in ihrem Führungsverhalten keinerlei Unterschied, in welcher Phase sie sich befinden. Es wird in gleicher Weise geführt, ob es sich um eine stabile oder instabile Phase handelt. Wir nehmen an, einen einfachen Grund hierfür benennen zu können. Die meisten Menschen haben nur gelernt, in stabilen Phasen zu führen. Alles, was sie je über Führungsarbeit gehört und erlernt haben, dient der Optimierung, nicht der Veränderung. Ganz ähnlich steht es um die Führungssysteme. Meist bilden Unternehmen Führungssysteme – mit Führungsgrundsätzen, definierten Führungsaufgaben und Instrumenten – nur für die stabilen Phasen aus. Für instabile Phasen gibt es meist kein Führungssystem. In Krisenzeiten gilt es durchzukommen.

Heute brauchen wir einerseits Menschen, die in stabilen und instabilen Phasen führen können und zwei Führungssysteme, eines für die Zeiten der Optimierung und eines für Krisenzeiten, also für den Wandel. Das Führungssystem für stabile Zeiten hat natürlich nicht ausgedient. Im Gegenteil. Es ist auch heute unabdingbar, ein Führungssystem für die Stabilität zu haben und so der Optimierung und der Effizienz einen guten Boden zu gewähren. Dieses Führungssystem ist eine Notwendigkeit. Es ist aber nicht mehr hinreichend. Der neue und dann hinreichende Aspekt des Führungssystems ist das Führungssystem für instabile Zeiten, für den Wandel. Es ist jenes System, das Unternehmen brauchen, um die Veränderungen zu meistern und in der Führungsarbeit zum Vorteil zu nutzen. Fehlt dieser Aspekt im Führungssystem, dann können Unternehmen aus den Krisen nicht lernen und die substanziellen Optionen, die sich in den instabilen Phasen bieten, erst gar nicht erkennen. Sie werden dann nicht das, was sie schon sind, sondern sie bleiben das, was sie gestern schon waren. Das ist kein Weg, der uns zukunftsfähig macht.

4.
Im Fluss der Veränderung

Zwischen den Polen und mitten im Fluss. Das neue Spiel für unsere persönliche und unternehmerische Zukunftsfähigkeit startet, indem wir uns an die Batterie des Lebens anschließen. Wir laden uns zwischen Polen, im Reich der Widersprüche mit Energie auf, um dann, mit genügend Energie geladen, eine Entscheidung zu treffen und in den Fluss des Lebens einzutauchen. In diesem Spiel durchlaufen wir immer zwei Phasen, wie das Bifurkationsdiagramm (Abbildung 3 auf Seite 48) aufgezeigt hat. Wenn wir uns dem Punkt der Entscheidung nähern, dann öffnet sich die volle Polarität. Wir laden uns für den nachfolgenden Veränderungsprozess auf und stehen staunend vor einer Weggabelung. Der Fluss des Lebens ist also auch ein Fluss der Veränderung. Wir haben Entscheidungen zu treffen und dann die Veränderung zu durchleben.

Beispiel: Hannahs vergessener Traum

Hannah hat einen guten Job. Sie arbeitet im Krankenhaus in ihrer Heimatstadt als Therapeutin. Sie mag das Team, sie hat einen kurzen Anfahrtsweg, der auch mit dem Fahrrad leicht zu schaffen ist, sie verdient ausreichend und sie kann immer wieder eine ausgiebige Auszeit für Fortbildungen nehmen. Der einzige Punkt, der ihr manchmal eine kleine Unzufriedenheit abringt, sind ihre Klienten. Sie arbeitet mit erwachsenen Menschen, obwohl es immer schon ihr Traum war, mit Kindern zu arbeiten. Eigentlich war das ihr Ziel, als sie vor zehn Jahren mit ihrer Ausbildung begann. Auch ihre Spezialausbildung zur Cranio-Sacral-Therapeutin hat sie absolviert, weil sie von der Vorstellung getrieben war, Kindern zu helfen. Viele Jahre hat sie ihren Traum fast vergessen. Die innere Stimme ist leise geworden – nur manchmal bäumt sich irgendetwas in ihr auf und will gehört werden. Ihr Lebensglück aber hängt ja nicht von ihrer Arbeit ab, sagt sie sich dann, um sich gleich wieder in den Alltag zu vertiefen. Wie das Leben so spielt, hält diese stabile Phase nun schon Jahre an. Wirklich alles in ihrem Leben ist mit Gewohnheiten abgesichert. Besonders ihre Arbeit ist ein Bündel von Gewohnheiten, beginnend mit der Fahrt zum Krankenhaus. Gewohnheiten sind auch der Umgang mit den Kolleginnen, die Kommunikation mit ihrem Chef, die Gestaltung der Tage mit Klienten, die therapeutische Arbeit selbst bis hin zum Ablauf der

Mittagspause. Immer geht sie um Punkt zwölf in die Kantine und isst das vegetarische Menü mit zwei Freundinnen. In all den Jahren hat sie wenig überrascht. Sie ist vielmehr ein Bündel von Gewohnheiten geworden, das auf den Namen Frau Hannah hört und freundlich durch die Welt schreitet.

Was Hannah nicht weiß, macht sie nicht heiß. Das Leben aber weiß es schon und bereitet im Hintergrund eine neue Option für sie vor. Im etwas entfernten Krankenhaus in der Nachbarstadt wird eine Stelle als Kindertherapeutin frei. Genau so eine Stelle, wie sie es sich in ihren Träumen während ihrer Ausbildung immer gewünscht hat. Noch hat sie es nicht erfahren, aber die Überbringer der Kunde sind schon auf dem Weg.

Was immer Hannah dann auch tun wird, eines steht schon jetzt fest. Sie nähert sich einem Punkt der Entscheidung und ihre stabile Phase wird jäh unterbrochen. Sie muss sich auf eine Instabilität in ihrem Leben gefasst machen und, was sehr wahrscheinlich ist, mit einer Veränderung umgehen lernen. Es kann gut sein, dass sie alle ihre Gewohnheiten über Bord werfen muss, um in ein ganz neues Spiel einzusteigen. Sie steht also vor einer Entscheidung für ihr Leben. Was passiert in ihr in dieser Phase? Was sagt der Geist, was sagt das Herz? Und vor allem, was erwartet sie, wenn sie eine Entscheidung für den neuen Job trifft?

4.1 Change – cui bono?

Veränderung ist ein beliebtes Wort. Beliebter in der Arbeitswelt ist aber der Begriff »Change«. Wir sind heute sehr von Veränderungen geplagt. Kaum einer will ernsthaft darüber nachdenken. Es geht um Change bei fast jeder Besprechung. Was aber hat sich trotz all der Change-Projekte wirklich verändert? Und vor allem, wie viel hat sich zum Positiven verändert? Hier mögen die Meinungen auseinandergehen. Wenn wir die Menschen in der heutigen Arbeitswelt ansehen, dann sind Zweifel an den unzähligen Change-Projekten wahrlich berechtigt. Es gibt wenige Menschen, die nicht an der ständigen Erhöhung der Leistungsanforderungen leiden. Das ist die eine Seite, die Schattenseite, von Veränderung in der heutigen Zeit. Cui bono – wem zum Vorteil – ist also eine sehr berechtigte Frage.

Trotz aller Belastungen rund um Change-Vorhaben in der Arbeitswelt gibt es auch die Sonnenseite der Veränderung. Unzählige positive Zitate sind im Umlauf, die Mut zur Veränderung machen. »Sei du selbst die Veränderung, die du dir wünschst für diese Welt«, sagte einst Mahatma Gandhi, der Ausspruch »Wer ständig glücklich sein möchte, muss sich oft verändern« wird Konfuzius zugeschrieben und »Wenn der Wind des Wandels weht, bauen die einen Schutzmauern, die anderen bauen Windmühlen« gilt als alte chinesische Weisheit. Nehmen Sie nur den letzten Spruch und fragen Sie, was öfter zu sehen ist, eine Schutzmauer oder eine Windmühle? Daran vielleicht mögen wir erkennen, wie sehr uns der Wind des Wandels unangenehm berührt. Der deutsche Mathematiker und Schriftsteller Georg Christoph Lichtenberg hat einen sehr weisen Satz zur Veränderung gesprochen: »Ich kann freilich nicht sagen, ob es besser werden wird, wenn es anders wird. Aber soviel kann ich sagen: es muss anders werden, wenn es gut werden soll.« Dieses Zitat zierte einst auch ein Coverbild des Wirtschaftsjournals *brand eins*.

Wir können also sicher sagen, viel und vielerorts wird über Veränderung gesprochen und diskutiert. Es verändert sich viel. Weniger sicher aber können wir sagen, all diese Veränderungen lösten unsere Probleme und führten uns in eine »bessere Welt«. Die Suche nach einer besseren Welt ist eine Triebfeder für uns Menschen, sich auf Veränderungen einzulassen. Möge uns nur der Entdeckergeist nicht verloren gehen, weil die »beste aller Welten« noch nicht am Horizont aufgetaucht ist.

Warum tun wir Menschen uns mit der Veränderung so schwer? Eine einfache Antwort dazu wäre, dass Veränderung eine komplexe Angelegenheit sei. Das ist zwar richtig, aber wenig hilfreich. Wichtiger scheint eine andere Erkenntnis. Veränderung hat immer mit Gewohnheiten zu tun. Wir ersetzen dabei eine alte durch eine neue Gewohnheit. Und das, so wissen wir aus eigener Erfahrung, ist so ziemlich die schwierigste Herausforderung überhaupt. Gewohnheiten sind immer mit Belohnungen verbunden, die uns oft nicht bewusst sind, und sie gehen häufig auf ein tiefer liegendes Problem zurück, für das wir keine Lösung haben. Hinzu kommt die neurobiologische Erkenntnis über Gewohnheiten, die im Gehirn in immer tiefere Schichten absinken und dem bewussten Geist dann ganz entgehen. Wer Gewohnheiten ausführt, muss nicht denken. Unser Gehirn macht es sich also leicht und versucht, möglichst viele Gewohnheiten auszubilden, weil es dann den bewussten Geist auf Sparflamme schalten kann. Was aber nicht mehr in unserem Bewusstsein abläuft, ist unseren Gedanken und Veränderungswünschen eben nicht mehr so einfach zugänglich.

Wenn Veränderung für einen einzelnen Menschen schon so schwierig ist, dann dürfen wir uns nicht wundern, wenn Veränderung in Teams, Gruppen und Organisationen so oft scheitert. Auch Teams und Organisationen bilden Gewohnheiten aus. Es laufen dann Dinge ab, die niemand mehr bewusst steuert oder steuern kann. Natürlich gibt es Wege, Gewohnheiten zu ändern, aber es ist kein einfacher Weg bekannt. Zumindest lassen sich mit einem Beschluss, ab jetzt die Dinge anders zu machen, alte Gewohnheiten langfristig nicht beseitigen – eine Erfahrung, die wohl jeder Mensch im Arbeitsleben schon einmal gemacht hat.

Es gibt noch einen ganz anderen Grund, warum Change in Unternehmen ein unbeliebtes und steiniges, man könnte manchmal meinen sogar ein vermintes Gebiet ist. Stellen Sie einmal mehreren Führungskräften die Frage, was für sie Veränderung eigentlich bedeutet. Fragen Sie auch nach einem Bild, einem Modell oder einer Skizze, wie Veränderung ablaufen könnte. Sie werden vermutlich erstaunt sein, weil selbst Menschen, die seit langer Zeit über Veränderung sprechen und mitten in Change-Vorhaben stecken, kein gemeinsames Bild von Veränderung haben.

Beispiel: Ein gemeinsames Bild

Bei einem Change-Meeting fragt die Bereichsleiterin Frau Gruber ihre Teamleiter, was sie für ein Bild von Veränderung hätten. Nach einer individuellen Nachdenkzeit von wenigen Minuten tauschen sich die fünf Teamleiter(innen) aus. Zunächst wird von Frau Gabriel der Plan-Do-Check-Act-Kreislauf vorgebracht. Anhand dieses Bildes will sie Veränderung erklären und als Prozess, der nie aufhört, darstellen. Herr Gutman schließt sich an, weil er den Kaizen-Prozess kennt und dieser dem Bild von Frau Gabriel doch sehr ähnlich ist. Herr Meyer kann sich nur dumpf an die lernende Organisation erinnern und will demnächst die Inhalte des Buches »Die fünfte Disziplin« vortragen, quasi als Entschuldigung dafür, keine wirkliche Ahnung mehr davon zu haben. Die Gelegenheit nutzen auch Frau Lorenz und Herr Voss. Sie schließen sich an und sprechen sich ebenso für die lernende Organisation als bestes Modell für Veränderungen aus. Frau Gruber gibt sich interessiert. Sie selbst verwendet ein anderes Modell, das sie seit vielen Jahren kennt. Für sie ist Veränderung ein Prozess in drei Phasen: Auftauen, Bewegen, Einfrieren. Im Hinterkopf hat sie das Veränderungsmodell von Kurt Lewin. Sie beschließen gemeinsam, beim nächsten Meeting diese Diskussion fortzusetzen. Das Gespräch hinterlässt bei allen Beteiligten ein seltsames Gefühl. Haben sie wirklich nach all den Change-Meetings noch kein gemeinsames Bild von Veränderung? Wie soll da der Change gelingen?

4.2 Veränderung und Entscheidung im neuen Spiel

Und noch etwas: Veränderung hat immer mit Entscheidung zu tun. Denn vor einer Veränderung kommen Sie sicher an einen Punkt der Entscheidung. Diese Entscheidung ist ein zentraler Punkt und meist ein Problem für die Menschen. Was ist eine Entscheidung? Und wann verdient etwas, eine Entscheidung genannt zu werden? Dieser Frage gehen wir im Kapitel 5 *Am Punkt der Entscheidung* ab Seite 81 noch genauer nach. Vorweg aber können wir schon einige wichtige Aspekte diskutieren. Wenn Sie – wie im Beispiel von Hannah – ein neues Jobangebot erhalten oder sich einfach eine andere Möglichkeit auftut, dann stehen Sie vor einer Entscheidung. Nur dann aber, wenn die beiden nun vor Ihnen offenstehenden Wege ähnlich attraktiv sind und sie verdammt gute Argumente haben, einfach zu bleiben und ebenso gute, in den neuen Job zu wechseln, werden Sie wirklich zu einer Entscheidung herausgefordert. Im Falle einer krassen Asymmetrie, wenn also der neue Job so viel besser ist als der alte, und Sie bereits seit Monaten dringend eine Alternative gesucht haben, treffen Sie schnell und zielsicher Ihre Wahl. Im Falle der Entscheidung werden Sie von Zweifeln heimgesucht, werden nächtelang schlecht schlafen, Argumente wälzen und nach einer gewissen Zeit Ihre Entscheidung treffen. In dieser Zeit laden Sie Energie zwischen den Polen. Sie sind wie ein Staudamm, der Wasser aufstaut und erst mit der Entscheidung alles Wasser ablässt. Hier beginnt der Fluss des Lebens, der Sie nun durch die Veränderung durchträgt. Sie beginnen ein neues Spiel. Sie müssen sich mit neuen Wegen, neuen Aufgaben, neuen Problemen, neuen Menschen, neuen Regeln vertraut machen und in einen neuen Rhythmus finden. Genau um diese Entscheidung und die damit verbundene Veränderung geht es jetzt.

Das neue Spiel

Lassen Sie uns das Ganze nun spielerisch betrachten. Um was geht es dabei? Sie loten Möglichkeiten aus, denken in Optionen, gehen mögliche Spielzüge durch, spüren, was Sie dabei fühlen. Es ist wie eine Partie Schach im Geiste und gleichzeitig wie ein First-Date in Ihrem Herzen. Das neue Spiel »Zwischen den Polen und mitten im Fluss« ist ein Spiel mit Herz und Hirn, auf das Sie sich nun einlassen müssen.

Wir nennen es Spiel, dabei ist Veränderung eine komplexe Angelegenheit. Vielleicht ist das der Grund, warum es wenige Modelle gibt, die der Veränderung ein klares Gesicht geben. Dabei wäre es ungeheuer wichtig, ein Bild von Veränderung zu haben, am besten eines, das leicht verständlich ist, aber doch eine gewisse Komplexität abbilden kann. Schön wäre es, wenn Menschen, die von Veränderung gemeinsam betroffen sind, auch ein gemeinsames Bild des Wandels im Kopf hätten. Dann wäre vieles leichter, erträglicher und spannender. Für das Spiel der Veränderung brauchen wir ein »Spielbrett«, das uns die Wege der Veränderung bildlich darstellt.

4.3 Das Spielbrett der liegenden Acht

Keine Angst, wir fangen nicht bei Null an. Vieles, was jetzt auf Sie zukommt, wird Ihnen bereits bekannt und vertraut sein. Das neue Spiel aber braucht ein neues Spielbrett und das muss Veränderung bildlich erfassbar machen. Wir stellen also ganz kurz ein Modell vor, das wirklich einfach ist und Sie in die Lage versetzt, Veränderung in wenigen Minuten zu verstehen. Das Modell erfüllt auch eine weitere Bedingung sehr gut. Es ist nämlich in der Lage, Komplexität abzubilden. Es ist ganzheitlich in seinen Grundfesten. Es lässt das Maschinendenken hinter sich und integriert den Menschen und seine Emotionen in den Prozess der Entwicklung. Es integriert Entscheidungen und vor allem nutzt es ein ganzheitliches Symbol, das seit Jahrhunderten kraftvoll wirkt und Menschen mit positiver Energie auflädt: »die liegende Acht«.

Wenn Sie nun glauben, wir sind Teil des esoterischen Betriebs, dann irren Sie sich. Wir denken ganzheitlich und sind dennoch stark geerdet und mitten in der Praxis des Lebens und des Managements. Wir sehen heute jedoch keinen anderen Weg mehr, als sich der Ganzheitlichkeit über den Weg der Polarität von exoterischem und esoterischem Wissen zu öffnen. Wer das nicht tut, wird mit seinen Maschinenmodellen untergehen. Die Komplexität der Welt fordert ganzheitliches Denken. Wir stehen mitten in diesem Wandel. Unser Modell – wir nennen es »train the eight« – ist eine Einladung in diese neue Welt der Veränderung und wir versprechen Ihnen einen Nutzen für Ihre persönliche Entwicklung. Die angenehme Leichtigkeit des Spiels soll uns begleiten.

Lassen Sie uns mit einer Abbildung beginnen, die das ganze Modell schon darlegen kann (Völkl/Wallner 2008). Wir nutzen, wie erwähnt, ein altes Symbol für Veränderung: die liegende Acht. Ganz absichtlich verwenden wir keinen Kreis, wie das viele andere Modelle tun, etwa der »Plan-Do-Check-Act«-Kreislauf der kontinuierlichen Verbesserung (Deming-Kreis nach William Edwards Deming).

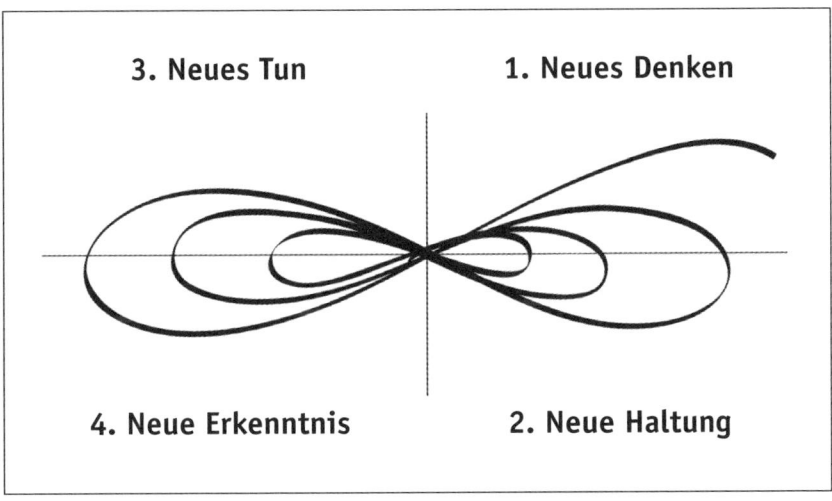

3. Neues Tun   **1. Neues Denken**

4. Neue Erkenntnis   **2. Neue Haltung**

Abbildung 4: Die liegende Acht – ein Symbol der Veränderung (Völkl/Wallner 2008: 34)

Die liegende Acht bietet nämlich eine Reihe von Vorteilen, die wir unbedingt nutzen wollen.

Vorteile der liegenden Acht als Veränderungssymbol

Die liegende Acht wirkt als Symbol auf Menschen positiv. Wenn wir die liegende Acht zeichnen, auch nur gedanklich, und in der Richtung vom Mittelpunkt aus nach »oben rechts« beginnen, verbinden sich unsere Gehirnhälften und Spannungen lösen sich auf. Wir kommen in einen kreativen und positiven Energiezustand. Das ist aus unserer Sicht ein guter Anfang.

Die liegende Acht hat einen Ursprung – einen Mittelpunkt oder besser Symmetriepunkt – und zwei Brennpunkte. Die beiden Brennpunkte bilden die Polarität der Welt ab. Es sind die »Spannungspole«, die jede Veränderung braucht (zwischen den Polen). Der Ursprung ist der Punkt der Einsicht und der Entscheidung, worauf wir noch zurückkommen werden.

Die liegende Acht ist jedem Menschen bekannt, der sich mit Mathematik einmal auseinandersetzen musste. Es ist das Zeichen der »Unendlichkeit«. Das ist ebenso sehr willkommen, weil Veränderung und Lernen die ständige Wiederholung brauchen. Das Leben ist ein dauernder Lernprozess (mitten im Fluss).

Menschen merken sich das Modell »train the eight« aufgrund der liegenden Acht besonders leicht. Es ist genügend anders, weil es eben keinen Kreis nutzt, und es lässt sich leicht einprägen. Nach kurzer Zeit ist das Modell im Gehirn abgespeichert und verankert sich dauerhaft.

Das sind einige Gründe, die uns bestärken, mit dem Symbol der liegenden Acht zu arbeiten. Es ist des Weiteren unsere Erfahrung aus der Praxis. In unseren Beratungsprojekten und Führungskräfteseminaren entzünden sich zwar immer wieder spannende Diskussionen über die Acht, am Ende des Tages aber erfassen die Teilnehmer die Wirkung des Symbols und die Einfachheit des Modells immer sehr intensiv.

4.4 Der Zyklus des Wandels in der liegenden Acht

Wie beginnt eigentlich ein Veränderungsprozess? Alle Veränderung beginnt mit der Einsicht, es könnte auch anders, besser, attraktiver, wirtschaftlicher, angenehmer sein. Veränderung nährt sich aus einem klaren Wunsch, ein Stückchen weiter »nach oben« zu kommen, es besser zu haben. Besonders bedeutsam ist dabei die Intensität des Wunsches. Nur wenn ein echtes Bedürfnis zu spüren ist, ein wirklich, wirklich starker »Case for Action« oder »Sense of Urgency« – oder einfacher gesagt, ein brennendes Problem oder Verlangen vorhanden sind, kann ein Prozess des Wandels einsetzen. Veränderung ist ein mühsamer Prozess, warum also sollte jemand eine Veränderung ohne starken Veränderungswunsch anstreben? Das gilt für den Menschen in seiner individuellen Entwicklung gleichermaßen wie für Gruppen und Organisationen.

Wenn wir also die Einsicht haben, es könnte anders sein, und den Wunsch verspüren, diesem »Anderen« im Leben eine Chance zu geben, dann kann der Prozess der Veränderung beginnen. Wir erwachen aus dem Dämmerschlaf.

Beispiel:
Ein Gewohnheitstrinker wird Vater. Die Einsicht, dass sein Kind nicht in einer Atmosphäre der Unsicherheit aufwachsen soll, lässt den echten Wunsch entstehen, endlich mit der Alkoholsucht fertig zu werden.

Es gibt ebenso viele – wenn nicht sogar mehr Veränderungen –, die nicht aus einem Wunsch heraus erfolgen, sondern durch Druck erzwungen werden.

Beispiel:
In den Achtzigerjahren standen viele oftmals kleinere Bauernhöfe vor dem wirtschaftlichen Aus. Die Preise für landwirtschaftliche Erzeugnisse stagnierten oder sanken und es war keine Besserung in Sicht. Dieser wirtschaftliche Druck führte dazu, dass mehr und mehr Landwirte den ökologischen Landbau entdeckten.

Ob der Auslöser nun ein Wunsch oder ganz einfach Druck ist, macht schon einen erheblichen Unterschied im Befinden der betroffenen Menschen und auch die Frage der Haltung, auf die wir noch zu sprechen kommen, stellt sich etwas anders. Der Prozess des Wandels selbst aber ist in beiden Fällen – ob aus Lust oder Not induziert – der gleiche. Wir machen da keinen Unterschied, weil es aus unserer Sicht für unser Spielbrett der Veränderungen keinen braucht.

Veränderung beginnt der Einsicht folgend im Geist. Wir können sagen, die erste Aktivität nimmt dabei unser Geist auf. Jede Veränderung braucht zu Beginn ein »neues Denken«. Wie neu es auch immer sein mag, wie weit Sie sich auch immer über den heutigen Tellerrand hinauswagen, sie verlassen eingefahrene Bahnen des Denkens und machen sich auf den Weg. Wir befinden uns in dieser ersten Phase im ersten Quadranten der liegenden Acht. Dabei starten wir den Prozess im Ursprung, also im Symmetriepunkt. Das ist der Punkt der Einsicht und der Entscheidung, mit der Veränderung zu beginnen.

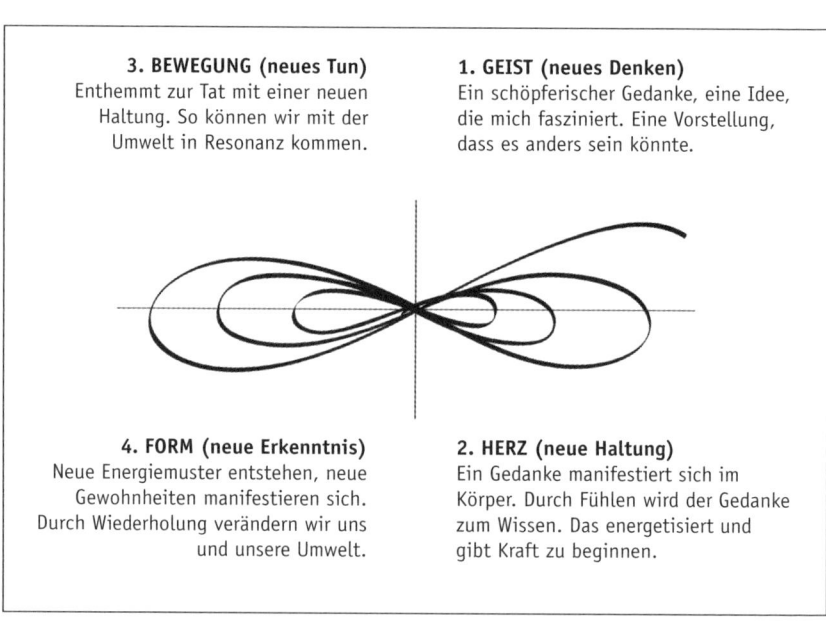

3. BEWEGUNG (neues Tun)
Enthemmt zur Tat mit einer neuen Haltung. So können wir mit der Umwelt in Resonanz kommen.

1. GEIST (neues Denken)
Ein schöpferischer Gedanke, eine Idee, die mich fasziniert. Eine Vorstellung, dass es anders sein könnte.

4. FORM (neue Erkenntnis)
Neue Energiemuster entstehen, neue Gewohnheiten manifestieren sich. Durch Wiederholung verändern wir uns und unsere Umwelt.

2. HERZ (neue Haltung)
Ein Gedanke manifestiert sich im Körper. Durch Fühlen wird der Gedanke zum Wissen. Das energetisiert und gibt Kraft zu beginnen.

Abbildung 5: train the eight – der Geist-Herz-Bewegung-Form-Zyklus (Völkl/Wallner 2008: 55)

Phase 1: Geist (neues Denken)

Wir folgen der liegenden Acht in unserem Modell vom Mittelpunkt aus nach rechts oben. Der erste Quadrant ist der »GEIST (neues Denken)«. Das neue Denken lässt Ideen aufkommen und Bilder im Kopf entstehen. Aus ersten Pinselstrichen formt sich ein Bild einer attraktiven oder notwendigen Zukunft. Dieses große und noch grobe Bild wird später mit detailreicheren Pinselstrichen verfeinert. Wichtig aber ist zuerst die uns faszinierende Vision, das Abbild unseres Veränderungswunsches, die Lösung unseres Problems. Auch wenn das Zukunftsbild gar nicht unser eigener Wunsch sein sollte, so braucht eine erfolgreiche Veränderung dennoch ein möglichst klares Bild der Zukunft. Daran führt kein Weg vorbei. Andererseits ist es auch nicht ratsam, zu früh schon zu konkret zu werden. Das ist ein Balanceakt zwischen möglich und nötig.

Es muss ein Zukunftsbild entstehen. In der praktischen Führungsarbeit wird oft mit einem Veränderungsziel begonnen. Was wollen wir in einem Jahr erreicht haben? Was wird anders sein? In einem Brainstorming werden Ideen skizziert und das Bild der Zukunft über eine Zielformulierung konkretisiert. Genau das meinen wir, wenn wir sagen, der Prozess der Veränderung beginnt im Kopf. Wir denken über die Zukunft nach und versuchen, den Wunschzustand zu beschreiben.

Phase 2: Herz (neue Haltung)

Bilder bleiben bloß Schemen im Kopf, wenn wir sie nicht fühlen können, wenn sich ihre Wirkung nur rational entfalten darf. Es werden Ideen bleiben, die in der Umsetzung meist scheitern. Daher weist das Modell im zweiten Quadranten den Weg zu unseren Haltungen hin und zu unseren Gefühlen. Wir nennen den zweiten Quadranten und damit die zweite Phase der Veränderung »HERZ (neue Haltung)«. Eine wirklich gute Idee, eine faszinierende Vision, die sich auf einen starken Veränderungswunsch stützen kann, lässt uns nicht kalt. Durch eine intensive Beschäftigung mit unseren Zukunftsbildern entwickeln wir langsam die passende innere Einstellung. Wir nennen dieses Prickeln, das langsam im Körper aufsteigt, wenn eine Entscheidung zur Veränderung knapp bevorsteht, die »Geist-Herz-Resonanz«. Dadurch wird aus einer Idee oder einer Vision ein »gefühltes Wissen«. Wenn uns klar wird, wie sehr sich unser Leben durch diese Veränderung zum Besseren wenden wird, sind wir auf dem richtigen Weg. Die zentrale Frage lautet: Wir radikal verändert sich mein Leben dadurch zum Guten? Aus der Geist-Herz-Resonanz formt sich eine neue innere Haltung, denn das Neue, das in die Welt kommen soll, braucht Menschen, die sich verantwortlich fühlen und die die Veränderung wollen.

In der praktischen Führungsarbeit benötigen wir hier die Kunst des Leaderships. Menschen für Visionen gewinnen und eine Identifikation mit der Vision erzeugen, lauten die Herausforderungen. Oft hören wir den Satz: »Wir müssen die betroffenen Menschen zu Beteiligten machen.« Das Gefühl, beteiligt zu sein, entsteht genau hier im Herz-Quadranten. Das moderne Change-Management verwendet den Begriff Commitment. Es ist ein »Ja, ich will«, also eine Art freiwillige Selbstverpflichtung.

Und das gilt in gleicher Weise für auch für Veränderungen, die Sie selbst ursprünglich gar nicht wollten. Sie haben diese Phase erfolgreich gemeistert, wenn Sie spüren, dass Ihre innere Haltung Ihre inneren Widerstände besiegt hat und aus Ablehnung oder Angst vor dem Wandel Bereitwilligkeit für Neues wird. Besonders Führungskräfte müssen häufig Veränderungen umsetzen, die per Weisung von »oben« gekommen sind. Wenn Widerstand keinen Sinn mehr hat, dann ist echte, nicht gespielte Bereitwilligkeit immer noch die beste innere Haltung. Sie entspricht auch der Verantwortung der Führung, im Sinne des Ganzen zu denken und ohne Gram und Schmollen die Veränderung umzusetzen. Bereitwilligkeit braucht eine Geist-Herz-Resonanz, wenn sie authentisch sein soll.

Heute wird in diesem Zusammenhang auch vom Stimmungsmanagement gesprochen. Immerhin beeinflussen unsere Stimmungen unsere Entscheidungen und unsere Lernfähigkeit. Stimmungen können uns blockieren oder in den Fluss bringen. Wenn wir im zweiten Quadranten von Haltungen und von Bereitwilligkeit sprechen, meinen wir nicht die kurzfristig schwankenden Stimmungslagen, sondern unsere Grundstimmung einer Idee oder einer Sache gegenüber. Weit stärker noch mit der Persönlichkeit verbunden aber ist unsere Einstellung. Sie ist die Folge unserer Erfahrungen und unserer selektiven Wahrnehmung (Neun 2011: 120). Unsere Einstellung gegenüber Veränderungen ist ein eingeprägtes Verhaltensmuster, ähnlich einer Gewohnheit.

Je stärker wir eine Geist-Herz-Resonanz aufkommen lassen, desto leichter fällt es uns, die innere Einstellung positiv auf die Veränderung auszurichten. Mit einem klaren Bekenntnis für die Veränderung und mit Courage nähern wir uns in unserem Modell wieder dem Ursprung. Bevor wir vom zweiten Quadranten in den dritten überwechseln können, durchlaufen wir den Symmetriepunkt. Das ist immer ein Punkt der Entscheidung. Wir enthemmen uns jetzt zur Tat.

Phase 3: Bewegung (neues Tun)

Im dritten Quadranten angekommen, betreten wir den Raum der Bewegung. Hier beginnen wir die Umsetzung. Mutig betreten wir das unbekannte Land, vorsichtig, aber entschlossen erkunden wir neue Umwelten. Wir bringen die Dinge in Bewegung. Daher nennen wir diesen dritten Quadranten auch »Bewegung (neues Tun)«. Im Sinne von Neues tun lässt uns unsere Entscheidung endlich neue Muster ausprobieren. Wir lassen das Denken und Fühlen hinter uns und begeben uns mitten ins Praxis-Feld. Wir ziehen neue Kreise, hinterlassen neue Spuren und dürfen eine Fülle neuer Erfahrungen machen. Erst im neuen Tun erfahren wir auch die Widerstände, die sich gegen die Veränderung – gegen das Neue – aufbauen und formieren. Auch wenn dem Anfang meist ein Zauber innewohnt und erste Schritte mühelos zu gelingen scheinen, so zeigt sich recht bald, welche Anstrengungen die Veränderung uns abverlangt. Ob wir dabei gegen unsere eigenen Trägheit kämpfen müssen oder gegen die Trägheit der Menschen in einer Organisation macht keinen Unterschied. Es ist wie ein Schwimmen im Honig.

Die Umwelt gibt uns auf unser neues Tun eine Rückmeldung, die mehr oder weniger angenehm sein wird. Im Falle einer radikalen Veränderung wird diese Rückmeldung heftiger ausfallen. Der Widerstand ist ein untrügliches Zeichen, dass ein Versuch zur Veränderung gesetzt wurde. Bedenken Sie: Je besser das System war, das Sie nun verändern wollen, desto stabiler wird es sein und desto größer wird der Widerstand. Immer, wenn eine bestimmte Handlungsweise zu Erfolgen führte und das über eine längere Zeit anhielt, haben sich zahlreiche stabile Gewohnheiten ausgebildet. Die Erfolge der Vergangenheit sind die Belohnungen, nach denen wir eine regelrechte Sucht entwickeln.

Beispiel: Gewohnheit und Belohnung

Frau Gabriel und Herr Voss haben über mehrere Jahre eine soziale Gewohnheit entwickelt. Immer, wenn beide im Haus sind, treffen sie sich in der Cafeteria auf einen kleinen Lunch. Sie halten die Mittagspause sehr kurz, weil sie dann am Nachmittag gegen 15 Uhr noch einmal auf einen kleinen Plausch zusammenkommen. Dabei trinken beide einen Espresso und reden meist über ihre Kollegen und gemeinsame Bekannte. Auch dieses Treffen dauert nur 15 Minuten. Gut gelaunt, erleichtert und vom Kaffee erfrischt, gehen sie dann in das Finale des Tages. Die folgenden zwei Stunden sind immer die ergiebigsten des ganzen Tages. Frau Gruber, die neue Bereichsleiterin, hat den beiden aber nahegelegt, ihren Kaffeeplausch am Nachmittag doch einfach wegzulassen. Immerhin müssten sie als Teamleiter ja mit gutem Beispiel vorangehen und daher weniger Pausen machen. Die beiden streichen also widerwillig ihren Nachmittagskaffee. Aber immer um 15 Uhr – die Zeit wurde zum Auslösereiz der Gewohnheit – werden beide unruhig, müssen aufstehen und ihren Platz verlassen. Auch wenn sich die beiden aus Gründen der Vorsicht nicht direkt treffen, so gehen sie doch getrennt auf die Suche nach einer Möglichkeit eines kurzen Plausches mit jemand anderem. Was aber ausbleibt, ist die Motivation für die finalen zwei Stunden des Tages. Die »Tankstelle« des Nachmittags – die Belohnung der Gewohnheit – wurde geschlossen. Die letzten Stunden des Arbeitstages ziehen sich ab nun zäh wie Strudelteig dahin und bringen mehr Frust als Lust. Sogar Frau Gruber bekommt diese Energielosigkeit zunehmend zu spüren. Dabei ging ja von ihr die Initiative zur Veränderung aus.

Phase 4: Form (neue Erkenntnis)

Das neue Tun führt uns nun direkt in den vierten und letzten Quadranten entlang der liegenden Acht. Wir nennen diesen Quadranten »FORM (neue Erkenntnis)«. Hier trennt sich die Spreu vom Weizen. Jene Aspekte des neuen Tuns, die sich bewährt haben, die eine Aussicht auf Erfolg haben, jene, die uns wirklich wichtig sind, müssen wir aufbereiten. Das andere aber dürfen wir als »möglichen Versuch« wieder verabschieden. Aus dieser Erkenntnis heraus destillieren wir Essenzen, entscheiden uns für jene neuen Muster unseres Handelns, die Aussicht auf Erfolg haben. Alte Gewohnheiten werden durch neue ersetzt.

Beispiel: Das Ende des Kuschelkurses

Im nächsten Mitarbeitergespräch mit Frau Gruber hat Herr Voss das Problem mit dem Kaffeeplausch angesprochen und die Situation erklärt. Mit dieser offenen Rückmeldung konnte Frau Gruber gut umgehen. Sie hat es eingesehen. Mit dem Verbot verfehlte sie ihre Wirkung und es wird wohl sinnvoller sein, die beiden nutzten die kleine Pause, um sich für den Rest des Tages wieder aufzuladen. Ganz anders aber agiert sie in ihrem Versuch, die Konfliktfähigkeit der Teamleiter zu erhöhen. Bisher haben sie nach Harmonie getrachtet und Konflikte weitgehend vermieden. Mit dieser Gewohnheit hat Frau Gruber gebrochen. Sie selbst geht aktiv auf Konflikte zu und verlangt auch von allen Teamleitern, Konflikte anzusprechen und sich ihnen zu stellen. Trotz des offenen Widerstandes der Menschen lässt sie sich davon nicht abbringen. Sie ist sich sicher, hier einen richtigen Weg zu gehen. Die kritischen Rückmeldungen sieht sie als Bestätigung für ihren Kurs. Sie bringt die Menschen bewusst zwischen die Pole.

4.5 Den Gewohnheiten auf der Spur

Eine Gewohnheit an sich ist neutral. Es gibt gute und schlechte Gewohnheiten, es gibt solche, die den Herausforderungen entsprechen, und solche, die es nicht mehr tun. Was aber auf jeden Fall zutrifft ist die Tatsache, dass es schwer ist, eine Gewohnheit zu verändern. Es ist schon keine einfache Aufgabe, eine Gewohnheit als solche zu erkennen und sie in ihrer Wirkung richtig einzuschätzen. Welche unserer Gewohnheiten, seien es persönliche, Gewohnheiten als Gruppe oder als Organisation, sind noch adäquat im Heute? Eine solche Gewohnheit ist eine gute Antwort auf eine Frage unserer Umwelt, sie bewähren sich also und ermöglichen ein gutes Leben und ein erfolgreiches Wirtschaften. Ein Teil unserer Gewohnheiten wird diesen »Test« nicht bestehen, wenn wir kritisch darauf schauen. Diese wollen wir dann ersetzen oder zumindest ändern. Die gute Nachricht ist, Gewohnheiten lassen sich verändern, die schlechte, es ist nicht einfach und es gibt kein Patentrezept. Gewohnheiten sind viel zu verschieden, um per Rezept verändert zu werden.

Charles Duhigg hat darüber ein lesenswertes Buch geschrieben (Duhigg 2012). Er zeigt eine Gewohnheitsschleife mit drei Stationen auf. Jede Gewohnheit hat einen Auslösereiz (1). Wenn der Auslösereiz auftritt, dann beginnen wir, unsere Gewohnheit abzuspulen – und das dann ohne unseren bewussten Geist zu bemühen. Genau das ist ein Zeichen von Gewohnheiten. Richtige Gewohnheiten laufen automatisch ab, ohne viel nachzudenken. Sonst wären es ja bewusste Handlungen und keine Gewohnheiten. Ein Auslösereiz kann einfach oder komplex sein. Es reicht eine bestimmte Stimmung, ein Mensch, ein Raum, eine Situation – oder eine komplexe Wechselwirkung aus verschiedenen Reizen. Darüber bewusst nachzudenken, lohnt sich. Was sind die Auslösereize meiner oder unserer Gewohnheiten?

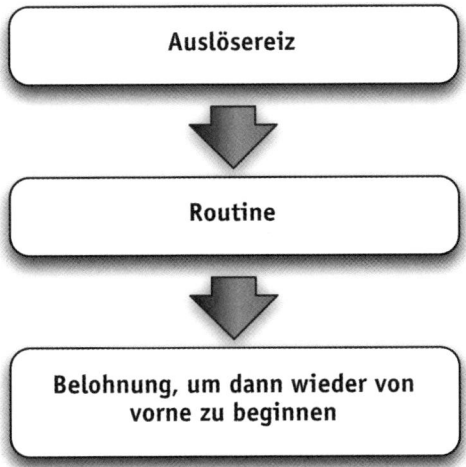

Abbildung 6: Psychologisches Verhaltensmuster
von Gewohnheiten (Duhigg 2012: 76)

Dem Auslösereiz folgt dann die Routine (2), das, was immer abläuft. Routinen sind Aktivitäten, sind Verhaltensweisen, sind Gefühle, sind komplexe Mischungen, die erkennbare Muster ablaufen lassen. Und nach der Routine folgt das Wichtigste an der Gewohnheit, die Belohnung (3).

Gäbe es keine Belohnung am Ende der Routine, dann wäre es nie eine Gewohnheit geworden. Die Belohnung kann offensichtlich und einfach sein, etwa ein Lob der Führungskraft nach einer gewissen Routine in der Gruppe. Belohnungen aber können sich hinter ihrer Komplexität verbergen und schwer nachvollziehbar sein. Oft sind wir uns der Belohnung nicht bewusst, aber es gibt sie immer. Irgend etwas haben wir davon, auch wenn der rationale Geist anfangs nichts erkennen kann oder nichts preisgeben will.

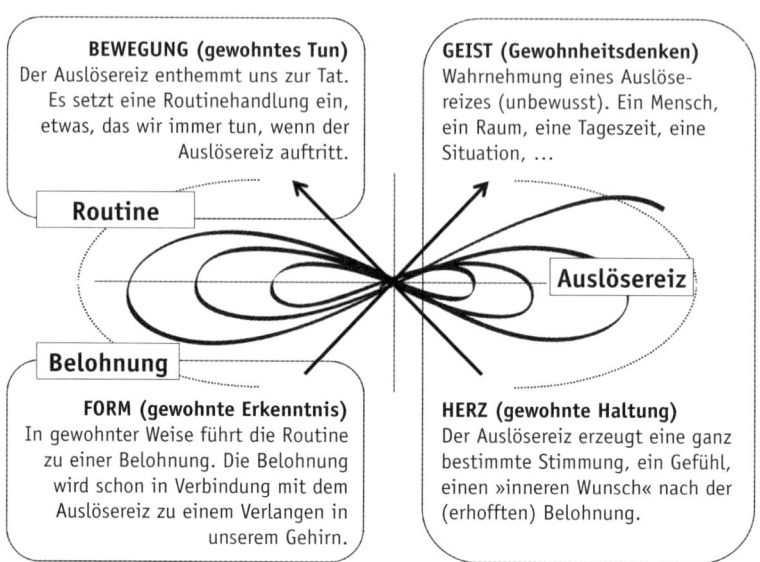

BEWEGUNG (gewohntes Tun)
Der Auslösereiz enthemmt uns zur Tat. Es setzt eine Routinehandlung ein, etwas, das wir immer tun, wenn der Auslösereiz auftritt.

GEIST (Gewohnheitsdenken)
Wahrnehmung eines Auslösereizes (unbewusst). Ein Mensch, ein Raum, eine Tageszeit, eine Situation, ...

Routine

Auslösereiz

Belohnung

FORM (gewohnte Erkenntnis)
In gewohnter Weise führt die Routine zu einer Belohnung. Die Belohnung wird schon in Verbindung mit dem Auslösereiz zu einem Verlangen in unserem Gehirn.

HERZ (gewohnte Haltung)
Der Auslösereiz erzeugt eine ganz bestimmte Stimmung, ein Gefühl, einen »inneren Wunsch« nach der (erhofften) Belohnung.

Abbildung 7: Gewohnheitsschleife in der liegenden Acht
(auf Basis von Duhigg 2012: 76)

Wenn wir Gewohnheiten verändern wollen, können wir beispielsweise den Auslösereiz und die Belohnung gleichlassen und nur die Routine umwandeln. Das ist das Einfachste. Ein Beispiel dazu:

Gewohnheitsschleifen der Kommunikation ändern

Alt: Sie moderieren als Führungskraft ein Jour Fixe. Für einen Auslösereiz sorgt ein Teammitglied mit einer Ihnen sehr bekannten Wortmeldung etwa in der Art: »Das würde ich aber anders machen ...« Jetzt beginnt in Ihnen eine Routine abzulaufen. Sie ändern die Gangart, reagieren forsch und ablehnend und treffen schnell eine Entscheidung. Sie stellen alle anderen vor vollendete Tatsachen und lassen keine Diskussion mehr zu. Dann folgt die Belohnung. Sie haben das Gefühl, sich als Führungskraft bewährt und eine schwierige Person in die Schranken verwiesen zu haben.

70 | Im Fluss der Veränderung

Neu: Auf den gleichbleibenden Auslösereiz können Sie (bewusst) eine andere Routine folgen lassen, ein neues Spiel im Dialog, und am Ende die gleiche Belohnung einholen, nämlich als Führungskraft gute Arbeit geleistet zu haben. Das Spiel im Dialog können sie beispielsweise mit Gegenfragen eröffnen. Nach »Das würde ich aber anders machen ...« folgen nun Fragen an die anderen Teilnehmer: »Lassen Sie uns Ihren Vorschlag gleich notieren. Wer sonst im Team hat einen alternativen Vorschlag?« Geben Sie eine kurze Aufgabe: Arbeiten Sie mindestens drei Alternativen aus und machen Sie eine kurze Bewertung. Stellen Sie Ihre Alternativen meinem Vorschlag gegenüber. Damit haben Sie den Kollegen umspielt und sich selbst nicht geärgert. Sie streifen also noch eine weitere Belohnung ein. Damit Ihnen die neue Routine gut gelingen kann, ist eine genaue Planung von Vorteil. Lassen Sie das Gespräch vor Ihrem geistigen Auge ablaufen, bereiten Sie die Fragen genau vor. Immer wenn Sie den Ärger aufsteigen spüren, brauchen Sie eine weitere Frage, eine Aufgabe für die anderen. Der genaue Plan hilft sehr, der neuen Routine eine echte Chance zu geben.

Hingegen ist die gesamte Gewohnheit zu ändern viel schwieriger, weil Sie das gesamte Spiel ändern müssen, damit es diesen Auslösereiz in dieser Form nicht mehr gibt. Sie laden diesen Kollegen zu kreativen Sitzungen einfach nicht mehr ein. Auch das ist möglich, wenn auch wahrscheinlich nicht sinnvoll.

4.6 Gewohnheiten verändern und in Bewegung kommen

Mit diesen neuen Gewohnheiten und Mustern nähern wir uns wieder dem Anfangspunkt unserer Entwicklung entlang der liegenden Acht, dem Symmetriepunkt. Es braucht erneut eine Entscheidung. Diesmal ist es eine Entscheidung aus einer Erkenntnis heraus, etwas gut gemacht zu haben. Wir nennen es die Entscheidung zur Wiederholung. Gleich anschließend werden wir Ihnen die Wiederholung als ein Erfolgsprinzip der spielerischen

Entscheidung und Veränderung vorstellen. Jetzt aber gehen wir zur liegenden Acht zurück. Wir durchlaufen den Ursprung vom vierten wieder zurück in den ersten Quadranten. Die Entscheidung zur guten Wiederholung führt uns erneut durch die vier Felder der liegenden Acht. Wir schärfen unser Denken und verdeutlichen unser Bild der Zukunft, wir arbeiten intensiver an unserer neuen Haltung, enthemmen uns erneut zur Tat, machen weitere Erfahrungen und kommen wieder zu neuen Erkenntnissen. Langsam bilden sich neue Muster und Gewohnheiten aus. Aus unseren Ideen (Geist) werden durch die Wiederholung entlang der liegenden Acht neue Formen (Erkenntnisse) in die Welt gebracht. Formen sind neue Handlungsmuster in unserem Tun, aber auch neue Muster und Abläufe in Organisationen. Der Geist bringt über die Haltung und das wiederholte Tun letztlich neue Formen in die Welt. Das ist der »Geist-Herz-Bewegung-Form-Zyklus« entlang der liegenden Acht, den wir verkürzt einfach »train the eight« nennen.

4.7 Die Trägheit hinter sich lassen

Leben verlangt Aktivität. Wir sind von einer Kraft umgeben, die uns zum Stillstand bringen will. Diese Kraft ist eine Trägheitskraft, die uns ähnlich der Schwerkraft unmerklich, aber dauernd umgibt. Keine Sekunde lässt die Kraft uns gewähren und schenkt uns freien Lauf. Es ist die gleiche Kraft, vielleicht ist es eher eine Macht, die unseren Arbeitsplatz schon wenige Stunden nach dem Ordnen wieder in Richtung Unordnung und Chaos bringt. Es ist also jene Macht, die uns immer wieder in Versuchung führt, die guten Gewohnheiten wieder aufzugeben, heute doch nicht laufen zu gehen, heute einmal eine Ausnahme zu machen und doch wieder zur Zigarette zu greifen, heute – nach einem so schweren Tag – eine Belohnung verdient zu haben und eine Schokoladentorte mit Schlagobers zu verzehren, die im Kühlschrank auf uns wartet. Alles, was gut für uns ist, will täglich mit Energie genährt werden und diese Energie kommt aus unserem inneren Willenszentrum. Nicht, dass eine Pause nicht gut wäre oder dass eine Entspannungsphase uns nicht regenerieren könnte. Wohl, das tun sie und das ist gut so. Aber immer hat die Auszeit den Charakter eines Trainingslagers für die dann folgende weitere Entwicklung. Die Yogastunden dienen selten der rein spirituellen Entwicklung. Viel öfter ist damit die Absicht verbunden, durch die Übung der Konzentration im Alltag erfolgreicher zu sein. Immer ist damit ein Ziel verbunden, ein Streben nach dem Oben, eine Suche nach einer besseren Welt. Wir sind dazu verdammt, als stetig Übende durch das Leben zu schreiten. Im Buch *Du mußt Dein Leben ändern* bietet Peter Sloterdijk eine Gesamtschau der Übungen, die notwendig sind, um Mensch zu sein und zu bleiben (Sloterdijk 2009). Niemals dürfen wir es in Erwägung ziehen, mit dem Üben aufzuhören.

Von der Trägheit bedroht, ist es unsere einzige Chance, ständig in Bewegung zu bleiben und an uns zu arbeiten. Die Bewegung verringert die Trägheit. Hören wir auf zu üben, übermannt sie uns. Ein Mensch, der sich über lange Zeit vernachlässigt und »sich gehen lässt«, macht genau dieses Verhalten zur Gewohnheit. Auch das Nicht-Üben kann zur Gewohnheit werden. Eine Gewohnheit, die zu einer großen Gefahr, zu einem unüberwindbar scheinenden Berg werden kann, der nur mit höchster Anstrengung zu bezwingen ist. Einzig eine starke Polarität kann dann wieder Bewegung ins Leben bringen. Es kann der starke innere Drang sein, dem Leben wieder einen neuen Sinn zu geben und wieder das Steuer zu übernehmen, oder ein äußerer Zwang, der uns vom gewohnten Weg abbringt. Wir beginnen bei der Einsicht und malen dann ein Bild im Kopf, was diese neue Zukunft bringen mag. Die Reise auf der liegenden Acht beginnt erneut.

Beispiel: Achterbahn der Gedanken
Kurz nach der Arbeit, als Hannah gerade im Supermarkt den Einkauf erledigt, klingelt ihr Handy. Sie hebt ab und eine alte Kollegin aus der Ausbildungszeit meldet sich. Damals hatten sie über die Arbeit mit Kindern gesprochen und das sei ihr in Erinnerung geblieben. Ihre Kollegin geht in die Schweiz und nun braucht es einen guten Ersatz für sie als Kindertherapeutin. Da habe sie nun an Hannah gedacht.

Nun taucht Hannah ein in die Welt der Polarität. Eine vollkommen unerwartete Option bringt Unruhe in ihr Leben als Gewohnheitsbündel. Die nächsten Minuten geht sie nur ziellos an den Regalen vorbei, vollkommen in Gedanken versunken. Der Einkauf folgt wie automatisch, ihre Gedanken schlagen Kapriolen und ihr Herz ist in Aufruhr. Eigentlich ist ihr Leben ja sehr schön und sie hat allen Grund zur Zufriedenheit. Ein Prickeln macht sich auf ihrem Rücken breit, das Leben hat sie wieder.

An diesem Abend zieht sie sich zurück, geht eine Runde spazieren und denkt nach. Hannah spaziert gedanklich in Achterschleifen durch ihre mögliche Zukunft. Sie beginnt sich vorzustellen, wie der neue Job sein könnte, sie denkt an die Arbeit mit Kindern, an den langen Anfahrtsweg mit dem Zug, an die neuen Kolleginnen, an den Abschied von ihrem jetzigen Team, sie sieht sich neue Ausbildungen machen, kurz, sie beginnt ein erstes Bild im Kopf zu malen. Sie ist eingetaucht in den ersten Quadranten des neuen Denkens. Je mehr sie sich dieses Bild ausmalt, desto öfter spürt sie ein Prickeln aufsteigen, es kommen plötzliche Momente der Freude, sie spürt Energie aufsteigen, sie beginnt das Leben wieder zu fühlen. Ihre Gewohnheiten haben sie stumpf gemacht, unempfindlich gegen die Allüren des Lebens. Noch ist sie weit entfernt von einer Entscheidung, alles bleibt noch ein inneres Spiel von Herz und Hirn. Aber sie geht gedanklich in den Raum der Bewegung, sie denkt ihre neue Arbeit durch, sieht Kinder vor sich und beginnt, das Lachen der Kinder zu hören, denen sie das Leben erleichtern kann. Ja, sie kann das Lachen der Kinder hören.

Ihre erste Achterschleife führt sie in den Raum der Erkenntnis. Was wird sich wirklich verändern? Was davon ist gut für sie, was weniger? Was alles müsste sie hinter sich lassen, was aufgeben und was wird ihr schwerfallen? Der Spaziergang in einer Achterschleife ist eine heitere Weise, eine mögliche Zukunft zu erkunden, so heiter, dass sie noch den ganzen Abend weitermacht.

Am nächsten Morgen platzt es aus ihr heraus und sie ruft ihren besten Freund an. Schon am Nachmittag treffen sie einander in einem Kaffeehaus und sie erzählt mit sichtlicher Begeisterung von ihren neuen Möglichkeiten. Maximilian hört sich die Geschichte an. Er will ihr helfen, zu einer Entscheidung zu kommen. Sie beginnen auf einem Blatt Papier, Argumente zu sammeln, jeweils Pro-Argumente, um im alten Job zu bleiben, und Pro-Argumente, um in den neuen Job zu wechseln. Die Liste der Argumente wird lang. An eine Entscheidung ist da nicht so bald zu denken. Aber ihr Blick wird klarer. Sie beginnt zu erkennen, dass die Begeisterung des Augenblicks gerade alles andere übertönt. Da mag es gut sein, sachlich nach guten Argumenten zu suchen. Für heute lassen sie die Entscheidung noch auf sich beruhen. Sie geht die Situation immer wieder durch. Das Bild ihrer möglichen Zukunft wird immer klarer und sie spielt Puzzle mit ihren Gefühlen, die sich langsam zu einem Grundgefühl verdichten.

Mit geschickten Fragen mixt Maximilian – als Coach und Psychologe sind Fragen seine Profession – einen Cocktail aus Sachargumenten und Gefühlen. Er taucht Hannah ein in die Welt ihrer Intuition, holt sie wieder heraus und greift erneut zur Liste der Argumente. Diesmal sitzen sie abends in seiner Praxis und er hat alle Hilfsmittel zur Verfügung und vor allem haben sie Ruhe. Gemeinsam mit Hannah macht er eine neue Liste. Diesmal ordnen sie die Pro-Argumente nach ihrer Wichtigkeit. Dazu macht Maximilian zwei Spalten auf einem Flipchart und schreibt die Argumente nacheinander auf. Die Liste ist fast gleich lang. Etwas länger ist die Liste auf der Seite des neuen Jobs, aber das reicht aus Hannahs Sicht noch nicht aus, um eine gute Entscheidung treffen zu können. Jetzt beginnt er mit Hannah, die Argumente in den beiden Spalten miteinander zu vergleichen. Welches Argument ist für dich wichtiger? Welches nimmt stärker Einfluss auf dein Leben und welches ändert dein Leben radikaler zum Guten? In der ersten Zeile gibt es keinen wirklichen Unterschied, schon aber in der zweiten Zeile hält Hannah inne. Das Argument für den neuen Job ist ihr viel wichtiger als das Argument auf der Seite des alten Jobs. Links steht, die Arbeit mit Kindern bringt mir Freude ins Leben, rechts steht, ihre hohe Kompetenz in der Arbeit mit

Erwachsenen. Hannahs Augen leuchten nach innen und außen. Maximilian wiederholt, was er verstanden hat, und meint, dass hiermit eine wirklich gute Entscheidungsgrundlage gefunden sei. Morgen soll sie das noch einmal alleine durchgehen und dann ihre Entscheidung fällen.

Auf beiden Seiten gibt es wirklich gute Argumente. Es ist keine einfache Wahl, weil so vieles für den jetzigen Job spricht. Mit dem neuen sind auch nicht nur Vorteile verbunden. Es steht sachlich 50:50. Im Spaziergang entlang der liegenden Acht aber hat sich der Cocktail fertig gemixt. Sachargumente und Gefühle haben sich zu einem Bild vereint, das eine Entscheidung aus dem »Herz-Quadranten« heraus möglich macht. Sie wird die neue Stelle annehmen. Sie ist sich ihrer Sache so sicher, dass sie die Möglichkeit, dort gar nicht genommen zu werden, innerlich vollkommen ausblendet. Jedenfalls enthemmt sie sich zur Tat und schreibt ihre Bewerbung, sie ruft an, stellt sich vor und tut alles, was notwendig ist, ihre Entscheidung zu realisieren. Das Leben meint es in solchen Fällen meist sehr gut mit den Menschen, so auch mit Hannah.

Drei Monate später sitzt Hannah nun zum ersten Mal im Zug Richtung Nachbarstadt. Ihr erster Arbeitstag steht bevor. Sie ist aufgeregt, fühlt sich aber gut. Die Polarität des Lebens hat sie mit so viel Energie aufgeladen, dass sie nun durch ihre Entscheidung in den Fluss des Lebens eingetaucht ist. Das Leben trägt sie, der neue Anfang schenkt ihr den berühmten Zauber, sie fühlt das Lebensglück auf ihrer Seite. Sie hat ihre alte Achterschleife der Gewohnheiten verlassen und schwingt sich nun auf einer neuen Achterschleife ein. Am Anfang wird es noch lange wirklich Spaß machen, doch auch im neuen Job holen sie die Mühen der Ebene ein. Alles will geübt werden, es gibt noch keine Sicherheit spendenden Gewohnheiten. Jeder Tag bringt Überraschungen, angenehme und unangenehme. Ihr neuer Chef ist eine Chefin, das ist ungewohnt. Überhaupt fühlt sich diese Beziehung sehr verklemmt an. Auch nicht alle Kolleginnen sind so offenherzig, wie sie es gerne hätte. Das neue Spiel muss noch gelernt werden und die Spielregeln, besonders die verdeckten, muss sie noch erkunden und erlernen. Die Instabilität, die durch *die Polarität ausgelöst wurde, bleibt noch bestehen. Sie fühlt sich noch nicht sicher, beginnt ihre Entscheidung infrage zu stellen und ist von Zweifeln durchdrungen. Der Fluss des Lebens aber trägt sie weiter und sie erobert schrittweise das neue Spielfeld. Es wird nach einigen Wochen auch ihr Spiel und sie spielt es gut.*

Nach einigen Monaten trifft sie Maximilian in einem Kaffeehaus. Sie wirkt gefestigt, mitten im Leben stehend und durchweg zufrieden. Er reflektiert mit ihr die neue Situation und trinkt zufrieden seinen Kaffee. Hannahs Leben hat sich radikal verbessert. Sie ist dabei, sich ihren Traum zu erfüllen.

In Bewegung bleiben heißt einfach nur, immer wieder spielerisch entlang der liegenden Acht in Übung zu bleiben. Immer wieder neu denken und Möglichkeiten spielerisch auszuloten, immer wieder die innere Haltung zu prüfen und in sich hineinzuspüren, dann bewusste Entscheidungen für das neue Tun zu treffen, immer wieder ein neues Muster auszuprobieren, eine Gewohnheit zu hinterfragen und letztlich immer wieder zu reflektieren und nach Erkenntnissen zu ringen. Was bewährt sich in meinem Leben? Was soll ich neu in mein Leben bringen und was verstärken? Was eher weniger machen und was überhaupt weglassen? Der Veränderungszyklus entlang der liegenden Acht ist ein Spielbrett für das Spiel des Lebens. Bleiben Sie in Übung, bleiben Sie in Bewegung. Gehen Sie gelassen, entspannt und heiter durch das Leben.

4.8 Der universale Einsatz von »train the eight«

Das Beispiel von Hannah zeigt, wie lebensnah das »train the eight«-Modell für Entscheidungs- und Veränderungsprozesse eingesetzt werden kann. Es ist ein einfaches und gleichzeitig ein in sich sehr komplexes Bild von Entscheidung und Veränderung. Das Verständnis dieses Bildes eröffnet Ihnen eine neue Welt, eine neues Spielfeld. Welchen Lern- oder Wandelprozess Sie auch andenken wollen, das »train the eight«-Modell wird Ihnen helfen, eine gute Entscheidung zu treffen und die Veränderung erfolgreicher zu bestehen.

Wenn Sie das Spiel »Zwischen den Polen und mitten im Fluss« zu spielen beginnen, wird sich die Welt der Entscheidung und die Welt der Veränderung mit einem freundlichen Gesicht zu erkennen geben. Der Begriff »Leading Change« bleibt dann für Sie keine Worthülse, sondern bekommt eine erkennbare Gestalt. Egal, ob Sie an sich selbst arbeiten wollen und eine Veränderung in Ihrem Leben ansteht oder ob Sie andere Menschen durch einen Veränderungsprozess führen müssen, es zahlt sich aus, den spielerischen Weg zu wählen. Was heißt »Leading Change«? Wohl nicht weniger als aktiv durch die Veränderung zu führen – sich selbst oder auch andere. Auch in der instabilen Phase der Veränderung bleiben Sie am Steuerrad des Lebens. Ob sich nun die Winde drehen oder der Zufall seine Hand im Spiel hat, der Ausgang bleibt immer ungewiss. Wenn Sie aber das Spiel beherrschen und aktiv Ihre Spielzüge setzen, haben sie eine verdammt gute Chance, zu einem guten Ende zu kommen. Noch aber kennen Sie nicht das ganze Spiel.

Was wir bisher kennengelernt haben

Sie kennen die vier neuen Spielregeln, die einen Rahmen abstecken und Orientierung geben.

Sie kennen die Batterie des Lebens, die Polarität, an der Sie sich mit Energie aufladen können.

Sie kennen den Fluss des Lebens, die zwei Phasen jeder Entwicklung, die Stabilität und die Instabilität.

Und Sie kennen die liegende Acht und den Veränderungszyklus, der Sie der Entscheidung und Veränderung spielerisch einfach begegnen lässt.

4.9 Was fehlt noch für ein gutes inneres Spiel?

Sie sollten noch mehr über Entscheidungen wissen. In bestimmten Fällen zahlt sich das Spiel wirklich aus, in anderen weniger.

Sie sollten Erfolgsprinzipien kennenlernen, die Ihre Entscheidungen und Veränderungen begleiten und mit etwas Weisheit aufgeladen – als hilfreiche Wegweiser – zur Seite stehen.

Schließlich wären etwas Spielstrategie, einige Grundsätze und Fähigkeiten noch unterstützend.

»Zwischen den Polen und mitten im Fluss« ist ein Spiel für Entdeckernaturen. Es macht Spaß, es lädt ein, die inneren Welten zu erkunden – daher ist es das innere Spiel – und es ist hilfreich. Sehen Sie das Spiel als Basisausstattung für Erfolge in der rauen Welt der Veränderung. Wir meinen, dass diese Werkzeuge an Bord jeder Entdeckungsreise mehr als nützlich sind. Sie sind universell einsetzbar, ganz egal, welche Herausforderungen die Welt des Wandels an Sie herantragen mag.

5.
Am Punkt der Entscheidung

Die Aura der Entscheidung ist sehr geheimnisvoll. Irgendwie hält sich der Glaube, Entscheidungen fallen immer irgendwo ganz weit oben und wir alle haben damit nichts zu tun. Das scheint ein Grund dafür zu sein, Entscheidungen ins Reich des Mystischen zu verbannen. Dann gibt es den Automatismus der Gewohnheiten. Was für einen Beobachter wie eine Entscheidung aussehen mag, ist in Wirklichkeit der Ablauf einer Routine, die einer Gewohnheit entspringt.

Dazu ein Beispiel: Wenn Sie im Supermarkt einen Menschen vor dem Joghurt-Regal beobachten, werden sie glauben, jemanden zu sehen, der eine Entscheidung fällt. Aus über fünfzig verschiedenen Sorten wählt der Mensch zielgerichtet zwei aus und legt sie in den Einkaufswagen. Tatsächlich hat der Kunde aber nur seinen Wocheneinkauf getätigt und seine Gewohnheitssorten gekauft. Gewohnheit ersetzt somit das, was wir gerne als Entscheidung bezeichnen.

5.1 Ein Alltag voller Quasi-Entscheidungen

Im Alltag treffen wir sehr viele solcher Quasi-Entscheidungen, die aber keine mehr sind. In Wirklichkeit sind diese Entscheidungen vor langer Zeit einmal getroffen worden und werden nun immer wieder wiederholt. Der Einkauf ist eine Gewohnheitssache. Wenn Sie Joghurt kaufen, dann kaufen Sie meist den gleichen oder variieren vielleicht die Furchtsorte. Die tägliche Entscheidung ist unserem Gehirn viel zu anstrengend. Es verschiebt den Joghurtkauf in tiefe Hirnareale und speichert den Vorgang als Gewohnheit ab. Aus der Entscheidung, die immer den bewussten Geist fordern würde, wird eine Sache, die am bewussten Geist vorüberzieht, ihn also gar nicht mehr braucht. Und das ist ein zweiter Grund, warum wir uns mit wirklichen Entscheidungen recht schwertun. Wir treffen in Wirklichkeit selten Entscheidungen, sondern führen viel häufiger Gewohnheiten aus. Das gilt nicht nur für Joghurt, sondern auch für teure Anschaffungen, etwa den Kauf eines neuen Autos. Viele Menschen kaufen aus Gewohnheit immer die gleiche Marke und konzentrieren sich mehr auf Sonderausstattungen als auf Grundentscheidungen. In den Raum der wirklichen Entscheidungen treten wir nun ein, wenn wir die Dinge grundsätzlich hinterfragen.

Beispiel: Lukas auf neuen Wegen
Lukas ist in den letzten Monaten zunehmend gesundheitsbewusst geworden. Für seinen täglichen Weg zu Arbeit nimmt er die U-Bahn und geht ein weiteres Stück zu Fuß. Schon lange benutzt er sein kleines Auto nur mehr für Einkaufsfahrten oder am Wochenende. Weil sein Auto schon einige Macken macht und immer wieder in die Werkstatt muss, überlegt er, ein neues Auto zu kaufen. Bisher ist er immer einen Alfa Romeo gefahren und sieht sich automatisch die neue Giulietta an. Seine Arbeitskollegin Sarah aber überrascht ihn mit einer Frage: »Sag, Lukas, wofür brauchst du eigentlich ein neues Auto? Einkaufen kannst du auch ganz in deiner Nähe. Du musst ja nicht immer in dieses Shoppingcenter fahren. Und am Wochenende kannst du mit dem Fahrrad Ausflüge mit deinen Freunden machen. Wären nicht ein tolles Elektrofahrrad und vielleicht ein kleiner Motorroller für weitere Fahrten viel sinnvoller als ein neues Auto?« Lukas merkt es sofort. Diese Fragen kratzen ziemlich heftig an den glänzenden Farben seiner Gewohnheiten.

Wir kennen noch einen dritten Grund, warum wir uns mit Entscheidungen schwertun und keinen spielerischen Umgang mit ihnen finden. Wir subsumieren unter dem Begriff Entscheidungen ganz verschiedene Dinge. Das macht dieses Spielfeld der Entscheidungsfindung undurchsichtig.

5.2 Unterschiedliche Entscheidungsarten

Im Getümmel unterschiedlicher Entscheidungen gibt es welche, die uns besser gefallen als andere. Am liebsten sind uns die Quasi-Entscheidungen, die wir als Gewohnheiten abgespeichert haben und die uns ganz und gar nicht geistig herausfordern. Das sind streng genommen gar keine Entscheidungen mehr. Dann folgen die Entscheidungen, auf die wir mit Ja oder Nein eine Antwort finden. Soll ich noch eine Nachspeise bestellen? Ja. Zahlen wir jetzt? Nein, später. Verzichte ich heute auf das späte Abendessen? Ja, ausnahmsweise. Es gibt sie also, die Fragen des Alltagslebens, auf die wir eine Ja- oder Nein-Antwort geben können. Mit diesen Fragen ist die Welt für uns in Ordnung. Was die Auswirkungen dieser Entscheidungen angeht, können wir die Wertigkeit auf »sehr gering« einstufen. Oder anders gesagt, meist hat es überhaupt keine Relevanz für unser Leben, ob wir ja oder nein sagen. Um nicht die ganze Zeit mit diesen kleinen Entscheidungen blockiert zu sein, bauen wir uns ein Wertegerüst und einen persönlichen Verhaltenskodex auf, der uns diese Entscheidungen wieder zum großen Teil abnimmt. Wir ebnen den Weg wieder in Richtung Gewohnheiten. Wir essen dann grundsätzlich nicht mehr nach 20 Uhr und brauchen daher die Entscheidung nicht mehr täglich zu treffen. Wir erlauben unseren Kindern keine Computerspiele mit Kriegshandlungen, wie oft sie die Bitte auch an uns richten mögen. Wir trinken im Normalfall ein Bier und keinen Wein, weil da die Wahlmöglichkeiten meist geringer sind.

Die logische Entscheidung – den Experten fragen

Es gibt Entscheidungen, die uns etwas mehr herausfordern. Wenn mein Fernseher kaputtgegangen ist, stellt sich die Frage: Reparatur oder Neukauf? Wie kann ich da zu einer Entscheidung kommen? Einfach ist es nur dann, wenn der Fernseher ganz alt oder ganz neu ist. Wenn er ganz alt ist, kaufe ich ungefragt einen neuen, ist er ganz neu, wird es zur Garantiesache und ebenso keine große Frage. Dazwischen ist es anders. Um sinnvoll entscheiden zu können, brauche ich zunächst ein Entscheidungskriterium. Die Entscheidung wird natürlich, je nach Kriterium, anders ausgehen. Entscheide ich rein wirtschaftlich, ist es eine Frage des Preises. Was kostet die Reparatur, was kostet ein Neugerät? Entscheide ich ökologisch, werde ich auch einer teuren Reparatur eher zustimmen. Was wir noch brauchen, ist eine tiefer gehende Information. Wir müssen einen Experten fragen, was die Reparatur kostet. Dann können wir diese Entscheidung treffen.

Beispiel: Sarahs eiskalte Entscheidung

In Sarahs Wohnung hat letzten Freitag der Kühlschrank seinen Geist auf-gegeben. Die Garantiezeit ist schon zwei Jahre abgelaufen. Jetzt steht eine Entscheidung an. In Sarah kämpfen zwei innere Stimmen miteinander. Die eine sagt, du musst einen neuen Kühlschrank kaufen, weil die neuen Geräte viel weniger Strom brauchen. Das ist ökologisch sinnvoll. Die andere Stimme sagt dazu nein, ganz falsch. Es ist viel ökologischer, das alte Gerät reparie-ren zu lassen, weil die Neuproduktion viel mehr Energie braucht, als das alte je mehr verbrauchen könnte. Sie bleibt unentschlossen und spricht kurz mit ihrem Arbeitskollegen Lukas. Er rät ihr zum Neukauf und weckt dabei Sarahs Widerspruchsgeist. Schon am nächsten Morgen ruft sie einen Freund an, der sich mit solchen Fragen wirklich auskennt. Er ist ein Ökodesignexperte und kann ihr sicher helfen. Er fragt sie nach ein paar Daten und beginnt eine kleine Rechenaufgabe. Eine Stunde später ruft er Sarah wieder an: »In die-sem Fall, liebe Sarah, solltest du wirklich ein neues Gerät kaufen.« »Warum denn das?«, fragt Sarah. »Das ist etwas kompliziert zu erklären. Vertraue mir, ökologisch und wirtschaftlich ist das in diesem Fall gescheiter.«

Sobald wir grundsätzlich mit Ja oder Nein entscheiden könnten und dafür mehr Informationen brauchen, sind wir im Reich der logischen Entschei-dungen. Wir stellen ein Kriterium auf und bereiten die Daten dafür auf. Meist brauchen wir dazu den Rat eines Experten. Dann aber können wir die Entscheidung treffen. Ja oder Nein. Logische Entscheidungen sind also ebenso recht einfache Entscheidungen. Wir müssen ein Kriterium wählen und einen Experten fragen. Dann haben wir eine perfekte Grundlage und wissen, was »richtig« ist. Richtig oder falsch, das ist hier die Frage. Solche Entscheidungen treffen viele Menschen ständig im Arbeitsleben. Wenn sie Mediziner sind, müssen sie entscheiden, ob der Tumor gut- oder bösartig ist. Dazu machen sie oder veranlassen sie die notwendigen Untersuchun-gen. Dann liegt das Ergebnis vor und die Entscheidung ist schon getroffen.

Wenn sie Rechtsanwälte sind, ist es ebenso ein ständiges Agieren mit logischen Entscheidungen. Der Fall ist kompliziert, aber unter Prüfung aller Fakten und der üblichen Rechtsprechung empfehlen sie ihren Klienten zu klagen oder eben nicht. Auch in unternehmerischen Fragen treffen wir oft auf logische Entscheidungen. Bringen wir das neue Produkt auf den Markt oder nicht? Wenn man über genügend Fakten verfügt, entscheidet man mit Ja oder Nein.

Wir spüren bei diesen Entscheidungen eine gewisse Grenze. Was uns logisch richtig erscheint, kann auch falsch sein. Wir neigen dazu, auf Expertenmeinungen, auf Umfragen, auf die Daten der Finanzjongleure oder auf unsere Erfahrungen zu setzen und die Entscheidungsgrundlagen für unantastbar zu halten. Die Wirklichkeit sieht freilich ganz anders aus. Aber es ist nur selbstverständlich und nachvollziehbar, wir müssen manchmal solche Entscheidungen treffen. Oft muss es schnell gehen und ein frühes Ja oder Nein kann uns so manches Folgeproblem ersparen.

Zum Glück sind die Fakten für unsere Entscheidung nicht wirklich so wichtig, wie wir das meistens uns selbst und anderen weismachen wollen. Unsere Intuition begleitet uns ständig, aber das ist eine ganz andere Geschichte. Tun wir, was wir wollen, oder wollen wir eher das, was wir bereits tun? Es gibt zumindest die Ansicht unter Neurobiologen, dass tiefere Hirnschichten unsere Entscheidungen für uns unbemerkt vorbereiten und der kognitive Geist nur mehr nach Gründen sucht, die Entscheidung zu rechtfertigen (Sander 2012: 110).

Die taktische Entscheidung – eine Wahl treffen

In sehr vielen Fällen in unserem Alltag, privat und beruflich, stehen wir vor Entscheidungen, die rein taktischer Natur sind. Wir haben es nicht mit einem Widerspruch zu tun, sondern einfach mit mehreren Optionen. Entscheiden heißt hier nur, eine Option auszuwählen und die anderen abzuwählen. Sofern das nicht ebenso von unseren Gewohnheiten gesteuert wird, stehen wir im Wahllokal vor einer taktischen Entscheidung. Wenn sechs Parteien kandidieren und wir uns für eine entscheiden müssen, ist das Taktik. Allen taktischen Entscheidungen fehlt die grundsätzliche Bedeutung. Es ist in Wirklichkeit nahezu egal, welche Entscheidung wir treffen. Es ist somit eigentlich keine richtige Entscheidung, sondern vielmehr eine Wahl. Eine Wahl zu treffen, ist ein Sonderfall der Entscheidungsfindung. In politischen Fragen werden das politisch engagierte Menschen mit mehr Bedeutung aufladen wollen und die Wichtigkeit der richtigen Wahl herausstreichen. Es gibt aber in diesem Fall kein richtig oder falsch, bestenfalls ein besser oder schlechter. Ausnahmen in Krisensituationen bestätigen die Regel.

Beispiel: Die fantastischen Sieben
Sarah hat ihre Entscheidung getroffen. Sie kauft einen neuen Kühlschrank. Diese logische Entscheidung hat sie aufgrund einer Expertenmeinung leicht treffen können. Jetzt aber steht sie mitten in einem Elektrofachmarkt vor gezählten 37 Kühlschränken, die zumindest grundsätzlich von der Größe her infrage kämen. Weil sie keine gute Beratung bekommt, kann sie keine Entscheidung treffen und verlässt den Markt. Nun versucht sie es in einem kleineren Fachgeschäft, das sie auf mehr Beratung hoffen lässt. Hier findet sie in ihrer Kategorie nurmehr sieben Geräte. Mit einigen Fragen über den Energieverbrauch reduziert sie letztlich ihre Kaufentscheidung auf drei Kühlschränke. Sie entscheidet sich schnell. Sie nimmt das Gerät, das preislich genau in der Mitte liegt. Ohnehin befinden sich die Geräte allesamt in der oberen Preisliga, weil sie energetisch gesehen die besten sind. Sie ist froh, alleine gewesen zu sein, weil eine weitere Person die Entscheidungsfindung sicherlich erschwert hätte. Gerade in ökologischen Fragen diskutiert sie mit Freunden immer sehr lange.

Wir stehen sehr häufig vor solchen taktischen Entscheidungen. Weil unsere Wahl keine besondere Bedeutung hat, sollten wir eher schnell entscheiden. Wenn Sie Spaß an Diskussionen haben, dann können Sie Tage damit verbringen, über verschiedene Möglichkeiten zu debattieren. Im beruflichen Alltag sind es oft unendlich lange Diskussionen, mit denen Entscheidungen hinausgezögert werden. Denken Sie nur beispielsweise an die Frage, welches IT-EDV-System Sie wählen. Oder in der Folge, welchem der fünf Anbieter Sie den Auftrag erteilen. Im Führungsleben aber sollten taktische Entscheidungen nur wenig Raum einnehmen. Es gibt nämlich noch eine Entscheidungsart, die den Namen Entscheidung wirklich verdient und wofür wir Führungskräfte wirklich brauchen. Wir betreten den Raum der strategischen Entscheidung.

Strategische Entscheidungen – einen Prozess initiieren

Es gibt nun viele Situationen, die nicht lösbare Widersprüche in sich bergen. Alle unsere Grundwidersprüche sind genau solche. Wir haben schon gesagt, in diesen Widersprüchen steckt eine Aporie, also eine unlösbare Situation (siehe dazu Abschnitt *Der Widerspruch als Aporie* ab Seite 30). Es gibt hier kein richtig und kein falsch. Es nützt auch gar nichts, wenn wir hier Experten befragen. Die Situation, die immer einen Konflikt darstellt, bleibt im Grunde unentscheidbar. Genau das ist mit der weithin bekannten Aussage in systemischen Beraterkreisen gemeint, dass wir immer nur unentscheidbare Fragen zu entscheiden haben. Alle anderen sind im Grunde schon entschieden, es fehlt uns ja nur die Information der Experten.

Wenn aber eine tiefere Analyse und sieben Experten immer noch keine Entscheidung ermöglichen, sind wir im Reich der strategischen Entscheidung. Ihnen liegt immer eine Unentscheidbarkeit zugrunde. Die Lösung eines solchen Konfliktes – also die Auflösung des Widerspruchs – kann nur in einem Prozess erfolgen, der die beteiligten Menschen – die Konfliktgegner – einbezieht und die Argumente beider Seiten in die Lösungsfindung integriert.

Wir können sagen, jeder strategischen Entscheidung liegt immer mindestens ein unlösbarer Widerspruch zugrunde. Der entstehende Konflikt kann nicht schnell für eine Seite entschieden werden. Natürlich – das werden Sie schnell einwenden – gibt es im beruflichen Alltag immer Situationen, in denen gerade eine strategische Frage sehr schnell entschieden werden muss. Ist das nicht eine der Hauptaufgaben der Führungsarbeit, gerade die unentscheidbaren Fragen schnell einer Entscheidung zuzuführen?

»Man will zwei Dinge, die sich aber logisch ausschließen. Oder man streitet über Ziele und Wege. Irgendetwas ist risikoreich oder widerspruchsvoll. Es stauen sich Fragen, Informationen und Probleme. Man steckt fest in einem Dilemma.« »Dann braucht es eine Instanz, die den Stillstand verhindert beziehungsweise auflöst. Dann hat Führung ihren Auftritt. Führung muss in die Verantwortung gehen, etwas Festgefahrenes in Bewegung bringen, die Entscheidbarkeit sichern.«

Reinhard K. Sprenger, Bestsellerautor und Führungsexperte

(Sprenger 2012: 147)

Manchmal haben wir schlicht und einfach keine Zeit, einen Entscheidungsprozess zu initiieren und beide Seiten in die Lösungsfindung einzubeziehen. Der unternehmerische Alltag verlangt manchmal schnelles und entschlossenes Handeln. Dazu gehören auch Entscheidungen der Führung in unentscheidbaren Situationen. Weil Führung in Unternehmen immer auch mit Macht ausgestattet ist, können Konflikte auch durch Entscheid gelöst werden.

Wenn wir uns aber neue Wege des Wirtschaftens schaffen müssen und unsere Zukunft viele gewohnte Sicherheiten nicht mehr bieten kann, dann sind die strategischen Entscheidungen viel zu wichtig, um auf die Polarität, die Widersprüchlichkeit durch vorschnelle Entscheidungen zu verzichten. Es geht uns bei der neuen Spielregel »Entscheide nicht gleich, initiiere einen Prozess und kommuniziere« natürlich nicht um Alltagsentscheidungen, nicht um logische und nicht um taktische Entscheidungen.

Selbst bei den strategischen Entscheidungen wird es viele geben, die im Eilzugtempo entschieden werden müssen. Es geht uns um jene Fragen, die unsere Zukunft massiv betreffen. Es sind strategische Entscheidungen mit besonderer Bedeutung. In diesen Fällen aber kann die Einhaltung der Spielregel, einen Prozess zu initiieren, über Sein oder Nichtsein entscheiden. In krisenhaften Zeiten kommen wir alle an diesen Punkt der Entscheidung. Es ist dann mehr als nur gut, das innere Spiel zu beherrschen und einen Entscheidungsprozess steuern zu können, wir halten das für eine absolute Notwendigkeit.

Arten von Entscheidungen

Gewohnheitsentscheidungen (»so wie immer«): Entscheidungen im Alltagsleben, die aus Gewohnheit als Routine ablaufen und eigentlich keine Entscheidungen mehr sind.

Einfache Alltagsentscheidungen (»so werde ich das ab jetzt immer entscheiden«): Entscheidungen im Alltagsleben, für die wir noch keine Gewohnheiten ausbildet haben, aber auf dem Wege dazu sind.

Logische Entscheidungen (»einen Experten fragen«): Entscheidungen, die mit Ja oder Nein entschieden werden können. Sie basieren auf einem lösbaren Widerspruch, der durch mehr Informationen – über eine Expertenmeinung – entschieden werden kann (Pietschmann 2002: 36).

Taktische Entscheidungen (»eine schnelle Wahl treffen«): Entscheidungen ohne große Relevanz. Wir gehen von mehreren Optionen aus und müssen uns für eine entscheiden. Wir treffen eine Wahl (Pietschmann 2002: 36).

Strategische Entscheidungen (»initiiere einen Prozess, wenn genügend Zeit vorhanden ist«): Entscheidungen, die auf unlösbaren Widersprüchen basieren, die uns also wirklich zwischen die Pole bringen. Diese Entscheidungen gelten als nicht entscheidbar. Führungskräfte müssen häufig trotzdem ohne Prozess schnell entscheiden (Pietschmann 2002: 37).

Strategische Entscheidungen mit hoher Relevanz (»initiiere einen Prozess und suche nach einer Lösung auf höherer Ebene«): Entscheidungen, die eine größere Veränderung einleiten und über unsere Zukunftsfähigkeit bestimmen. Hier ist immer ein Entscheidungsprozess zu initiieren und das innere Spiel »Zwischen den Polen und mitten im Fluss« zu spielen.

Ob eine Entscheidung eine rein taktische ist, ob sie doch strategischen Charakter hat und ob sie obendrein zukunftsrelevant ist, können wir im Vorfeld nicht immer mit Sicherheit beantworten. Wenn wir glauben, taktisch entscheiden zu können und daher schnell eine Wahl treffen, kann sich nach der Entscheidung ein riesiger Wirbel auftun, weil wir Widersprüche übersehen haben. In Entscheidungen liegt immer ein Risiko.

5.3 Strategische Entscheidungen mit hoher Relevanz

Bei dieser Art von Entscheidungen betreten wir das Spielfeld des neuen Spiels. Hier gelten die vier Spielregeln, hier sind die sechs Prinzipien wichtig und die Grundhaltungen von Bedeutung. Erst hier beginnt das Spiel »Zwischen den Polen und mitten im Fluss« wirklich Spaß zu machen.

Zunächst einige Beispiele für solche Entscheidungen. Wie gesagt, wir können nur Annahmen treffen, welche Entscheidungsart wir vorfinden. Wir wissen immer erst hinterher, ob unsere Annahme richtig war. Im Zweifel also sollten wir eher einen Entscheidungsprozess beginnen, statt vorschnell zu entscheiden. Zumindest immer dann, wenn wir die Zeit dafür haben.

Als Menschen im Privatleben sind wir immer dann von solchen Entscheidungen betroffen, wenn unsere Zukunft relevant davon abhängt. Die Entscheidung für einen Lebenspartner, für eine weitere Ausbildung, für einen Beruf, für einen Arbeitgeber, für die Selbstständigkeit, für die Finanzierung einer Wohnung oder eines Hauses oder die Wahl meines Aufenthaltsortes, all das sind solche Beispiele. Das Spiel beginnt, wenn das Leben die Frage aufwirft: »Verändern oder Bewahren?«

Beispiel: Grün oder Grau – das ist hier die Frage

Lukas lebt seit zehn Jahren allein in einer Mietwohnung in der Stadt. Das Singleleben schafft Klarheit und hat viele Gewohnheiten entwickelt. Auch finanziell steht es um ihn sehr gut. Seit einigen Monaten schon denkt er immer wieder über die Möglichkeit nach, die Mietwohnung aufzugeben und sich ein Eigentum anzuschaffen. Grundsätzlich fühlt er, der richtige Zeitpunkt für diese Entscheidung sei gekommen. Er ist sich mit sich selbst aber uneinig in der Frage, ob es eine Wohnung in der Stadt, etwa ein Dachgeschossausbau mit Terrasse, oder ein kleines Haus im Grüngürtel der Stadt werden soll. Er geht das Für und Wider öfters durch, aber eine Einigung zwischen den zwei Seelen in seiner Brust ist nicht in Sicht. Im Hinterkopf denkt er heimlich an die Möglichkeit, mit seiner Kollegin Sarah eine Beziehung anzufangen. Sie liebt das Leben im Grünen, was sehr für ein Haus spräche.

Im beruflichen Alltag sind diese Arten der Entscheidung eher die Regel als die Ausnahme. Führungsarbeit ist überhaupt erst durch diese Entscheidungen notwendig geworden. Immerhin brauchen Unternehmen Menschen, die solche Entscheidungen durch Energie in Bewegung bringen und einen Prozess initiieren können. Im Zentrum steht der Grundwiderspruch »Verändern oder Bewahren«. Dieser Widerspruch ist unlösbar und kann auf alle strategischen Fragen einwirken. Sobald es um eine Expansion durch einen Zukauf geht, um eine Fusion, um Kooperationen, um eine neue Marktstrategie, eine neue Produktstrategie, um Fragen der nachhaltigen Entwicklung, um Wertefragen, um den Einstieg in die Social-Media-Welt oder noch grundsätzlicher um ein neues Geschäftsmodell, sind die Konflikte unentscheidbar. Verstehen Sie das nicht falsch. Natürlich kann die Führung immer eine solche Entscheidung allein und ganz ohne Dialog treffen. Oft werden solche Fragen vom CEO oder von der Geschäftsführung entschieden. Die dürfen das. Immer aber ist im Nachhinein das Spielfeld wieder offen und der Konflikt zeigt sich nur mit einem anderen Gesicht. Ob es der Widerstand jener Führungskräfte ist, die anderer Meinung waren, ob die Belegschaft mit passivem Widerstand dagegen arbeitet, ob der Betriebsrat sich vielleicht bei der nächsten Gelegenheit dafür rächen will oder einfach nicht genügend Intelligenz am Werke war und schlicht eine falsche Entscheidung getroffen wurde, all das zeigt sich erst später nach der Entscheidung.

Wenn Sie einen Prozess initiieren, gibt es natürlich auch keine Garantie. Das innere Spiel bleibt ein Spiel und das hat immer einen offenen Ausgang. Der Prozess aber – wenn Sie die sechs Prinzipien anwenden – erhöht Ihre Chancen auf eine gute Lösung erheblich.

Beispiel: Eine faire Chance
Frau Gruber wird nächste Woche drei Tage nach Holland fliegen. Der CEO hat gerufen und alle Bereichsleiter in Europa zu einer mehrtägigen Strategieklausur eingeladen. Besonders für Frau Gruber geht es um Kernfragen. Immerhin steht gerade ihr Bereich auf wackeligen Beinen. Sie hat die Change-Vorgaben der Konzernmutter nur zum Teil umsetzen können und kann noch keine guten Zahlen darstellen. Sie weiß es genau. Es wird sich wieder die Frage des Outsourcings stellen. Davon wären insgesamt gleich sieben Bereiche betroffen, die allesamt durch einen externen Dienstleister aus Indien ersetzt werden könnten. Der CEO wird aber kaum die Entscheidung treffen und diese nur verkünden. Warum sollte das Meeting sonst solange dauern? Auf der Agenda stehen keine großen anderen Punkte. Frau Gruber geht davon aus, wieder in einen Dialog eingeladen zu werden. Das ist zwar kein Geschenk, weil dieser auch unangenehm ausgehen kann, aber es ist immerhin eine faire Chance, auch die Argumente und Sichtweisen der Betroffenen einzubringen. Schon im Vorfeld konferiert sie mehrmals mit ihren Kollegen, die mitten im selben Dilemma stehen. Eine Entscheidung scheint ihr derzeit unmöglich.

Auch gesellschaftlich stehen wir vor vielen solcher Entscheidungen, die einen guten Entscheidungsprozess brauchen. Alle Fragen der Europäischen Union, nahezu alle anderen politischen Fragen und auch die Glaubensfragen sind im Grunde nicht entscheidbare Widersprüche. Wenn wir beispielsweise den Grundwiderspruch ganzheitlich oder mechanistisch ansehen, dann wird schnell klar, dass damit sehr viele Fragen aufgeworfen werden, die nur im Dialog der Betroffenen gelöst werden können. Eine konkrete Ausprägung der Frage finden wir im Gesundheitssystem. Wie wird in der Sozialversicherung mit den Fragen der Ganzheitsmedizin oder Schulmedizin umgegangen? Im Raum der Wirtschaft stellt sich die Frage, ob wir auf eine nachhaltige Entwicklung bei Ertragseinbußen setzen oder auf »business as usual« bei Gewinnmaximierung. Eine solche Frage entscheidet auch über den Wohlstand einer Gesellschaft. Die Frage ist, ob der Wohlstand einer Gesellschaft auf Kosten anderer und auf Kosten der Natur zu rechtfertigen ist. Sie sehen schon, besonders auf dieser Ebene gehen uns die Fragen mit Zukunftsrelevanz nicht aus.

5.4 Spielerisch entscheiden

Wir befinden uns mitten im Dilemma. Die Widersprüche sind nicht lösbar. Gerade in dieser sehr ernsten Situation kommt nun das innere Spiel auf den Tisch. Was soll das bringen? Wir sprechen der Situation nicht ihre Ernsthaftigkeit ab. Im Gegenteil. Das Wissen um den offenen Ausgang macht betroffen. Wenn aber alle ernsthaften Analysen, alle rationale Strenge im Universum verhallen, weil sie die Unlösbarkeit nicht aufheben können, dann ist das Spiel eine ebenso gute Variante. Und das Spiel hat einen Vorteil. Es kann den Spaß bringen, den die Ernsthaftigkeit der Situation erfordert. Ein Spiel macht die Ungewissheit erträglich.

Die Entdeckungsreise beginnen

Spielerisch betrachtet ist eine solche Entscheidung ein Probieren. Wenn wir nicht wissen, in welche Richtung wir gehen sollen, dann ist es gut, einen ersten Schritt zu setzen und zu schauen, wohin dieser Weg nun führen könnte. Entscheiden ist aus der Sicht des inneren Spiels immer ein »sich auf den Weg machen«. Sehen Sie die strategischen Entscheidungen als Entdeckungsreise. Lassen Sie den Entdeckergeist in sich wieder aufleben und fühlen Sie sich wie die großen Entdecker Europas, die sich auf die Suche nach einer neuen Welt gemacht haben. Niemand wusste damals, wohin die Reisen jeweils führen würden.

Ob die Entdeckungsreise eine persönliche ist und Sie vor allem sich selbst erkunden, ob es eine unternehmerische Entdeckungsreise oder vielleicht eine politische ist, macht keinen Unterschied. Der Entscheidungsprozess bleibt gleich und die Prinzipien bleiben dieselben.

Jede Entdeckungsreise hat einen Anfang. Entscheidung bedeutet also einen Neubeginn. Sie nehmen zwischen den Polen Platz – das ist die eigentliche Poleposition – und hoffen dann, in den Fluss des Lebens zu kommen. Das innere Spiel minimiert das Risiko enorm. Es werden nämlich die einsamen Hau-Ruck-Entscheidung, die wie ein Big Bang die Menschen aufschrecken, durch eine Reihe von Zwischenentscheidungen ersetzt. Im Entscheidungsprozess nähern wir uns der Lösung auf höherer Ebene über mehrere Stufen. Spielerische Entscheidungen sind daher evolutionär im Charakter. Darin liegt ein Grund für den Spaß am Spiel. Es fällt der große Entscheidungsdruck weg, mit dem viele einsame Entscheidungen verbunden sind, aber es nimmt den Menschen nicht ihre Verantwortung. Und genau so soll es im Spiel sein. Es soll Spaß machen, es soll spannend sein, es soll klare Regeln aufweisen und die Spieler mögen verantwortlich handeln. Am Ende soll der gemeinsame Erfolg stehen.

Erfolg neu definieren

Das innere Spiel ist ein Spiel für die unlösbaren Konflikte im Leben. Niemand würde dieses Spiel spielen, nur um Spaß zu haben. Natürlich geht es bei diesem Spiel um Erfolg. Nur was ist ein Erfolg? Leichter ist die Frage, was kein Erfolg im inneren Spiel ist. Ein Sieg ist kein Erfolg, denn wenn eine Seite gewinnt, verliert die andere. Gewinnen können wir nur, wenn wir akzeptieren, dass an einer anderen Stelle Leid entsteht. Die ganze westliche Industrie- und Erfolgsgesellschaft spielt dieses Spiel des Gewinnens und erzeugt damit viel Leid. Das wohl klassische Beispiel ist der Verkäufer, der ein Produkt nur wegen der Provision am Bedarf des Kunden vorbei verkauft. Wir Menschen akzeptieren das gerne als notwendige Begleiterscheinung für unseren Wohlstand. Es gibt aber noch einen anderen Weg. Wir können auch als Grundhaltung unseres Handelns die Maxime verwenden: »Wir können erfolgreich sein, ohne gewinnen zu müssen.«

»Sie müssen das Licht des anderen nicht ausblasen, um das Ihre scheinen zu lassen.«

Bernard Baruch, Banker

Es muss also niemand scheitern, weil ich erfolgreich sein möchte. Als Mensch habe ich immer zwei Möglichkeiten, im Leben erfolgreich zu sein. Ich kann den Weg auf Kosten anderer gehen und erfolgreich sein oder ich kann den Weg mit anderen gehen und ebenso erfolgreich sein. Das gilt auch für Unternehmen. Es gibt Unternehmen, die einen verantwortungsvollen strategischen Weg gehen und höchst erfolgreich sind, und es gibt jene, die ohne Rücksicht nur den eigenen Gewinn maximieren und ebenso erfolgreich sind. Wir haben also immer die Wahl.

Zurück zur Frage, was ein Erfolg im inneren Spiel ist. Wenn Sie als Mensch in dieses Spiel gehen, dann ist es ein Erfolg, wenn Sie in Bewegung kommen, wenn Ihre gute Entwicklung wieder beginnt und eine Zeit lang anhält. Es ist ein Erfolg, wenn sich Starrheit auflöst und Lebendigkeit in Ihr Herz einzieht. Kurz, wenn Sie auf dem Weg zu einem erfüllten Leben sind. Zu einem erfüllten Leben gehören Erfolge und Misserfolge. Das Spiel ist ein Erfolg, wenn es Ihnen gelingt, Misserfolge mit Gelassenheit zu tragen.

»Wir brauchen den Misserfolg nicht, damit er uns einstmals zum Erfolg führt, sondern er ist, was er ist: Ein für sich wesentlicher Bestandteil des Lebens und der Weiterentwicklung des Menschen. Im Misserfolg finden wir

den Erfolg und in jedem Erfolg auch den Misserfolg ... Somit ist Misserfolg nicht etwas, was wir überwinden müssen, sondern er ist schon im Augenblick des Erlebens ein Teil der Vollkommenheit eines Lebens, das süß schmeckt.«

Heinz Peter Wallner (Wallner 2012: 46).

Erfolg im inneren Spiel ist, zwischen den Polen des Lebens zu beginnen, eine gute Entscheidung zu treffen, die Sie wieder in den Fluss des Lebens eintaucht und wirklich weiterbringt. Wir sehen Erfolg in diesem Spiel auch im Arbeitsleben in gleicher Weise. Ein Unternehmen in einer krisenhaften Situation, vor einer strategischen Entscheidung stehend, kommt wieder in Bewegung. Aus den Widersprüchen leiten sich Optionen ab und es kommt wieder in den wirtschaftlich erfolgreichen Fluss. Das Spiel ist erfolgreich, wenn das Unternehmen zur wahren Größe findet.

»Im Kern sehe ich die wahre Größe eines Unternehmens direkt an den Beitrag ans Leben, an die Übernahme gesellschaftlicher Verantwortung (hier steckt auch CSR drinnen) und an die Integration in natürliche Kreisläufe gekoppelt.«

Heinz Peter Wallner (Wallner 2012: 79)

In Fällen, in denen mehrere Menschen in das Spiel involviert sind, ist der Erfolg in der gemeinsamen Entwicklung zu sehen. Wieder Freude am gemeinsamen Entscheiden finden und eine Veränderung in Gang bringen, das ist ein Erfolg.

5.5 Der Entscheidungsprozess als Spielablauf

Wir haben vier Spielregeln definiert. Ganz kurz rufen wir sie in Erinnerung:

Regel 1: Neues Denken – beobachte zuerst immer das größere Spiel.
Regel 2: Neue Haltung – setze die Bewertungen aus.
Regel 3: Neues Tun – entscheide nicht gleich, initiiere einen Prozess und kommuniziere.
Regel 4: Neue Erkenntnis – halte inne, bis alle gelernt haben.

Diese vier Regeln sind zugleich der Ablauf des inneren Spiels entlang der liegenden Acht. Unser Ausgangspunkt ist eine Situation in unserem Leben, privat oder beruflich, die uns zu einer Entscheidung zwingt und mit einer Veränderung verbunden ist. Wir beginnen also, zwischen den Polen mitten im Widerspruch, der sich als nicht lösbarer Widerspruch zu erkennen gibt. Das ist immer der Fall, wenn es um die Frage »Verändern oder Bewahren« geht.

Der erste Schritt

Der erste Schritt im Entscheidungsprozess ist der Blick nach oben und die Anwendung von Regel 1. Was sagt uns das größere Spiel? Welche Richtung gibt es uns vor? Das Spiel im ersten Stock wirkt immer auf uns und schränkt unsere Möglichkeiten zu ebener Erd' ein. Wir haben schon die Widersprüche des größeren Spiels genannt. Es geht um die Fragen ganzheitlich und mechanistisch, um Steigerung und Ankunft oder um Effektivität und Effizienz.

Für persönliche Entwicklungsprozesse ist der Widerspruch ganzheitlich und mechanistisch zu berücksichtigen. In einer Gesellschaft, die auf dem Weg zum ganzheitlichen Weltverständnis ist, wird meine persönliche Entwicklung davon beeinflusst werden. Was im Kollektiv gedacht wird, beschäftigt auch meinen Geist. Eine Offenheit gegenüber den ganzheitlichen Denkwelten wird meine persönliche Entwicklung erleichtern, weil wir uns dann im Fluss des Kollektivs befinden und nicht dagegen ankämpfen. Kurz gesagt, eine gute persönliche Entwicklung wird spirituelle Elemente und ganzheitliche Zugänge berücksichtigen müssen.

Wenn Sie das Spiel im wirtschaftlichen Umfeld spielen, werden die Fragen der Steigerung und Ankunft Ihr Spiel prägen. Unternehmensstrategien, die nur auf einen Pol setzen, werden Ihre Zukunftsfähigkeit gefährden. Nur die Aufnahme des Widerspruchs zwischen Steigerung und Ankunft in Ihr strategisches Spiel wird genügend Optionen liefern, um Ihre Zukunft abzusichern.

Und wenn Sie das Spiel im beruflichen Umfeld in Führungssituationen spielen, dann wird der Widerspruch Effektivität und Effizienz ein wichtiger Ausgangspunkt sein. Darauf gehen wir im Kapitel 8 *Spielzüge zum Führungserfolg* ab Seite 173 genauer ein.

Die weiteren Schritte

Nach Schritt 1 haben Sie Ihr »Fenster der Widersprüche und Möglichkeiten« geöffnet. Sie haben damit Ihr Spielfeld definiert. Regel 2 ruft Sie nun auf, Ihre Haltung zu wählen. Setzen Sie Bewertungen aus. Sie werden nur in der Lage sein, neue Optionen zu nutzen, wenn Sie ohne Vorurteile und ohne schnelle Wertungen in das Spiel gehen. Lassen Sie zunächst alles in der Schwebe. Ob etwas gut oder schlecht ist, lässt sich in einem Augenblick nicht wirklich beurteilen. Es kann sich heute scheinbar etwas schlecht anfühlen, was sich einige Zeit später sehr positiv auswirken kann und umgekehrt. Ist das nun gut oder schlecht? Ihre Antwort: Kann beides sein, ich bewerte es derzeit nicht.

Ein Beispiel? Wenn Sie heute Ihren Job verlieren, kann sich das im Augenblick wie eine kleine Katastrophe anfühlen. Wenn Sie aber drei Monate später einen neuen, noch viel besseren Job gefunden haben, wirft das ein ganz anderes Licht auf den vormaligen Jobverlust. Ein etwas fernerer Gedanke dazu: Wenn Sie einen Flieger aufgrund eines Staus auf der Autobahn versäumen, mag Sie das ungemein ärgern. Sie kochen vor Wut. Später aber, wenn Sie im Radio hören, dass genau dieser Flieger fast abgestürzt wäre und notlanden musste, werden Sie die Situation anders einschätzen und es gut finden, zu spät gekommen zu sein. Wieder einige Wochen später, wenn Sie hören, welch hohe Schadensersatzzahlungen die Passagiere erhielten, obwohl keiner physisch zu Schaden gekommen ist, werden Sie die Situation erneut und diesmal wieder schlechter bewerten. Welchen Sinn mag es dann haben, in einem Augenblick eine Situation als gut oder schlecht zu bewerten?

Wenn Sie zu dieser neuen Haltung bereit sind, können Sie die Entscheidung treffen, in Ihre Polarität so richtig einzutauchen. Hier kommt dann Regel 3 zur Anwendung. Entscheiden Sie sich nicht zu schnell für eine der beiden Seiten, sondern initiieren Sie einen Entscheidungsprozess und kommunizieren Sie. Im Entscheidungsprozess arbeiten Sie mit den sechs Erfolgsprinzipien (siehe Abbildung 8 auf Seite 119).

Nach dem ersten Durchlauf des Entscheidungsprozesses kommt noch die Regel 4 zur Anwendung. Halten Sie kurz inne und reflektieren Sie alleine oder eben gemeinsam, was erreicht wurde. Alle Beteiligten im Prozess müssen lernen. Somit haben wir spielerisch einen Durchlauf entlang der liegenden Acht im Geist-Herz-Bewegung-Form-Zyklus gemacht.

Der Entscheidungsprozess in der persönlichen Entwicklung

Wenn wir zwischen die Pole kommen und eine Entscheidung in unserem Leben ansteht, dann geraten wir in einen inneren Konflikt. Obschon es viele Möglichkeiten gibt, einen inneren Konflikt zu bearbeiten – fragen

Sie einfach einmal einen Coach – raten wir dazu, einen einfachen, aber wirkungsvollen Weg zu beschreiten. Suchen Sie einen ruhigen Ort auf und gehen Sie nach »innen«. Spazieren Sie dann der liegenden Acht entlang, neues Denken, neue Haltung, neues Tun, neue Erkenntnis. Sie werden sehen, ein Spazierweg in Achterschleifen kann sehr inspirierend sein. Was meinen wir damit?

Phase 1: Machen Sie sich ein erstes Bild von Ihren beiden Möglichkeiten. Schreiben Sie dazu alles auf, was Ihnen in den Sinn kommt, malen Sie Bilder, machen Sie Skizzen. Fertigen Sie Listen an, wo sie die Pro- und Kontra-Argumente aufschreiben.

Phase 2: Gehen Sie dann in Ihre Gefühlswelt. Dazu bietet sich ein Spaziergang im Wald oder eine Meditation an. Hören Sie auf Ihre innere Stimme, vertrauen Sie auf Ihre Intuition.

Phase 3: Gehen Sie nun ins Tun über. Beschäftigen Sie sich mit Ihren Möglichkeiten so real wie möglich. Schauen Sie sich die Möglichkeiten an, testen Sie sie aus, probieren Sie einfach. Das geht immer dann, wenn es physische Optionen sind, beispielsweise ein Haus oder eine Wohnung, die Sie besichtigen können. Wenn das nicht möglich ist, dann stöbern Sie in Zeitschriften, lesen Sie darüber, reden Sie mit Freunden, stöbern Sie in Ihren Erfahrungen. Jedenfalls sollten Sie real etwas tun, was Sie in Ihrer Entscheidungsfindung weiterbringt. Wir plädieren dafür, nicht einfach zu warten, bis das Universum »anruft«, obwohl das ebenso möglich wäre.

Phase 4: Werten Sie Ihre neuen Erfahrungen aus. Schreiben Sie am Abend auf, was Sie im Laufe des Tages erlebt und erkannt haben. Führen Sie ein Tagebuch und nennen Sie es, wie Sie wollen, zum Beispiel Skizzenheft, Lebensbuch, Logbuch oder anders. Erwarten Sie keine schnelle Entscheidung. Wenn es wichtig für Sie ist, hat es auch Zeit. Wahrscheinlich werden Sie sich bald auf einer Plateauphase befinden und glauben, eine Lösung wird nie kommen.

Phase 5: Gehen Sie in die Wiederholung und spazieren Sie entlang der liegenden Acht. Ganz plötzlich wird es Ihnen irgendwann in diesem Prozess klar werden und die für Sie passende Entscheidung wird Sie wie ein »Heureka!« treffen (Wallner 2012: 23).

Der Entscheidungsprozess in Teams – Wege zur Konfliktlösung

Im Konfliktfall sind immer mehrere Menschen beteiligt. Es gibt nun einen sehr konkreten Entscheidungsprozess, den wir Ihnen hier vorstellen werden. Der Prozess ist auch unter dem Begriff Dialektik bekannt geworden. Zu Beginn gibt es eine Polarität, einen unlösbaren Konflikt oder Widerspruch. Wir können die eine Seite die »These« nennen und die andere Seite des Widerspruchs die »Antithese« (das Gegenteil).

Dazu gibt es eine alte Geschichte von Sokrates, der im Dialog mit Menos über die Tugend und das Lehren steht. Eine ihrer Thesen lautet: »Der Schüler lernt vom Lehrer«. Die Antithese lautet: Der Schüler lernt nur aus sich selbst heraus (weil für die Antithese das Gegenteil gelten muss: Der Schüler lernt nicht vom Lehrer). Nun kommen wir zum springenden Punkt: Die These können wir sehr einfach als falsch argumentieren. Niemals lernt der Schüler nur vom Lehrer. Vielmehr sehen wir heute im Lehrer den Lernhelfer für den Schüler. Wenn aber die These falsch ist, dann muss das Gegenteil, also die Antithese, richtig sein. Bei genauer Betrachtung erweist sich aber auch die Antithese als falsch. Wenn aber These und Antithese falsch sind, das eine und das andere logisch auszuschließen sind, haben wir in unserer logischen Denkwelt ein Problem (Pietschmann 2002: 30).

In unserer Logik, die auf Aristoteles zurückgeht, gibt es den Satz vom Widerspruch. Wenn sich zwei Aussagen (Thesen) einander logisch widersprechen, muss eine davon falsch sein und folglich eine richtig. Wenn wir lange genug nachforschen, so die Annahme, können wir immer entscheiden, welche Aussage richtig und welche falsch ist. Das stimmt aber nicht. Daher müssen wir unseren Geist von der Ja-Nein-Logik befreien.

Wir befinden uns mit den beiden Thesen in einer ausweglosen Situation. Eine Entscheidung ist nicht möglich, der Widerspruch ist unlösbar. Das ist die schon beschriebene Aporie. Das Einzige, das uns in dieser Situation bleibt, ist der »Weg nach oben«. Der Widerspruch muss aufgehoben werden. Dabei meint Aufheben dreierlei (Pietschmann 2002: 34):

1. aufheben = den Widerspruch bewahren
2. aufheben = den Widerspruch ungültig machen
3. aufheben = den Widerspruch höher heben, bis etwas Neues entstanden ist

Genau dann sind wir auf einem guten Weg. Wir nennen das eine Synthese. Wenn uns das gelingt, breitet der Widerspruch einen Weg zu einer neuen Entwicklung vor uns aus. Diesen Weg will das innere Spiel anleiten. In unserem Beispiel gibt es eine Synthese. Sie lautet: »Der Schüler weiß schon alles, aber er weiß nicht, dass er es weiß« (Pietschmann 2002: 31). Dabei handelt es sich nicht nur um ein Wortspiel, sondern um ein vollkommen neues Verständnis der Situation des Lehrens und Lernens.

Für den Weg zur Synthese – die Lösung auf höherer Ebene – müssen wir noch etwas anderes besser verstehen. Wenn die zwei Thesen jeweils von mehreren Menschen vertreten werden, passiert etwas, das wir Schattenkampf nennen wollen. Das geht so. Jene Gruppe, die der Meinung ist, der Schüler lerne vom Lehrer, wird in der Diskussion die eigene Position möglichst gut darstellen wollen. Sie ist also geneigt, die Position der anderen Gruppe, die das Gegenteil vertritt, negativ zu überhöhen. Sie sagen nicht einfach, Selbstlernen hat seine Grenzen, sondern sie bezichtigen die andere Gruppe, in die reine, nutzlose Spielerei abzugleiten. Was denn sonst, außer einer sinnlosen Spielerei, soll das denn sein, wenn der Schüler nicht vom Lehrer lernt?

Die Gruppe, die zur Antithese neigt, also der Meinung ist, der Schüler lerne nur aus sich selbst heraus, wird die Gegenseite ebenso negativ überhöhen. Sie wird sagen, das reine Lehren führt zu nichts. Die Schüler sammeln nur totes Merkwissen an und lernen nichts dabei. Beide Seiten also überhöhen die Position der Gegenseite negativ und zwingen sie in den Schatten. Herbert Pietschmann nennt das die HX-Verwirrung und den folgenden Konflikt den Schattenkampf (Pietschmann 2002: 48).

Der Konflikt

Auf der positiven Ebene können wir die beiden Pole – die These und die Antithese – als Widerspruch so darstellen: Lehren ⇔ Selbstlernen

In der negativen Überhöhung aber, im sogenannten Schattenkampf, könnte es zu folgender Konfliktsituation kommen:

Der Schattenkampf

Nur totes, sinnloses Merkwissen ⇔ Reine, nichtsnutzige Spielerei

Der Weg zur Synthese erfolgt nun in mehreren Schritten (Pietschmann 2002: 51).

Phase 1: In der ersten Phase geht es darum, den Widerspruch zu erkennen und seine Unlösbarkeit anzuerkennen. Durch eine einseitige Entscheidung, die den anderen Pol unterdrückt, erreichen wir keine gute Lösung. Wir müssen aufhören, uns vor den Konflikten zu drücken, indem wir eher zu verdrängen versuchen als zu streiten. Je länger wir in Gruppen von Menschen solche Konflikte vor sich hin köcheln lassen, umso heftiger wird der Schattenkampf werden. In der ersten Phase müssen alle Beteiligten den Konflikt deutlich spüren. Selbst wenn es notwendig wird, den Konflikt noch ein wenig anzuheizen, es ist alles besser als die Verdrängung. Tauchen Sie ein in den Konflikt, beschreiben Sie genau die beiden Positionen, machen Sie die Unterschiede deutlich und weisen Sie auf die wirklich kritischen Differenzen hin. Spüren Sie in den Konflikt hinein, erzeugen Sie damit Resonanz (Anwendung des Prinzips Polarität und des Prinzips Resonanz – wie wir in Kapitel 6 *Die neuen Erfolgsprinzipien* ab Seite 115 erklären werden).

Phase 2: Die beiden Konfliktparteien müssen sich nun gegenüberstehen. Beide Gruppen bringen ihre Argumente vor und vertreten einfach ihre Standpunkte. Wenn eine Partei zu verlieren droht, braucht es eine Moderation, die der schwächeren Seite Unterstützung bietet. In dieser Phase nämlich darf keine der beiden Gruppen verlieren und auch keine gewinnen. Der Erfolg ist niemals das Gewinnen! Wir wollen ja auf eine höhere Ebene gelangen und keine Verlierer erzeugen. Achten Sie dabei auf die Kommunikation. Wir sollten versuchen, einander zuzuhören. Verstehen ist reiner Zufall, das wissen wir. Umso mehr gilt: Einander zuhören, so als ob das Gesagte für uns Bedeutung hätte. Wir müssen nicht der gleichen Meinung sein wie unsere Konfliktgegner, aber wir können die Argumente einfach anhören und müssen sie nicht werten (Anwendung von Spielregel 2 – Bewertungen aussetzen).

Phase 3: Jetzt beginnt nach Herbert Pietschmann die wirklich schwierige Phase. Beide Parteien müssen nun lernen, den eigenen Schatten zu erkennen. Jene, die das Lehren vertreten, fallen in der Diskussion in den eigenen Schatten und vertreten auch die Schattenposition, nämlich das Anhäufen von totem Wissen. Und jene, die das Selbstlernen vertreten, fallen auch in der Diskussion in den eigenen Schatten und vertreten die unnütze Spielerei ohne Führung eines Lehrenden. Wichtig ist dabei, dass beide Gruppen nahezu gleichzeitig verstehen und anerkennen, in den eigenen Schatten gefallen zu sein, und somit keine konstruktive Lösung mehr möglich ist. Sie sehen schon, wenn Sie diesen Konflikt in Gruppen austragen, ist ein Konfliktmoderator sehr hilfreich! Erst wenn alle Beteiligten den eigenen Schatten verstanden und eingesehen haben, einen Schattenkampf zu führen, können wir in die vierte Phase übergehen.

Phase 4: Jetzt kommen wir zum Punkt. Wir müssen einsehen, wo der wahre Gegner angesiedelt ist. Der wahre Gegner ist nicht unser Gegenüber, sondern immer unser eigener Schatten. Wir streiten also nur scheinbar mit den anderen, in Wirklichkeit tragen wir den Konflikt in uns. Zur Lösung des Widerspruchs in der Gruppe muss jede Teilgruppe ihren eigenen Widerspruch lösen und das Schattenreich verlassen. Sobald beide Seiten diese Erkenntnis gewonnen haben, löst sich der destruktive Konflikt auf und es entsteht ein neuer Fluss. Wir beginnen also das Spiel wieder zwischen den Polen. Nach der Anerkennung der Pole, nach dem Erkunden der Schattenreiche und nach dem Eingestehen des eigenen Schattens als wahren Gegner kann es losgehen. Der Aufstieg auf die höhere Ebene kann beginnen. Wir kommen nun in den Fluss des Lebens. Erneut gibt der Name des Spiels den ganzen Sinn wieder: »Zwischen den Polen und mitten im Fluss.«

Phase 5: Nun kommen wir in den Fluss. Die Diskussionen, wo wir nur Standpunkte vertreten haben, weichen nun einem Dialog. Der Dialog als Gespräch am Ende der Diskussionen (Bohm 2002) lässt das Gemeinsame wichtiger werden als das Trennende. Gemeinsam kann die Suche nach der Synthese, der Lösung auf höhere Ebene beginnen. Das Ergebnis des Dialogs könnte sein: Der Schüler weiß schon viel. Er lernt am meisten durch Erlebnisse und eigene Erfahrungen. Der Lehrer aber leitet den Schüler an, bringt bei Bedarf sein Wissen ein und hilft dem Schüler, sein ganzes Potenzial zu entwickeln.

In Kapitel 6 *Die neuen Erfolgsprinzipien* ab Seite 115 werden wir dieses Problem am Beispiel »Verändern und Bewahren« noch einmal durchspielen.

5.6 Praktische Hilfen zur Entscheidungsfindung

Der Entscheidungsprozess, wie eben gezeigt, ist viel praktischer als es auf den ersten Blick scheinen mag. In der Welt der Unternehmen und Organisationen ist das die Praxiswelt schlechthin. Hier haben wir es immer mit strategischen Fragen zu tun und diese beinhalten immer auch einen nicht auflösbaren Widerspruch. Der gezeigte Prozess also sollte nicht die Ausnahme, sondern der Standard sein, strategische Fragen zu diskutieren.

Der iterative Dialog

Der iterative Dialog ist ein mächtiges Instrument, eine Lösung in einer komplexen Situation zu finden. Der Begriff Iteration braucht aber eine Definition. »Iteration bezeichnet den kreisförmigen Prozess des Wiedereinspeisens des Ergebnisses einer Regelanwendung in die Regel« (Kruse 2010: 93).

Es gibt ein bekanntes Kinderspiel, das auch unbewusst in vielen Unternehmen gespielt wird. Es nennt sich »Stille Post«. Das Spiel geht so: Ein Kind denkt sich eine Geschichte aus. Nun erzählt das erste Kind seine Geschichte einem anderen Kind leise ins Ohr, sodass die anderen die Geschichte nicht hören können. Dann wandert die Geschichte im Kreis herum, von einem Kind zum nächsten, bis die Geschichte wieder beim ersten Kind ankommt. Wir alle wissen genau, was dabei passiert. Es kommt eine sehr veränderte Geschichte wieder beim ersten Kind an. Genau das macht den Spaß des Spiels aus. Obwohl kein Kind die Geschichte absichtlich verändert, verändert sie sich. Wir können sogar sagen, die Geschichte beginnt sich irgendwann selbst zu erzählen. Die Geschichte am Ende des »iterativen Prozesses« hat mit allen Kindern etwas zu tun. Sie ist ein Stück weit eine gemeinsame Geschichte geworden. Wenn wir diese Erkenntnis auf Unternehmen umlegen wollen, dann können wir erahnen, wie die gemeinsamen Bilder aus wiederholt erzählten Geschichten entstehen. Wir werden langfristig zu dem, was wir uns an Geschichten immer wieder erzählen. Und irgendwann beginnt sich die Geschichte als »stabiles Ordnungsmuster« immer wieder selbst zu erzählen. Durch Iteration entsteht eine Eigendynamik, die zu stabilen Ordnungsmustern führt. Wenn wir iterativ arbeiten, erkennen wir eher Tendenzen, in welche Richtung die gemeinsame Intelligenz der Menschen führt. »Iteration erzeugt übersummative Intelligenz« (Kruse 2010: 97).

Beispiel: Die Ordnung der Dinge

Herr Voss ist Teamleiter im Bereich von Frau Gruber, ihm unterstehen zwölf Mitarbeiter im Außendienst. Er möchte die Kundenanforderungen für die bevorstehende Strategieklausur vorbereitend erarbeiten und auf neue Beine stellen. Dazu lädt er sein Team zu einem kurzen Workshop ein. Er gibt folgende Aufgabenstellung: Erarbeiten Sie die Themen, die für unsere Kunden in den nächsten fünf Jahren wichtig sein werden. Machen Sie nur ein Brainstorming, erzeugen Sie eine große Vielfalt an Ideen auf bunten Karten. Ordnen Sie die Themen nicht nach Clustern, bringen Sie überhaupt keine Strukturen hinein. Das Ergebnis unseres kurzen Meetings ist also eine unstrukturierte Themensammlung. Herr Voss macht nach knapp 30 Minuten einen Stopp. Er fotografiert die Themenvielfalt und sammelt alle Karten ein. Abschließend fragt er nach den Namen von fünf Kunden, die er zu einem kurzen Dialog einladen wird. Die Liste ist schnell gemacht und die Kundenbetreuer haben die Aufgabe der persönlichen Einladung übernommen.

Zwei Wochen später finden sich vier der fünf Kunden am späten Nachmittag im großen Besprechungsraum ein. Nach den üblichen kurzen Begrüßungsworten präsentiert Herr Voss die Themensammlung seines Teams den Kunden. Er legt die Kartensammlung ohne Struktur auf den großen Besprechungstisch. Den Kunden gibt er die Aufgabe, die Themen aus ihrer Sicht zu ordnen. Welche Themen gehören zusammen? Welche Themen sind Ihnen besonders wichtig? Sie machen eine Bewertung der Themen mit Punkten, sie scheiden Themen aus und sie ergänzen am Ende auf neuen Karten noch Themen, die ihnen wichtig sind, die aber bisher nicht vorgekommen sind. Am Ende liegt eine bewertete, strukturierte und ergänzte Themensammlung auf dem Tisch. Die Kunden haben gute Arbeit geleistet. Im Foyer gibt es noch ein Buffet und einen abschließenden Dialog an Stehtischen. Jetzt sind auch die Kundenbetreuer dabei und unterhalten sich mit den Kunden.

Schon am nächsten Tag trifft sich das Team von Herrn Voss im Besprechungszimmer. Die Ergebnisse des Kundendialogs liegen noch auf dem Tisch. Jetzt ist es die Aufgabe des Teams, die Themensammlung erneut zu betrachten, die Ordnung der Dinge zu erkennen und wieder zu bearbeiten. Sie dürfen die Clusterung verändern, sie dürfen ergänzen und auch bewerten. Am Ende liegt eine gute Darstellung von fünf zentralen Themen mit einigen Details vor ihnen. Sie dokumentieren das Ergebnis. Eigentlich wollte Herr Voss nun dieses Ergebnis seines Teams wieder den Kunden vorlegen. Er hat aber das Gefühl, dies nicht mehr tun zu müssen. Das Ergebnis übertrifft seine Erwartungen bei Weitem. Das ist eine perfekte Vorbereitung für die bevorstehende Strategieklausur.

Das Wesen des iterativen Dialogs kann in wenigen Worten erklärt werden. Für diesen Dialog braucht es immer zwei Teams, die unabhängig voneinander arbeiten. Ein Team übernimmt die Aufgabe der ersten Ideensammlung. Das zweite Team nimmt die Rolle der Experten ein. Ihre Aufgabe ist es, die Ideen des ersten Teams zu strukturieren, zu bewerten und zu ergänzen. Der Ablauf kann in vielen Variationen stattfinden.

Der Standardablauf des iterativen Dialogs

Schritt 1: Ein Team macht ein Brainstorming zur Aufgabenstellung. Ziel ist es, möglichst viele Ideen zu generieren. Es wird nicht bewertet und nicht strukturiert. Jede Idee ist gleich wertvoll. Quantität der Ideen hat Vorrang vor der Qualität. Das Ergebnis aus Schritt 1 wird dem zweiten Team, dem Expertenteam, übergeben. Es gibt keinerlei Austausch oder Erklärungen.

Schritt 2: Das zweite Team hat die Aufgabe, die erste Themensammlung zu ordnen. Dazu werden Cluster gebildet, Ideen strukturiert und interpretiert. Des Weiteren wird – am besten mit farbigen Klebepunkten – eine Bewertung der Ideen durchgeführt. Rote Punkte kennzeichnen wichtige Themen, schwarze jene, die eher ausgeschieden werden sollten. Das Team darf auch eigene Ideen ergänzen, was wiederum am besten auf andersfarbigen Karten erfolgen sollte.

Schritt 3: Das erste Team erhält nun die Ergebnisse des zweiten Teams. Wieder gibt es keine Kommunikation und keine Erklärungen. Das Ergebnis wird unter gleichen Möglichkeiten wie unter Schritt 2 vom ersten Team bearbeitet. Das nun noch konkretere Ergebnis zeigt wahrscheinlich schon gute stabile Ordnungsmuster auf – also Lösungen, die gute Chancen auf Zustimmung bei allen Beteiligten haben. Bei Bedarf können die Schritte 2 und 3 wiederholt werden. Das ist so lange erforderlich, bis das erste Team der Meinung ist, ein wirklich gutes und tragfähiges Ergebnis vorliegen zu haben.

In Abschnitt 9.1 *Die Zauberhand der Iteration wirkt* ab Seite 204 zeigen wir noch andere Beispiele und Variationen, wie der iterative Dialog für komplexe Fragestellungen erfolgreich eingesetzt werden kann.

Eine weitere, hoch interessante Arbeitsform mit unauflösbaren Widersprüchen bietet uns die Tetralemmaarbeit der systemischen Strukturaufstellungen (Kibéd/Sparrer 2011). Weil es unseren Rahmen hier sprengen würde, verweisen wir nur auf die wertvolle Grundlagenarbeit von Matthias Varga von Kibéd und Insa Sparrer.

Praktische Entscheidungsinstrumente

Bei strategischen Entscheidungen im Leben geht es immer um eine Art »Vorhersage«. Selten haben wir die Daten in ausreichendem Ausmaß zur Verfügung. Wenn wir uns nun zwischen zwei Optionen entscheiden müssen, eine solche Entscheidung aber eine strategische ist, also nicht mithilfe von Experten entscheidbar ist, stehen uns verschiedene Entscheidungsprozesse offen. Wenn der iterative Dialog aus Zeitgründen nicht machbar scheint, gibt es auch Entscheidungshilfen, die sehr schnell brauchbare Ergebnisse liefern. Hier stellen wir Ihnen einige kurz vor. Sie alle sind den Forschungen zum Thema Schwarmintelligenz entnommen.

Entscheidung zwischen zwei Optionen durch einfaches Abzählen:
Wenn Sie sich im Team zwischen zwei Optionen entscheiden müssen, Ihnen aber zum Zeitpunkt genauere Informationen fehlen oder keine Daten zu erhalten sind, dann können Sie ganz einfach vorgehen. Suchen Sie im Team nach Argumenten, die für die beiden Optionen sprechen. Machen Sie eine ganz einfache Liste. Nehmen Sie sich mindestens 30 Minuten Zeit, nach Argumenten zu suchen. Dabei sollten alle Teammitglieder zunächst individuell Argumente sammeln – das braucht nur fünf Minuten. Dann gehen Sie in den Dialog im Team. Sammeln Sie auf einer für alle einsehbaren Liste – am besten auf einem Flipchart – die Argumente für beide Optionen. Entscheiden Sie sich dann für jene Option, für die Sie im Team mehr Pro-Argumente gefunden haben. Ihre Trefferwahrscheinlichkeit liegt bei 69 Prozent (Fisher 2010: 157).

Entscheidung zwischen zwei Optionen durch die beste Wahl:
Wieder erstellen Sie bei gleicher Vorgangsweise die Liste der Argumente für die beiden Optionen. Nun aber ordnen Sie zunächst die Pro-Argumente für beide Optionen nach ihrer Wichtigkeit. Am Flipchart erhalten Sie am Ende also eine Liste für beide Optionen. Die wichtigsten Argumente stehen ganz oben auf den jeweiligen Listen. Vergleichen Sie nun im Team das wichtigste Kriterium für Option A und für Option B. Ist eines der beiden Argumente

wichtiger oder sind beide gleich wichtig? Wenn eines wichtiger ist als das andere, entscheiden Sie sich für diese Option. Wenn beide gleich wichtig sind, gehen Sie zum jeweils zweiten Argument über. Ist eines wichtiger als das andere? Gehen Sie so lange die Kriterienliste durch, bis das erste Mal ein Argument für die eine Option wichtiger ist als das Argument für die andere Option. Diese Entscheidungshilfe funktioniert immer dann besonders gut, wenn bereits Erfahrungen vorliegen und Sie die Wichtigkeit der Argumente einschätzen können. Im Übrigen treffen Sie mit dieser Methode immer die beste Wahl, wenn Sie sich zwischen zwei Urlaubsorten entscheiden müssen (Fisher 2010: 159).

Taktische Entscheidung durch einen einzigen guten Grund:
Oft im Leben haben wir es mit taktischen Entscheidungen zu tun. Das Leben bietet uns mehrere Optionen, auch mal mehr als uns lieb sind, und wir müssen eine Wahl treffen. Für diesen einfachen und häufigen Fall bietet sich eine wunderbare Entscheidungshilfe an. Wenn Sie nicht unbedingt die allerbeste Entscheidung treffen müssen – wie es der Homo oeconomicus in uns fordert –, sondern mit einer wirklich guten Wahl zufrieden sind, dann passt dieser Ansatz. Sie gehen in ein Kaufhaus, das Ihnen eine große Auswahl an Fernsehern bietet. Sie schauen sich einige Geräte an, die Ihren Vorstellungen entsprechen. Dann halten Sie kurz inne. Nun schauen Sie weitere Geräte an und nehmen das erste, das Ihre Erwartungen übertrifft. Das kann eines sein, das viele Funktionen aufweist, aber deutlich billiger ist als die Geräte zuvor, oder ein anderes Merkmal aufweist, das Sie positiv überrascht. Einfacher geht es nicht. Das ist zwar sehr pragmatisch, aber diese Vorgangsweise erleichtert Ihnen das Leben ungemein und lässt Sie in taktischen Fragen schnell eine Entscheidung finden. Sie ersparen es sich nämlich, alle Optionen anzusehen und anschließend miteinander zu vergleichen.

Genauer lässt sich die Vorgangsweise so beschreiben: Schätzen Sie grob ab, wie viele Optionen sich Ihnen bieten. Schauen Sie sich 37 Prozent der Optionen an (37-Prozent-Regel). Wählen Sie aus den verbleibenden zwei

Dritteln die erste, die Ihre Erwartungen übertrifft. Das ist als das Sekretärinnenproblem bekannt. Eine Personalchefin hat hundert Bewerberinnen. Sie muss sich 37 Bewerberinnen ansehen und dann die erste nehmen, die besser ist als alle zuvor. Damit hat sie eine 37-Prozent-Wahrscheinlichkeit, die beste der hundert Kandidatinnen zu finden. Für eine recht gute Wahl im Alltagsleben reichen aber bereits sieben geprüfte Optionen aus, bevor Sie sich für die nächste entscheiden, die Ihre Erwartungen übertrifft (Fisher 2010: 160).

5.7 Abschließende Gedanken zur Entscheidungsfindung

Unser lineares Denken sieht Entscheidungen ähnlich wie einen Pfeilschuss. Wenn wir nur gut genug zielen, treffen wir ins Schwarze, entscheiden also richtig. In einer komplexen Welt und in einem systemischen Denken passt aber das Beispiel mit einem Steinwurf ins Wasser besser. Wir können nicht mehr ein genaues Ziel treffen, sondern mit unserem Stein nur eine Wellenbewegung erzeugen. Welchen Platz der Stein dann unter Wasser einnimmt, ist schwer zu sagen. Unsere Handlung erzeugt eine Auswirkung im System, das sind die Wellen. Ob der Stein sein »Ziel« trifft, ist eine ganz andere Frage. Wir wissen nur, er kommt am Grunde an.

Bei der Betrachtung von sozialen Systemen, also beispielsweise von Unternehmen oder Organisationen, sollten wir eine ähnliche Grundhaltung einnehmen. Wenn wir etwas verändern wollen, sollte das Ziel nicht genau eine Person sein. Vielmehr sollten wir uns um die sogenannten Kommunikationen kümmern, also um die Beziehungen im Team und um die Wechselwirkungen unter den Menschen. Hier entscheidet sich vielmehr, was im Team möglich oder unmöglich ist, als es eine einzelne Person je beeinflussen könnte.

Ein kurzes Zwischenresümee

Entscheidung und Veränderung bilden eine endlose Kette. Eine Entscheidung führt zu einer Veränderung und eine Veränderung führt zu einer Entscheidung. In diesem Spiel können wir zwei grundsätzliche Spiele unterscheiden.

Spiel 1: Wünsch Dir was – ich folge meinem Wunsch
In diesem Spiel sind Sie am Steuerrad des Lebens. Die Veränderung folgt einer eigenen Einsicht, etwas im Leben anders gestalten zu wollen. Hier treffen Sie die Entscheidung genau aus dieser Einsicht heraus und leiten eine Veränderung ein, die Sie sich in Ihrem Leben wünschen. Sie treffen die gewünschte Entscheidung (Schritt 1), Sie vollziehen die Veränderung (Schritt 2) und diese führt zu weiteren Entscheidungen.

Spiel 2: Mensch ärgere Dich nicht – ich ergebe mich einem Zwang
In diesem Spiel sind Sie nicht am Steuerrad des Lebens. Entweder trifft die Entscheidung, die Sie zur Veränderung zwingt, jemand anderes oder die Veränderung wird Ihnen vom großen Spiel aufgezwungen. Viele Spiele im Wirtschaftsleben folgen diesem Muster. Sie vollziehen die Veränderung, die notwendig ist (Schritt 1), Sie treffen später im Prozess notwendige Entscheidungen (Schritt 2) und diese führen wieder zu weiteren Veränderungen.

In Spiel 1 sind Sie unabhängiger und spielen von Beginn an aktiv. In Spiel 2 beginnen Sie in einer passiven Rolle. Schon bald aber können Sie auch in dieses Spiel als aktiver Spieler einsteigen. Niemand, der zur Veränderung gezwungen wird, muss das Spiel über sich ergehen lassen. Die Erfolgsprinzipien, die wir im folgenden Kapitel 6 beschreiben, können Sie auf jeden Fall anwenden. In beiden Spielvarianten, in Spiel 1 und Spiel 2, werden Sie Ihnen helfen, das Spiel bestmöglich zu spielen und möglichst erfolgreich zu sein.

6.
Die neuen Erfolgsprinzipien

Ein Spiel braucht ein Spielfeld, es braucht Spielregeln und es braucht Spieler. Wenn Sie »Die Siedler von Catan®« spielen, dann haben sie Ihr Feld, die Regeln und die Spieler. Die Regeln bestimmen, wann Sie eine Siedlung bauen dürfen und die Regeln schränken Ihre Möglichkeiten für den Spielzug ein. Nicht überall, wo es Ihnen gefällt, dürfen Sie die Siedlung errichten. Aber Sie haben meist mehrere Möglichkeiten und diese Wahl liegt bei Ihnen. Wie treffen Sie nun Ihre Wahl? Was Sie dazu brauchen, ist eine Spielidee, eine Strategie und ein wenig Taktik. Zusammenfassend könnten wir das die Spielprinzipien nennen. Die Prinzipien sind die Antwort auf die Frage, wovon Sie sich bei Ihren Spielzügen leiten lassen. Wie viel Wettbewerb, wie viel Kooperation, wie viel eigene Entwicklung, wie viel Störung anderer? Wollen Sie ein lustvolles Spiel oder wollen Sie einfach gewinnen? All das sind Ihre Prinzipien und noch viele mehr. Sie bilden sozusagen Ihre Strategie, mit der Sie in das Spiel gehen. Daraus folgt Ihre Taktik und letztlich Ihr Spielerfolg. Für unser Spiel »Zwischen den Polen und mitten im Fluss« gibt es auch Prinzipien. Wir nennen sie die sechs Erfolgsprinzipien. Aber diese sechs Prinzipien sind keine finale Liste. Fühlen Sie sich frei in Ihrem Spiel die Prinzipien zu erweitern. Es ist das Spiel Ihres Lebens.

6.1 Wir spielen fast immer

Gewisse Spiele können wir sehr lange spielen. Denken Sie nur an Schach. Das »königliche Spiel« ist zumindest seit dem 13. Jahrhundert in Europa bekannt und bis heute ungebrochen populär. Ähnlich verhält es sich mit dem Tamagotchi, ein Spiel, das erst Mitte der 1990er-Jahre populär wurde. Vielleicht können Sie sich an das virtuelle kleine Kücken erinnern, das in einem eiförmigen Mini-Computerspielzeug schlüpfte und umsorgt werden wollte? Auch wenn der Tamagotchi-Kult abgeklungen ist, so gibt es das Spiel in immer neuen Variationen und neuen Auflagen. Menschen wollen spielen. Die neuen Generationen von Computerspielen öffnen dieser Neigung der Menschen immer mehr spannende Welten.

Wir spielen allerdings nicht nur, wenn wir ein Spiel spielen. Wir spielen immer, auch ganz ohne physische oder virtuelle Spiele, weil wir Menschen miteinander privat und beruflich ebenso spielen. Eric Berne, der berühmte amerikanische Psychiater, hat uns das klar vor Augen geführt (Berne 2002). Er nennt diese Spiele die »Spiele der Erwachsenen«. Dabei ersetzen wir das Spielbrett durch unsere sozialen Beziehungen und schon kann es losgehen. Ein einfaches Spiel im Führungsalltag ist das Streben nach Anerkennung. Dafür gibt es in jeder Gruppe bestimmte Regeln, nach denen gespielt wird. Und es gibt Möglichkeiten, diese Regeln zu brechen und durch »Schwindeln« auch ohne Leistung Anerkennung zu erhalten. Ziel ist es, für das eigene Bemühen möglichst viel Anerkennung von der Führungskraft zu erhalten. Damit das Spiel möglichst fair verläuft, wird auch die Kommunikation geregelt. Sicher sind Ihnen die Feedback-Regeln bekannt, nach denen Sie als Führungskraft Lob und Kritik an Menschen weitergeben sollen. Niemand darf dabei persönlich verletzt werden und möglichst kein Spieler soll aus Demotivation ausscheiden oder sich dem Spiel selbst entziehen. Über das Anerkennungsspiel bleiben Menschen im Strom der Leistungserbringung aktiv. Dieses Spiel wird auch in Familien gespielt, nicht immer mit positiven Auswirkungen auf unsere innere Entwicklung.

Zugegeben, alle Entscheidungen und Veränderungen im Leben als Spiel zu bezeichnen, ist eine gewagte These. Wir bezeichnen diesen Teil des Lebens als »Spiel«, weil wir Menschen in den instabilen Phasen des Lebens mehrere Optionen zur Wahl haben, es bestimmte Regeln gibt, die Sicherheit bieten, aber der Ausgang immer ungewiss bleibt. Das ist für uns ein Kennzeichen des Spiels. Es spannt einen Bogen vom Pol der Sicherheit zum Pol der Ungewissheit. Wenn wir beispielsweise die Situation am Arbeitsplatz ansehen, so ist der Spielcharakter noch stärker ausgeprägt. Wir schlüpfen am Arbeitsplatz in bestimmte Rollen. Wir sind Mitarbeiter oder Führungskraft, vielleicht auch Top-Manager. Wir gehen bewusst in Interaktion mit anderen Menschen, nehmen situationsbedingt verschiedene Rollen ein, verfolgen meist irgendwelche Ziele, treffen Entscheidungen, um die Ziele möglichst gut zu erreichen, und halten letztlich Regeln ein. Jeder Spielzug ist in diesem Spiel mit Konsequenzen verbunden und eine schwere Regelverletzung kann ein Ausscheiden nach sich ziehen. Damit sind sehr viele Kriterien eine Spiels erfüllt. Das Spiel können Sie im Büro spielen, in der Werkstatt, im Team in der Fabrikation, auf der Chefetage oder in Ihrer Praxis. Egal wo, das Spiel hat längst begonnen. Es stellt sich nur die Frage, ob das Spiel, das Sie derzeit spielen, noch den Erfolg bringen kann, den Sie sich wünschen. Es zahlt sich also aus, das neue Spiel zumindest versuchsweise zu spielen.

Einerseits haben wir das alte Spiel in gewisser Weise zu Ende gespielt. Das haben wir bereits eingangs besprochen. Zumindest verliert das alte Spiel seinen Reiz, weil wir die Ziele nicht mehr erreichen oder keinen Sinn mehr darin erkennen. Der alte Erfolg will sich nicht mehr so recht einstellen. Wir verlieren immer häufiger unsere besten Spieler, oft auch uns selbst, weil wir durch das »Anerkennungsspiel« getrieben in den Burn-out schlittern. Die Regel der Leistungssteigerung kann vielfach nicht mehr eingehalten werden und für das Ankommen haben wir keine Regel definiert. Schon alleine das ist Grund genug, das Spiel zu ändern. Die Regeln dürfen sich niemals mitten im Spiel verändern. Im Gegenteil, wenn sich die Regeln verändern, verändert sich das Spiel. Das neue Spiel beginnen wir also mit den neuen Grundlagen, den Regeln. Und wir brauchen die Prinzipien, die uns zum Erfolg führen können. Erfolg meint im neuen Spiel aber nicht den Sieg erringen. Erfolg ist vielschichtig und muss individuell von Ihnen definiert werden. Im Zentrum steht eine gute Entwicklung im Leben, eine Art von Erfüllung und Glück. Lassen Sie andere ihre Spiele gewinnen, kümmern Sie sich nicht darum, es bringt kein Glück. Wer gewinnt, hinterlässt Verlierer. Das kann nicht das Ende der Fahnenstange unserer Erkenntnisse sein.

Und hier sind nun die sechs Erfolgsprinzipien, auf deren Basis sich das neue Spiel sinnvoll entwickeln wird:

Das Symbol	Die sechs Erfolgsprinzipien des inneren Spiels
⊙	Das Prinzip Anfang und Ende
○●	Das Prinzip Polarität
≈	Das Prinzip Resonanz
⤬	Das Prinzip doppelte Entscheidung
∞	Das Prinzip Wiederholung
↑↓↑↓	Das Prinzip Ordnungsmuster

Abbildung 8: Die sechs Erfolgsprinzipien des inneren Spiels im Überblick

Vielleicht bleibt Ihnen auf den ersten Blick noch verschlossen, was hinter diesen Prinzipien steckt und wie mit Ihnen das innere Spiel zu spielen sei. Lassen Sie uns Schritt für Schritt Licht ins Dunkel bringen und die Zusammenhänge dieser Prinzipien mit Entscheidung und Veränderung herstellen. Vorweg möchten wir die sechs Prinzipien als Lösungsweg für alle möglichen Widersprüche im Lebensalltag bis hin zum Führungsalltag anbieten. Widersprüche sind nicht immer aufzulösen, das wissen wir bereits. Aber auch wenn wir die Widersprüche und die damit verbundene Polarität gar nicht auflösen können und uns eher damit aussöhnen müssen, so bieten diese Prinzipien »im Bündel angewandt« eine Art Lösungsweg. »Dieser Weg wird kein leichter sein, dieser Weg wird steinig und schwer.« Dem Song *Dieser Weg* von Xavier Naidoo haben wir diese Zeile entnommen. Und auch die weitere Zeile »nicht mit vielen wirst Du dir einig sein, doch das Leben bietet so viel mehr« bringt es auf den Punkt. Der Weg des Widerspruchs ist der Weg, der mit Uneinigkeit beginnt. Die Polarität in Ihrem Leben bringt

Sie in eine Uneinigkeit mit sich selbst. Die innere Stimme entzweit sich und viele unterschiedliche Stimmen beginnen in Ihnen zu sprechen. In der Zusammenarbeit mit Menschen gibt es die Uneinigkeit dann auch in der Außenwelt und die inneren Stimmen werden auf verschiedene Menschen projiziert, Sie tragen Ihre inneren Konflikte nach außen. Wir brauchen einen neuen Zugang zu diesem Konflikt.

Die konsequente Anwendung dieser sechs Prinzipien bietet so viel mehr als den bloßen Konflikt und den billigen Widerstand. Die Prinzipien sind dem Leben entnommen und genau das bietet so viel mehr an Lösungsmöglich-keiten. Diese sechs Prinzipien leiten den Weg zu neuen Entscheidungen im Lebensalltag und in der Führungswelt. Niemand muss in seinen Widersprü-chen untergehen oder zu ersticken drohen. Weil wir ganzheitlich denken, sind diese Prinzipien als Gesamtheit zu verstehen und anzusehen. Es reicht nicht aus, nur ein Prinzip zu wählen und zu verwenden. Nur im Zusam-menspiel aller sechs Prinzipien entfaltet sich das innere Spiel in seiner ganzen Wirksamkeit. Es ist ein Führen durch Veränderungsprozesse, eine neue Form des Leaderships. Ob Sie sich dabei selbst führen, ob Sie geführt werden oder Sie andere führen müssen, ist dabei nicht von Bedeutung. Die Prinzipien helfen in jeder Situation.

Mit diesen Prinzipien kommen Sie näher an den Kern der Dinge. Wir haben viele Hüllen abtragen müssen, um das Wesen der Entscheidung und der Veränderung besser zu verstehen. Daher mögen die Prinzipien zunächst fremdartig wirken. Aber glauben Sie uns, sie sind großteils bekannt und es zählt längst zu Ihren Gewohnheiten, diese Regeln anzuwenden. Ein Groß-teil der Lebenshilfeliteratur, aber auch der Managementliteratur wendet diese Prinzipien mehr oder weniger bewusst an. Nur hat sie dafür oft an-dere Namen gefunden und ihre Etiketten schichtenweise aufgeklebt. Diese »rohen« Prinzipien bleiben über, wenn unnötiger Ballast über Bord ge-worfen wird. Wir werden die Prinzipien sehr umfassend erklären und viele Zusammenhänge darstellen. Es geht ja um ein tief gehendes Verstehen für ein erfolgreiches inneres Spiel. Bald werden Sie das Bekannte und Einfache darin klar erkennen und das neue Spiel wird zu einer Gewohnheit, die Sie als Mensch noch wirksamer werden lässt.

6.2 Das Prinzip Anfang und Ende

Sage mir, wie Dein Veränderungsvorhaben beginnt, und ich sage Dir, wie es endet. Diesen Spruch kennen wir in verschiedenen Variationen. Auch kennen wir alle das Prinzip Anfang und Ende. Der Volksmund spricht vom »ersten Eindruck eines Menschen«, den wir in wenigen Sekunden in der ersten Begegnung erhalten und der sich während der gesamten Beziehung hartnäckig hält. Viele Führungskräfte setzen große Stücke auf den ersten Eindruck und verzichten bei Einstellungsgesprächen auf tiefer gehende Analysen. Für sie zählen der erste Eindruck und das Gefühl, das sich in wenigen Sekunden einstellt, als wichtigste Entscheidungsgrundlage, wer einzustellen ist und wer nicht. Das Prinzip Anfang hat aber auch tiefer gehende Wurzeln und diese führen uns in das oft kritisch gesehene Reich der Esoterik. Der bekannte Arzt, Psychotherapeut und Bestsellerautor Rüdiger Dahlke beschreibt in seinen Büchern die Lebensgesetze sehr ausführlich. Das Prinzip des Anfangs nimmt dabei eine wichtige Rolle ein. Hier geht die Bedeutung in folgende Richtung:

»Die Erfahrung zeigt wachen Menschen, dass im Beginn von Ereignissen deren Verlauf sich schon abzeichnet, weshalb sie jeden Anfang wichtig nehmen und mit Aufmerksamkeit betrachten.«
Rüdiger Dahlke, Bestsellerautor & Psychotherapeut (Dahlke 2009: 198)

Im täglichen Leben gibt es viele Bezugspunkte zu diesem Prinzip. Wir nehmen üblicherweise unseren Geburtstag, den Anfang unseres Lebens, sehr wichtig. In Verbindung mit der Astrologie und den Tierkreiszeichen glauben viele von uns, dass wir vom Augenblick der Geburt an für unser ganzes Leben geprägt sind. Diese Geschichte verfolgt uns als Horoskop unser ganzes Leben lang. Ein anderer Aspekt liegt wieder im Volksmund

und heißt »Liebe auf den ersten Blick«. In diesem Augenblick des Beginns einer Beziehung ist die Geschichte zweier Menschen schon angelegt. Der Augenblick kann die freudige oder sorgenvolle Geschichte eines gemeinsamen Lebens schreiben oder ein frühes Ende in sich bergen. Auch die Welt des Change-Managements, so nennt man den Umgang mit Veränderung in Unternehmen, kennt das Prinzip Anfang und hat dafür eigene Etiketten erfunden. Zu Beginn einer Veränderung braucht es einen klaren »Case for Action« oder einen »Sense of Urgency«, sonst kann der Wandel nicht gelingen. Da spiegelt sich die Bedeutung des Anfangs wider. Wenn zu Beginn das Warum unklar bleibt, wird der ganze Veränderungsprozess nicht gut gelingen.

Der Anfang braucht Aufmerksamkeit, er muss intensiv beachtet und gut geplant werden.

Im Wunsch, gemeinsam an der Zukunft zu arbeiten und eine kraftvolle Vision zu entwickeln, können wir auch das Prinzip Ende klar ausmachen. Change-Management oder Leading Change wäre ohne das Prinzip Anfang und Ende nur wenig Erfolg versprechend. Nachzulesen ist der Umgang mit diesen Prinzipien in der vielfältigen Change-Literatur (Höfler 2011, Hochreiter 2004 und der Klassiker von Senge 2003).

Es gibt noch einen ganz anderen Aspekt unserer Welt, der die ungeheure Bedeutung des Anfangs zum Ausdruck bringt. Es ist die Suche nach dem ersten Augenblick in der Entstehung unseres Weltalls. Stephen Hawking ist der bekannteste Vertreter jener Physiker, die nach der Weltformel forschen, die den Urknall beschreiben soll. Die fehlende wissenschaftliche Beschreibung dieses ersten Augenblicks unseres gesamten Daseins gilt als größtes Rätsel der Wissenschaft. Das Wissen über den Anfang würde uns eine neue Welt an Erkenntnissen eröffnen, vielleicht sogar ein vollkommen neues Verständnis von der Welt bewirken. Sicher lassen sich noch viele Beispiele für die Wirkung des Prinzips Anfangs in unserem Leben finden. Erinnern Sie sich an das Gedicht *Stufen* von Hermann Hesse im Roman *Das Glasperlenspiel*?

»Und jedem Anfang wohnt ein Zauber inne,
der uns beschützt und der uns hilft, zu leben.
Wir sollen heiter Raum um Raum durchschreiten,
an keinem wie an einer Heimat hängen,
der Weltgeist will nicht fesseln uns und engen,
er will uns Stuf' um Stufe heben, weiten.«

Hermann Hesse

Schöner könnte niemand dieses Prinzip formulieren. Wir wollen es hier aber etwas pragmatischer angehen und den Anfang in jeder Entwicklung einfach nur wichtig nehmen. Und wenn es der Anfang ist, dann ist es aus unserer Sicht auch das Ende. Wir kommen zu folgender Ausprägung des Prinzips Anfang und Ende.

Das Prinzip Anfang und Ende

Dem Anfang Bedeutung geben und das Ende am Anfang gleich mitdenken. Hier liegt ein Geheimnis gelingender Veränderung und auch jeder erfolgreichen Führungsarbeit.

Es ist nicht egal, wie ich meinen Veränderungsprozess beginne, und es ist entscheidend, gleich am Anfang das Ende – am besten in Form einer attraktiven Vision und von Zielen – mitzudenken und zu beschreiben. Eines zeigt unsere Erfahrung immer wieder: Je konsequenter wir dem Anfang Bedeutung zuschreiben und je konkreter wir das Ende gleich mitdenken und das große Bild malen, desto erfolgreicher laufen die Veränderungsprozesse und im Besonderen auch die Führungsarbeit. Selbst ein großes Bild wird immer mit kleinen Pinselstrichen gemalt. Das Bild entsteht aus der Wiederholung des Prinzips Anfang und Ende. Erinnern Sie sich einfach kurz an die Geschichte von Hannah.

6.3 Das Prinzip Polarität

Die Welt hat zwei Seiten, eine helle und eine dunkle, eine gute und eine schlechte. Polarität finden wir in Tag und Nacht, in Licht und Schatten, in den Ladungen der Elektrizität, dem Plus und Minus, in den Farben Schwarz und Weiß, aber auch in Geburt und Tod, in Gesundheit und Krankheit, in Liebe und Hass, in Bindung und Trennung, in männlich und weiblich, in Freund und Feind, in Krieg und Frieden und eben ganz allgemein in Gut und Böse. Das haben wir zuvor schon ausgiebig diskutiert. Auch hierzu finden wir bei Rüdiger Dahlke (Dahlke 2009) ausführliche Beschreibungen, die unser tägliches Leben betreffen.

Wann aber haben wir eigentlich die »Einheit« verloren? Hat nicht alles in einer Einheit begonnen? Warum ist alles auf der Welt in zwei Seiten aufgespalten? Ganz oben in der Hierarchie – sagen wir einfach im »Göttlichen« oder im universellen Bewusstsein – gibt es sie noch, die Einheit. Dort oben scheint alles gut, alles eins zu sein. Aber alle drunter folgenden Ebenen – und unser Leben spielt sich weiter unten ab – unterliegen schon der Teilung. Die Welt, wie wir sie erleben, ist eine Welt der Widersprüche, eine Welt der Polaritäten. Das ganzheitliche Denken lehrt uns aber etwas Wichtiges und es gibt ein Symbol, das wir alle kennen und das eine wichtige Botschaft für uns hat. Es ist das Yin und Yang östlicher Kulturen (siehe Abbildung 9). Dort gibt es einen weißen und einen schwarzen Teil. Beide Teile bedingen einander und beinhalten einander. Die beiden Teile repräsentieren zwei getrennte Pole, die doch nur als Einheit Sinn ergeben.

Was wir aus dieser Abbildung entnehmen können, ist folgende Erkenntnis: Die beiden polaren Kräfte stehen einander gegenüber, aber sie sind aufeinander bezogen und bedingen einander. Im Auge des jeweils anderen Pols ist der Gegenpol enthalten. So ist es auch mit unseren Widersprüchen, unseren Polaritäten. Nichts auf der Welt hat ohne sein Gegenteil Bedeutung und nie kann die Lösung eines Problems ohne Einbeziehung des Gegenpols langfristig erfolgreich sein.

Abbildung 9: Das Yin und Yang als Symbol der
Einheit in der Gegensätzlichkeit

Genau gleich verhält es sich mit allen Polaritäten in unserem eigenen Leben. Wir müssen immer beiden Seiten Beachtung schenken, weil sie einander bedürfen. Betonen wir einen Pol in unserem Leben und lassen den anderen im Schattenreich – wo alles liegt, was wir verdrängen – unbeachtet ruhen, so wird er sich bemerkbar machen und unser Leben »von unten her aufmischen«. Besser bekannt ist uns unser Schattenreich durch den Spruch des Volksmundes »die Leichen im Keller«. Es sind das nicht nur die Schandtaten in unserer Vergangenheit, sondern unsere zweite, eben andere Seite unseres Leben, die wir unbewusst verdrängen und oft nicht ausreichend zu Wort kommen lassen.

Die Trennung der Welt hat noch einen anderen Aspekt, den wir kurz ansprechen möchten. Es ist unsere Tradition im rationalen, wissenschaftlichen Denken des Abendlandes, die uns zu Beobachtern der Welt macht. Es scheint uns, als könnten wir als »von der Welt abgetrennter Mensch« – als Subjekt – ein von uns unabhängiges Objekt beobachten, analysieren und bewerten. Die Trennung von Subjekt und Objekt öffnet uns die Tür zur »Dualität« – ein anderes Wort für Polarität. Der Mensch kann die Welt fortan beobachten und für sich selbst das Gefühl entwickeln, gar nicht Teil der Welt zu sein. Dieses Denken hat starken Einfluss auf uns und wirkt auch sehr intensiv in unseren Lebensalltag hinein.

In der Rolle einer Führungskraft beobachten wir beispielsweise ein Geschehen, eine Interaktion von Menschen, und glauben dabei, unabhängig zu sein. Identifizieren wir beispielsweise einen Nichtleistungsträger, so liegt die Annahme auf der Hand, das sei ein Faktum und von uns unabhängig. Heute sind wir eines Besseren belehrt. Der Nichtleistungsträger ist es nicht unabhängig von uns oder von anderen. Erst das Zusammenspiel im sozialen Netz – im System – kann einen Menschen dazu machen, ein Versager zu werden. Nie ist es der Mensch für sich alleine. Es gibt im Leben mehr Zusammenhänge als wir gemeinhin glauben. Wir leben und agieren immer in Systemen. Die neuen Wissenschaften, allen voran die Quantenmechanik, zeigen uns eine Welt, in der auch auf andere Weise alles mit allem zusammenhängt. Damit finden alte Weisheitslehren und die neuen Wissenschaften zu einer weitgehend übereinstimmenden ganzheitlichen Weltsicht.

Beispiel: Die Farbe der Wahrheit

Am Boden des realen Führungsalltags beobachtet Frau Gruber, die Bereichsleiterin, Herrn Gutman, einen ihrer Mitarbeiter. Als Teamleiter muss er aus ihrer Sicht einige wichtige Aufgaben erfüllen und sich an das Führungsleitbild halten. Das bietet genügend Ansatzpunkte für ihre hohen Ansprüche als Führungskraft. Aus zahlreichen Notizen, die sie im Alltag macht, entsteht nun zunehmend ein Bild in ihrem Kopf. Dieses Bild scheint ihr objektiv zu sein, immerhin hat sie eine Menge an Evidenzen gesammelt. Das Bild zeigt Herrn Gutman in seiner Rolle als Teamleiter von seiner guten und von seiner schlechten Seite. Im Laufe der Vorbereitungen für das jährliche Mitarbeitergespräch intensiviert sie ihre Analysen und zeichnet ein für sie sehr schlüssiges Bild von Herrn Gutman, das sie ihm im Gespräch einspielen möchte. Zuvor aber zieht Frau Gruber noch ihren Coach zu Rate und bespricht mit ihm den Fall Gutman. Sie erklärt die Situation, zeigt ihre Beobachtungen auf und bespricht den möglichen Zugang im Mitarbeitergespräch. Immerhin sieht sie viele Verbesserungsmöglichkeiten für Herrn Gutman und möchte ihn dazu motivieren, ihre Vorschläge auch umzusetzen.

In dieser Coachingeinheit ruft sie sich in Erinnerung, was sie schon vor vielen Jahren einmal gelernt hat. Wie nämlich funktioniert Wahrnehmung? Sie versteht erneut und diesmal tiefer als je zuvor, dass ihr Bild im Kopf ihr eigenes ist und das dieses nie objektiv sein kann. Immerhin konstruieren wir ja mit unserem Weltbild ausgestattet und mit unseren individuellen und eingelernten Wahrnehmungsfiltern die Welt, wie wir sie erleben. Wir erschaffen die Welt, indem wir sie leben, an diesen Ausspruch von Humberto Maturana erinnerte sie sich noch dumpf. In der Leistungsbeurteilung, die sie für Herrn Gutman vorbereitet hat, kann sie viel über sich selbst lernen.

So sehr sie sich auch anstrengt, sie wird immer ihr Bild von sich selbst auf das Bild von Herrn Gutman übertragen. Sie gibt mit der Beurteilung über Herrn Gutman letztlich mehr über sich selbst preis, als sie über Herrn Gutman aussagen könnte. Es sind ihre Werte, ihre Wahrnehmungsmuster, ihre Vorurteile und Grundannahmen, die letztlich zur Beurteilung führen. Die wahre Leistung von Herrn Gutman tritt dabei bescheiden in den Hintergrund. Daran ändern auch die klügsten Instrumente wenig. Die wahrgenommene Leistung entsteht in Interaktion der beiden Menschen. Frau Gruber will, aber kann die Leistung von Herrn Gutman nicht unabhängig von sich erkennen. Bleibt zu hoffen, dass Frau Gruber das auch in der Situation des Mitarbeitergespräches noch weiß.

Ihr Coach beruhigt sie am Ende der Einheit noch. Sie kann die Welt und ihre Mitarbeiter nur auf ihre Weise wahrnehmen. Das entstehende Bild ist also aus ihrer Sicht immer passend, es kann nie falsch sein. Niemand kann etwas »falschnehmen«, das wissen wir längst von Reinhard K. Sprenger. Wichtig aber ist das Bewusstsein, dass es in so einem Fall immer zwei unterschiedliche Bilder geben muss, und dass keines der beiden Bilder wahr oder falsch ist. Beide sind richtig. Es ist eine Polarität, ein Widerspruch, mit dem Führungskräfte leben müssen.

Wir leben in der Welt der Widersprüche und wir erfahren ständig Polaritäten. Da gibt es wenig Auswege. Im Alltags- und im Wirtschaftsleben gibt es Erfolg und Misserfolg, Guthaben und Schulden, es gibt ein »wir« und ein »die anderen«, ein ich und ein du. Das innere Spiel in Veränderungsprozessen beginnt also immer mit einer Polarität, eben zwischen den Polen. Am Anfang jeder Veränderung steht die Einsicht, dass es auch anders sein könnte. In diesem Moment spannt sich vor uns die Welt in Form einer Polarität auf, die wir als Spannung, als Widerspruch und letztlich als Widerstand wahrnehmen. Der Veränderungswunsch verstärkt die Polarität zwischen dem Istzustand und dem Soll- oder Wunschzustand.

Warum dieses Prinzip für Veränderungsprozesse so wichtig ist, lässt sich im bekannten Satz ausdrücken: Das, was wir bekämpfen, stärken wir. Wenn wir also den Schatten bekämpfen, weil wir in ihm das Böse erkennen, so machen wir ihn stärker. Veränderung gelingt also nicht dadurch, indem wir etwas bekämpfen, das wir aus unserem Leben verbannen wollen. Selbst die Vernichtung des Gegenpols führt zu keiner Lösung, weil ja beide Pole einander bedingen. Das eine existiert nicht ohne das andere. Wenn wir unseren Gegenpol vernichten, vernichten wir auch uns. Sie kennen vielleicht das Harvard-Konzept der Verhandlungstechnik. Auch dort wird dieses Prinzip gelebt. Immer muss die Gegenseite gehört, verstanden und dann zum Teil der Lösung gemacht werden. Der Weg zur Lösung führt über mehrere Entscheidungsmöglichkeiten zum beiderseitigen Vorteil (Fisher 2009).

Ein Verhandlungsteam, das auf die Wünsche der Gegenpartei nicht eingeht, kann nur einen kurzen Sieg davontragen. Es wird durch das »über den Tisch ziehen« keine sinnvolle und werthaltige Beziehung entstehen. Im Harvard-Konzept werden daher Win-win-Strategien gepredigt. Das ist der Versuch, sich über die zwei Anfangspositionen zu erheben und eine Lösung auf höherer Ebene zu finden. Wir werden diese Lösung auf höherer Ebene als »Synthese« bezeichnen. Eine solche Lösung gelingt aber nicht mit nur einem Prinzip. Es braucht dazu das Zusammenspiel aller sechs Prinzipien.

Den Grundwiderspruch von »Bewahren und Verändern« haben wir schon diskutiert. Aber lassen wir das erneut auf uns einwirken. Sobald ein Gedanke der Veränderung reift, tauchen wir in den vielleicht größten Widerspruch der Welt ein. Wir wollen etwas verändern und müssen dabei das Bewahren ebenso berücksichtigen. Ohne Bewahren keine Veränderung und somit gilt auch: Keine Veränderung ohne Widerstand.

Das Prinzip Polarität

Sobald wir etwas verändern wollen, stehen wir mitten in einer Polarität zwischen »Verändern und Bewahren«. Je stärker der Veränderungswunsch und je größer der Unterschied zum Istzustand ausgeprägt ist, desto intensiver wird der Widerspruch. Das führt zu Widerstand. Es gibt keine erfolgreiche Veränderung, ohne die Gegenseite zum Teil der Lösung zu machen.

Was passiert, wenn wir das Prinzip Polarität nicht berücksichtigen? Auch wenn wir es nicht wahrhaben oder nicht anerkennen wollen, die Polaritäten wirken in unserem Leben trotzdem. Wenn wir den Pol des Veränderns einnehmen, tut sich uns gegenüber der Pol des Bewahrens auf, und zwar in gleicher Intensität wie wir unseren Veränderungspol einsetzen. Ein starker Wunsch nach Veränderung hat einen starken Wunsch nach Bewahren zur Folge, weil »Actio gleich Reactio« immer gilt. Wird dieses Gesetz vernachlässigt oder ignoriert, dann ist es sehr wahrscheinlich, dass der Gegenpol zunächst bekämpft wird. Die Gruppe der Veränderer wird dabei die Gruppe der Bewahrer »negativ überhöhen« und in den Schatten zwingen. Aus dem konstruktiven Bewahren wird dann aus der Perspektive der Veränderer eine Gefahr, die negativ überhöht zur »Erstarrung der Organisation« führt. Und weil Action gleich Reactio ist, passiert umgekehrt das gleiche Spiel. Die Bewahrer zwingen die Veränderer in den Schatten und überhöhen deren Position negativ in diesem Sinne: Das führt zum Identitätsverlust (Pietschmann 2002). Was dann folgt, ist der bestens bekannte »Schattenkampf«, der in einen negativen Konfliktbereich abgleitet, wo nur mehr Fronten aufeinandertreffen. Der Konflikt ist geladen und eskaliert.

Beispiel: Der Kampf im Schatten

Frau Gruber gilt schon lange als Visionärin, die als Bereichsleiterin keinen Stein auf dem anderen lassen will. Auch wenn ihre Ideen gut klingen, so sind sie doch mit Risiken verbunden, die sie zu ignorieren scheint. Um sie herum hat sich ein Team gebildet, das den Wandel vorantreibt und ständig Innovationsprojekte initiiert. Herr Gutman nennt dieses Team »die Chaoten«, weil sie alles, was er in den letzten zwei Jahrzehnten aufgebaut hat, komplett infrage stellen. Besonders das Qualitätshandbuch, das mittlerweile 230 Seiten zählt, ist für ihn die Bibel der Organisation. Wenn alles neu erfunden würde, dann wäre das Handbuch keinen Cent mehr wert. Er hat eine Riege an älteren Mitarbeiter(innen) hinter sich, die er über die Zeit mit seinen bürokratischen Zugängen geprägt hat. Bei der letzten Besprechung, Frau Gruber nennt diese jetzt »Meetings«, stand wieder einmal der Change auf dem Programm. Wenn ich das schon höre, denkt sich Herr Gutman. Change, so ein Mist. Er nimmt all seinen Mut zusammen und attackiert Frau Gruber vor allen anderen: »Ich kann Ihnen sagen, wo Ihr Kurs hinführt! Wir verlieren unsere Identität, Sie setzen all unsere Traditionen aufs Spiel und führen uns in ein Chaos. Ich kann Ihnen auch ganz sicher vorhersagen, dass wir dann Geld verlieren werden, weil wir unsere Qualität nicht mehr halten können.« Frau Gruber bleibt gelassen und lächelt ihn an. Sie hat es gelernt, in Konflikten die Nerven zu behalten. Mit ruhiger, aber bestimmter Stimme entgegnet sie: »Das Gegenteil ist der Fall. Ist Ihnen gar nicht bewusst, dass Sie mit Ihrer Starrheit hier für den vollkommenen Stillstand sorgen würden? Sehen Sie sich an, wo wir heute stehen. Alles ist viel zu bürokratisch, viel zu unflexibel, zu unmodern. Wir müssen entstauben, und zwar gründlich, sonst geht uns die Luft aus. Wir sollten schnell sein und Sie wären gut beraten, Ihren Widerstand aufzugeben.« Frau Gruber geht dann ohne weitere Diskussion zum nächsten Tagesordnungspunkt über. Es geht um Evaluation. Ein Wort, das Herr Gutman ebenso wenig mag wie Change. Aber was soll's, er wird wohl klein beigeben müssen.

Das ist ein Teil des altes Spiels: »Ihr wollt die Erstarrung der Organisation«, hört man auf der einen, und »Ihr führt uns direkt in den Identitätsverlust«, hört man auf der anderen Seite. Herbert Pietschmann nennt das die HX-Verwirrung und erklärt dies sinngemäß mit folgender Abbildung.

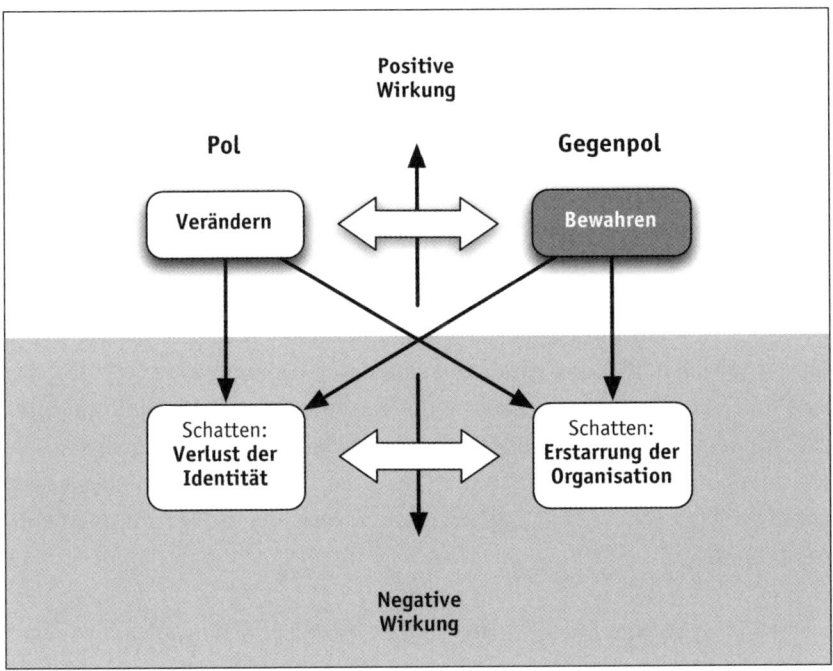

Abbildung 10: HX-Verwirrung (Pietschmann 2002: 93) – Prinzip der Polarität

Die Befreiung aus dem destruktiven Schattenkampf kann – wie schon beschrieben (Abschnitt 5.5 *Der Entscheidungsprozess als Spielablauf* ab Seite 98) – nur in einem Dialog erfolgen, der beide Seiten einbezieht. Am Beginn steht dabei die Einsicht und Erkenntnis, selbst in den Schatten gefallen zu sein und wirklich destruktiv gewirkt zu haben. Erfolgt die Einsicht auf beiden Seiten gleichzeitig, kann ein neuer und konstruktiver Dialog erfolgen.

Diesen Dialog in einer »iterativen – schrittweisen – Form« werden wir noch einmal ausführlich beschreiben (Kapitel 9 *Spielzüge für Fortgeschrittene* ab Seite 203). Ziel ist es dabei, wieder in die konstruktive Zone des Konfliktes zu gelangen und die Spannung der Polarität für die Weiterentwicklung zu nutzen. Wir wollen ja nur zwischen Polen das Spiel beginnen, dann aber in den Fluss des Lebens kommen!

Das Prinzip Polarität leistet dabei einen unverzichtbaren Beitrag. Wir erkennen die Polarität, den Widerspruch und in der Folge den Widerstand als fixen Teil des neuen Spiels um Veränderung an. Polarität wirkt. Wir können uns dem Widerspruch und mit ihm allen Formen des Widerstandes am besten nähern, wenn wir uns damit aussöhnen und mit den sechs Prinzipien einen Prozess initiieren. Wenn wir eine gute Idee für die Zukunft haben, dann ist der Widerstand eine Bestätigung für deren Güte. Nur eine mittelmäßige Idee lässt sich mit wenig Widerstand umsetzen. Eine wirklich gute Idee hingegen wird einen wirklich spannenden Gegenpol erzeugen und das Feld mit jener Spannung aufladen, die ein dynamischer Veränderungsprozess für sein Gelingen braucht. Die Polarität der Welt bietet uns also immer die Spannung zwischen Plus und Minus, die den Strom der Veränderung antreibt. Wir kommen von der Situation zwischen den Polen in den Fluss des Lebens.

Im neuen Spiel wird Frau Gruber als Bereichsleiterin Herrn Gutman nicht in die Knie zwingen, sondern einladen, seine Position mit allen, die hinter ihm stehen, zu formulieren. Gleiches wird Frau Gruber selbst tun. Die beiden Positionen entsprechen der Polarität, die nun allen vollkommen bewusst wird. Wenn dann noch das Team Gruber die Position des Teams Gutman überarbeitet und umgekehrt, das Team Gutman die Position des Teams Gruber weiterentwickelt, dann kann ein konstruktiver Dialog beginnen. Zuvor aber braucht es eine neue Haltung, die in der Einsicht mündet, mit dem eigenen Tun in Wirklichkeit im »Schattenreich« herumzudümpeln und wirklich nicht konstruktiv zu wirken.

Im Change-Management und im Leading Change wird auch dieses Prinzip der Polarität in vielerlei Hinsicht berücksichtigt. Wieder gibt es dafür eigene Etiketten. Wenn John P. Kotter von einer Change-Koalition (Kotter 2011) spricht, meint er nichts anderes, als die Kräfte der Polarität zu berücksichtigen und auf Widerstand vorbereitet zu sein. Wenn Peter Senge die fünfte Disziplin der lernenden Organisation mit seinen Systemarchetypen aufzeigt, dann spricht er in den meisten Fällen Polaritäten an. Beispielsweise mit den »Grenzen des Wachstums«, wo Wachstum und Steigerung der Verlangsamung und Ankunft polar entgegenwirken (Senge 2003). Im Change-Management wird dabei häufiger mit dem Thema Widerstand gearbeitet als mit dem Widerspruch, also der Polarität. Widerstand ist eine Folge der Polarität. Und viele der 80 Impulse zum wirksamen Change-Management (Höfler 2011) sind Interventionen, um den Widerstand zu vermeiden oder zu verringern. »Verbündete suchen« entspricht der Change-Koalition von Kotter, »Interessen verhandeln statt kämpfen« folgt der Einsicht, den Gegenpol nur einzubeziehen, aber niemals zu bekämpfen. Überhaupt ist jede Form der »Mitgestaltung« oder, modern ausgedrückt, der Partizipation ein Mittel der Wahl, mehr Energie für den Pol des Wandels zu gewinnen. Wenn davon gesprochen wird, »eine kreative Spannung zu halten«, dann wohl im Wissen über die Energie, die aus der Polarität zu gewinnen ist. Viele andere der 80 Impulse, etwa »sich um Verlierer kümmern«, »Widerstand als Botschaft erkennen« oder »das Positive sehen und verstärken« sind Aussagen, die ebenso dem Prinzip Polarität entsprechen. Wir können erneut zusammenfassen: Ohne Berücksichtigung des Prinzips der Polarität wäre Change-Management und Leading Change nicht von Erfolgen gekrönt.

Im persönlichen Veränderungsprozess weist uns dieses Prinzip den Weg der konsequenten »Schattenintegration«. Wir dürfen uns nicht ausschließlich mit den eigenen Lichtseiten beschäftigen, wenn wir uns wirklich weiterentwickeln wollen. Es reicht nicht aus, uns auf die helle Seite unseres Lebens zu konzentrieren. Wirkliche Veränderung muss die dunklen Seiten mit auf den Weg nehmen. Auch im Unternehmen reicht es nicht aus, sich auf jene Menschen zu konzentrieren, die der Veränderung positiv gegenüberstehen. Die Grubers kommen ohne die Gutmans nicht ans Ziel. Es löst auch keine Probleme der Gesellschaft, wenn eine Nachhaltigkeitscommunity ihre »Objekte der Kritik« – die neoliberalen Unternehmen, die Umweltverschmutzer, die Etikettenschwindler, die Kinderarbeitsbetriebe et cetera – einfach aus dem Spiel nehmen möchte, und natürlich auch nicht umgekehrt.

Der richtige Umgang mit Polarität

Söhne Dich mit dem Widerspruch aus, lasse die Polarität wirken und übe Dich in Gelassenheit (das ist die beste Grundhaltung des Menschen, besonders auch in der Rolle einer Führungskraft).

Nimm immer beide Seiten an Bord und initiiere den guten Dialog beider Seiten, sei es im inneren Dialog, wenn es um die persönliche Entwicklung geht, oder im Dialog der Menschen, wenn die Veränderung in der Außenwelt stattfinden soll. Die Pole stehen immer einander gegenüber.

Es geht also um die Suche nach einer guten Lösung unserer Probleme in der Welt des Widerspruchs. Das Prinzip Polarität ist ein wichtiges Element auf dem Weg zu einer Entscheidung in einer hoch komplexen Situation. Wer gute Entscheidungen treffen und eine Veränderung zum Erfolg führen will, muss sich mit der Polarität beschäftigen. Oder anders ausgedrückt: Jede wichtige Entscheidung und jede Veränderung braucht Polarität.

6.4 Das Prinzip Resonanz

Wenn ein Prinzip des Lebens wirklich virale Verbreitung in unserer Welt gefunden hat, dann ist es das »Prinzip Resonanz«, auch das »Gesetz der Anziehung« genannt. Es ist eine Art des »positiven Denkens«. Das positive Denken wurde stark von Norman Vincent Peale mit seiner christlich orientierten Lebenshilfe beeinflusst (Peale 2000). Ausgangspunkt ist eine Annahme, die bis heute populär ist: »Yes, we can!« Damit konnte nicht nur Barak Obama die Massen im US-Wahlkampf für seine erste Amtsperiode mobilisieren. Der Spruch wurde auch zum Leitspruch der Führungskräfte in vielen Unternehmen, die eine Veränderung initiieren und die Menschen dafür gewinnen wollen. »Yes, we can!« geht davon aus, dass alle Ressourcen in uns selbst zu suchen und zu finden seien. Daraus hat sich lange vor Obama eine zunamihafte Welle gebildet, die unter dem Titel des modernen Managements über uns geschwappt ist. Fast jede moderne Führungskraft hat sich mit Formen des Coachings auseinandergesetzt und leistet Hilfe zur Selbsthilfe: Unser Gegenüber durch Besinnung auf die eigenen Ressourcen dabei unterstützen, die eigenen Grenzen auszuloten und alle Potenziale freizusetzen. Das alles zusammen kann in einem Satz zusammengefasst werden: Du wirst mittelfristig genau zu dem, was du über dich denkst, was du dir selbst erlaubst und dir zutraust. Es liegt an dir, denn dein Glück beginnt in dir selbst. Auch der Volksmund kennt den Spruch: »Jeder ist seines Glückes Schmied.« Wichtige Erkenntnisse aus der Biologie und aus der Neurowissenschaft lassen ein neues Bild des Menschen entstehen, der immer weniger von genetischen Programmierungen abhängig wird. Wie wir genau ticken, zeigt Constantin Sander im Buch *Change! Bewegung im Kopf* (Sander 2012).

In der esoterischen Literatur bringt das Prinzip der Resonanz vielfältige Blüten hervor. Die bekannteste Blüte ist das Buch *The Secret* (Byrne/ Hörner 2007), das uns suggeriert: Denke dich glücklich, denke dich reich, denke dich gesund, denke dich schlank. Wir wollen hier keine Bewertung darüber abgeben, weil es Menschen gibt, denen alleine mit diesen Suggestionen wirklich geholfen ist. Es gibt aber wohl noch mehr, die darin keine Hilfe finden. Die Gruppe derer, die solche Ansätze grundsätzlich und mit rationalen Argumenten ablehnen, ist wahrscheinlich heute noch die größte.

Wir wollen hier einen Schritt weitergehen und die Thematik dieses Prinzips tiefer beleuchten. Was wir nämlich sicher sagen können, ist: Es gibt mehrere Gesetze, die in unserem Leben wirken und das Prinzip der Resonanz ist nur eines. Und wer nur eine Spielregel kennt, der kann nur in Ausnahmefällen damit ein Auskommen am Spielfeld finden. Außerdem muss niemand über seinen Schatten springen und in die esoterische Welt eintauchen, um Nutzen aus diesen Gesetzen zu ziehen. Immerhin haben diese Gesetze unter dem Deckmantel »Management und Leadership« ohnehin die Wirtschaftswelt erobert. Sie sind es also gewohnt, das Prinzip Resonanz zu nutzen, ohne es vielleicht zu wissen. Wer glaubt heute in der Lebensgestaltung und im Management nicht daran, dass Ziele und Zielvereinbarungen – also klare, messbare Zukunftsvorstellungen – unsere Energien bündeln können und zum Erfolg beitragen? Wer will unter den Führungskräften nicht auch »Leader« sein und mit Visionen und attraktiven Zukunftsbildern Menschen begeistern und zum Aufbruch in neue Welten inspirieren? Ohne das Prinzip Resonanz wäre das alles nur Zeitverschwendung. Aber nur mit dem Prinzip Resonanz alleine werden wir langfristig im neuen Spiel auch nicht erfolgreich sein.

Eine Grundaussage aus dem Prinzip Resonanz ist folgende: »Das, worauf wir unsere Energie lenken, nimmt zu«, ein häufiger Ausspruch in der systemischen Beraterlandschaft. Und wir können Energien dort besonders leicht hinlenken, wo wir unsere inneren Resonanzen ausgebildet haben. Somit ist die Nähe und Ankopplung an das Prinzip Polarität schon klar geworden. Des Weiteren besagt das Prinzip, dass wir als Menschen sehr selektiv nur das wahrnehmen, womit wir in unserem Inneren in Resonanz stehen. Vereinfacht könnten wir den Unterschied zwischen den Aussagen »das Glas ist halb voll« und »das Glas ist halb leer« betrachten. Menschen, die von Grund auf optimistisch sind, kommen mit positiven Erfahrungen eher in Kontakt. Sie richten ihren Fokus auf das Positive und sind in der Lage, es auch wahrzunehmen, weil sie im Innersten mit den positiven Seiten der Welt in Resonanz liegen. Im Alltag heißt das, wer an den freien Parkplatz innerlich glaubt, der hat größere Chancen, einen zu finden. Das bleibt zwar ohne Beweis, aber erklären Sie das mal jemandem, der fest daran glaubt.

Hingegen fällt es Menschen, die zu den Pessimisten zählen, viel leichter, die problematischen Seiten des Lebens zu erkennen, weil sie eben mit diesen Bereichen in Resonanz stehen. Wir werden von dem angezogen, was wir in uns in Resonanz bringen, und wir ziehen auch genau das in unserem Leben an. Das Prinzip Resonanz wird deshalb eben auch das Gesetz der Anziehung genannt. Wer glaubt, keinen Parkplatz zu finden, der wird eher keinen finden, weil damit auch die Wahrnehmung dann so funktioniert, kleine Zeichen zu übersehen. Wer auf den nächsten Schaden in der Elektronik seines Autos nur noch wartet, kann gleich einen Termin in der Werkstatt ausmachen. Besonders im Hinblick auf die negative Seite scheint das Prinzip einfach und direkt zu wirken. Wir kennen das auch als die »selbsterfüllende Prophezeiung«. Wer mit Angst auf das Fahrrad steigt und einen Sturz ernsthaft für möglich hält, kann den Verband schon mitnehmen. Wer hingegen auf einen Erfolg bei der Prüfung setzt und aus voller Überzeugung die Sektflaschen schon eingekühlt hat, der wird mit großer Wahrscheinlichkeit mit seinen Freunden feiern können. Resonanz wirkt, aber dieses Prinzip bestimmt den Ausgang der Lebensgeschichte eben nicht alleine. Wieder braucht es das Zusammenspiel der sechs Prinzipien.

Es ist für uns verständlich und nachvollziehbar, wenn sie diesem Prinzip gegenüber kritisch eingestellt sind. Es wurde um das positive Denken herum eine Aura der Verdummung der Menschheit aufgebaut. Barbara Ehrenreich hat in ihrem Buch *Smile or Die* diese Verdummung kritisch betrachtet (Ehrenreich 2010). Auf der anderen Seite (das ist ebenso ein Gegenpol) können wir unsere Wahrnehmung nach Ansicht der Konstruktivisten (Watzlawick 1985) wirklich selbst steuern und verändern. Wenn wir unser Bild der Welt mit unserem Geiste selbst kreieren, in dem wir unser Leben leben, dann werden Gedanken in positiven Bereichen auch positiven Einfluss auf uns nehmen. Hier sind wir also mitten im Streit um Worte, mitten in Widersprüchen, auf die keine richtige und keine falsche Antwort gegeben werden kann. Einzig die intensive Beschäftigung mit dem Prinzip Resonanz kann helfen, in einer ausgesöhnten Weise für das eigene Leben Nutzen daraus zu ziehen.

So kommt es dann, dass Sie häufig Geschichten von Menschen hören, die sich über lange Zeiten wie selbstverständlich auf »Engelskreisen« nach oben bewegen, wenn es Ihnen selbst auch gut geht und Sie an sich glauben. Und dann wieder kommt eine Zeit, da sehen Sie sich ständig mit Geschichten von Menschen konfrontiert, die in ihren »Teufelskreisen« verhaftet sind und deren Entwicklung stetig nach unten weist. Sie kommen genau dann zu Ihnen, wenn es bei Ihnen mit Ihrer Einstellung ebenso nach unten geht. Weil es aber nicht nur das Prinzip Resonanz gibt, sondern im Leben auch die Polarität wirkt, ist es nicht möglich, immer nur mit einer Seite in Resonanz zu stehen. Nur mit einer Seite in Resonanz zu kommen, verhindert unsere Entwicklung, alles ist dann nur halb und kein Abbild des ganzen Lebens.

Das Prinzip Resonanz

In jedem Veränderungsprozess beeinflusst das Prinzip Resonanz seinen Ausgang. Die Ansatzpunkte sind vielfältig zu beschreiben.

Geist – neues Denken (1):
Wir müssen zu Beginn mit den positiven Seiten der Veränderung Resonanzen erzeugen, um uns selbst und andere Menschen für den Veränderungsprozess zu gewinnen. Dabei ist aber auch die Polarität zu beachten.

Bekannte Change-Impulse: Pioniere verbünden, Mitgestaltung anbieten, Stakeholder-Interessen managen et cetera (Höfler 2011).

Herz – neue Haltung (2):
Resonanzen erzeugen können wir im Geist-Herz-Bewegung-Form-Zyklus entlang der liegenden Acht besonders stark, indem wir ein attraktives Bild des gewünschten Zustandes malen und unsere Haltung darauf einstimmen. Je klarer unser Zukunftsbild und je spürbarer die Auswirkungen werden, desto stärker wird die Geist-Herz-Resonanz wirken.

Bekannte Change-Impulse: Eine kraftvolle Vision entwickeln, Raum für neue Ideen geben, Sinn vermitteln, eine Expedition in die Zukunft wagen, den Weg erklären et cetera (Höfler 2011).

Bewegung – neues Tun (3):
Resonanzen im Tun erzeugen einen Fluss der Veränderung, der mit wenig Energie auskommt.

Bekannte Change-Impulse: Den »Tipping Point« finden, »Magic Moments« wahrnehmen, das »Surfen« beherrschen, eine Revolution anzetteln et cetera (Höfler 2011).

Form – neue Erkenntnis (4):
Im Erkenntnisprozess müssen wir mit den kleinen Erfolgen der Veränderung in Resonanz stehen. Erstens, um sie überhaupt erst wahrzunehmen, und zweitens, um durch die Aufmerksamkeit genau dafür weitere Energien freizusetzen.

Bekannte Change-Impulse: Durch Erlebnisse lernen, Erfahrungen auswerten, Erfolgsmuster der Vergangenheit loslassen, Change im Managementalltag verankern et cetera (Höfler 2011).

Resonanzen prägen unser Leben genauso intensiv wie Polaritäten. Unsere gesamte Wahrnehmung der Welt ist über Resonanzen gesteuert. Wir nehmen unsere Welt selektiv – ganz unseren Resonanzen entsprechend – wahr. Aber auch in jeder Faser des Alltaglebens stecken Resonanzen. Wir empfinden Resonanzen mit bestimmten Musikstücken, mit Rhythmen und Tänzen. Überhaupt sind unsere ganzen Beziehungen im Leben ein einziges Resonanzphänomen. Das Leben macht auch zwischen Privatem und Beruflichem keinen Unterschied.

Die moderne Neurobiologie – am Beispiel Joachim Bauer – stellt uns, den Menschen, als Wesen vor, das mithilfe seiner Spiegelneuronen – das sind besondere Gehirnzellen – mit anderen Menschen in einen Gleichklang kommt und Gedanken, Gefühle und Bewegungen spiegelnd erwidern kann (Bauer 2006). Somit werden alle unsere Beziehungen zu einem Resonanzphänomen. Kein Wunder also, wenn das Prinzip Resonanz für das Gelingen von Veränderungsprozessen so wichtig ist, spielen doch die Energien der Menschen, ihre gelingenden Beziehungen und ihre Motivation eine entscheidende Rolle.

Motivation als Phänomen für sich können wir nämlich ebenso als Resonanzphänomen verstehen. Motivation keimt in den Menschen nur dort auf, wo auch Resonanzen für etwas im Spiel sind. Ohne Resonanzen keimt nur der Widerstand und jeglicher Wandel vergeudet somit enorm viel Energie. Das Prinzip Resonanz bringt uns zur Einsicht, am besten »wirklich reif« für das Veränderungsvorhaben zu werden. Und es zeigt uns klar auf, wie wichtig es ist, dass Menschen in einen Einklang finden und so ihr Einverständnis aus ganzem Herzen oder ihre Zustimmung aus gefühlter Notwendigkeit für den Wandel geben (Sander 2012: 139). Nur in diesen Fällen zeigt sich das Resonanzprinzip von seiner besten Seite. Es lässt zunehmend Energien in den Menschen entstehen und es hilft ihnen, ihre Kräfte zu entfalten.

6.5 Das Prinzip der doppelten Entscheidung

Mit dem Prinzip der doppelten Entscheidung bringen wir ein weiteres Prinzip in das innere Spiel um Entscheidung und Veränderung. Es rührt aus der Beschäftigung mit der liegenden Acht und dem Geist-Herz-Bewegung-Form-Zyklus. Sobald wir in der liegenden Acht den Ursprung – den Symmetriepunkt – durchlaufen, braucht es eine Entscheidung von uns für oder gegen etwas.

Ganz am Beginn steht die Entscheidung aus der Einsicht, etwas verändern zu wollen oder zu müssen. Wunsch oder Zwang, das ist hier die Frage, aber ganz schnell stehen wir zwischen den Polen. Sind wir dann im Zyklus der liegenden Acht, folgt eine Entscheidung aus dem Herz-Quadranten heraus. Diese Entscheidung ist eine Entscheidung »aus dem Bauch« – der Intuition folgend – und »aus dem Herzen« – dem eigenen Gefühl folgend – im vollen Vertrauen und, zumindest im Augenblick, noch ganz ohne rationale Erkenntnis. Wir verlassen und auf die Intuition, auf unsere innere Stimme und auf unser Gefühl. Jedenfalls aber werden wir einen Haufen Zweifel in uns tragen, weil sich die Zukunft offen zeigt und der Ausgang der Entscheidung ungewiss bleibt. Dennoch müssen wir zu einer Entscheidung kommen, um den Platz zwischen den Polen zu verlassen und in den Fluss des Lebens einzutauchen. Diese erste Entscheidung führt uns aus innerer Motivation, aus einem Glauben heraus in ein neues Tun, sie enthemmt uns zur Tat und öffnet die Schleusen.

Aus dem vierten Quadranten der liegenden Acht, dem Form-Quadranten, dort, wo wir neue Erkenntnisse gewinnen, folgt die nächste Entscheidung. Es ist dies nun eine Entscheidung aus rationaler Erkenntnis und immer eine Entscheidung für die Wiederholung. Wir bringen die Veränderung auf einen Erfolgspfad, wenn wir uns bewusst zur guten Wiederholung entscheiden. Fast alles, was in unserem Leben Wert gewonnen hat, ist uns durch Wiederholung und Übung zuteil geworden. Unser Freund und Beratungskollege Kurt Schauer hat spontan bei einer Diskussion diese zwei Entscheidungen als »doppelte Entscheidung« bezeichnet. Wir haben daraus das Prinzip »doppelte Entscheidung« reifen lassen. Es ist ein grundlegendes Prinzip erfolgreicher Veränderung.

In der Change-Literatur wird die Bedeutung der Entscheidung erstaunlich wenig hervorgehoben. Unter den achtzig Impulsen für Change (Höfler 2011) findet sich die Entscheidung nur implizit, weil viele Interventionen ohne Entscheidungen nicht möglich wären. Sieht man von Werken über Entscheidung, etwa das Buch *Organisation und Entscheidung* (Luhmann 2000) ab, so wird aus unserer Sicht die laufende, also wiederholte Notwendigkeit, Entscheidungen zu treffen, zu wenig berücksichtigt. Nicht nur das Leading-Change-Team muss laufend Entscheidungen treffen, sondern jeder Mensch, der vom Wandel betroffen ist, muss immer wieder für sich Entscheidungen fällen. Eine Entscheidung ist die Entscheidung, erneut zur Tat zu schreiten und nicht im Widerstand aufzugehen, eine weitere Entscheidung ist die Entscheidung, im Fluss des Wandels zu bleiben und ständig im Sinne der Vision und der Ziele mit guter Wiederholung positiv mitzuwirken.

Beispiel: Gedanken formen die Wirklichkeit
Viele Menschen kommen an einem Punkt im Leben zur Einsicht, dass mehr Bewegung und Sport das Wohlbefinden steigern und die Gesundheit fördern würden. Diese Einsicht kann der Körper erzwingen, was meist einen hohen »Sense of Urgency« mit sich bringt, oder aus einer weisen Einschätzung der Dinge ebenso zwingend folgen. Mit diesen Gedanken im Kopf geht Lukas nun schon eine Zeit lang durch das Leben. Er will seinen etwas schlaff gewordenen

Körper durch mehr Sport wieder fit bekommen. Und weil die Energie der Aufmerksamkeit folgt, beobachtet er nun häufiger sportliche Menschen, die in Parks ihre Runden ziehen. Es reift in ihm ein erstes großes Bild eines Läufers, noch ganz frei von intensiven Resonanzen. Die Veränderung im inneren Spiel beginnt bereits zu wirken. Täglich, wenn er ins Büro fährt, beobachtet er die Jogger genauer, er sieht ihnen in die Gesichter, versucht sich hineinzufühlen. Langsam gedeiht das Bild in ihm, er selbst liefe hier jeden Morgen und zwar gemeinsam mit Sarah. Die Vorstellung beginnt ihm zunehmend zu gefallen, auch wenn der Weg dorthin noch weit ist. Andere grüßt täglich das Murmeltier, aber Lukas sieht täglich die Jogger, besonders die Joggerinnen.

Noch ist er nicht bereit dazu, eine Stunde früher aufzustehen, er bringt es nicht fertig. An einem Samstag aber plötzlich treibt es ihn ins Sportfachgeschäft. Er kauft orangfarbene Joggingschuhe aus bestem Material, einen topmodernen Trainingsanzug, eine Kappe und ein Pulsmessgerät. Wenn schon, denn schon. Auf seinen iPod kreiert er noch schnell eine Playlist mit Motivationsmusik und geht im Kopf den nächsten Tag genau durch. Wecker um halb sechs, statt um halb sieben. Nach dem Laufen eine heiße Dusche und dann ein gemütliches Frühstück mit viel Obst. Gesund jedenfalls soll es sein. Was für ein Gefühl muss das sein, nach all diesen Anstrengungen gestärkt zur Arbeit zu gehen. In Lukas ist eine »Geist-Herz-Resonanz« entstanden, die ihn zu einer Entscheidung bringt. Morgen früh starte ich einen neuen Lebensabschnitt. Er enthemmt sich voller Freude zur Tat. Das war die erste Entscheidung der doppelten Entscheidung. Jetzt verlässt er das Reich der Pole und taucht ein in den Fluss des Lebens.

Schon nach wenigen Hundert Metern spürt er den ersten Schmerz in der linken Seite. Immer schon hat er Seitenstechen bekommen. Auch die Knie werden schnell weich und die Muskelfasern beginnen, unter der ungewohnten Anstrengung zu brennen. Die Dusche aber und das folgende Frühstück sind eine echte Belohnung. Und erst der Gang zur Arbeit. Es wird das Erste sein, was er Sarah heute erzählen will. Auch das ist eine Belohnung, die so manche Anstrengung wert ist, findet Lukas.

Wenn auch vieles nicht so toll war und es noch ein weiter Weg ist, bis der Morgenlauf eine neue Gewohnheit wird, so trifft Lukas trotzdem ganz bewusst seine zweite Entscheidung. Es ist jetzt die Entscheidung zur Wiederholung. Morgen stellt er den Wecker wieder auf halb sechs. Die Schuhe stehen bereit und der Trainingsanzug liegt schon neben dem Bett. Er ist bereit für einen zweiten Durchlauf.

Das Prinzip der doppelten Entscheidung

In jedem Veränderungsprozess braucht es zwei Entscheidungen. Erstens: Die Entscheidung, wirklich zu beginnen und im vollen Bewusstsein um die Konsequenzen »sich zur Tat zu enthemmen«. Das ist eine Herz- und eine Bauchentscheidung. Zweitens: Die Entscheidung zur guten Wiederholung. Mit den Erfahrungen aus den ersten Versuchen bewusst die Entscheidung zur Wiederholung zu treffen, um weiterzulernen und besser zu werden. Das ist eine Kopfentscheidung.

Auf dem Pfad der Veränderung braucht es die doppelte Entscheidung also immer wieder und von allen Beteiligten. Sie hält den Flow entlang der liegenden Acht aufrecht und bringt uns ins Schwingen. Wir dürfen nicht müde werden, die Veränderungsentscheidungen zu treffen. Immer wieder. Es ist dieser Gedanke, der uns unmittelbar zum nächsten Syntheseprinzip führt.

6.6 Das Prinzip Wiederholdung

Das Prinzip Wiederholung führt uns ins Zentrum des übenden Menschen. Peter Sloterdijk beschreibt das Prinzip Wiederholung in seinem Werk *Du mußt Dein Leben ändern* (Sloterdijk 2009). Wie weit Sie in der Interpretation dieses Prinzips auch gehen mögen, es ist ein Weg zur Meisterschaft. Ohne Wiederholung, ohne Übung und Training, werden wir uns wenig weiterentwickeln, werden wir den Aufstieg auf der »Vertikalen« nicht schaffen. Das »Oben« zu erreichen ist ein grundlegender Wunsch des Menschen und im Sinne einer Veränderung immer auch ein Ziel. Die Veränderung will uns ja weiterbringen, was in unserer Kultur mit dem Bild »nach oben« sehr eng verknüpft ist. Menschen wollen aufsteigen, am besten auf der Karriereleiter. Die Wiederholung im Sinne einer Meisterschaft begegnet uns auch in vielen anderen Kontexten. Im Sport, in der Kunst oder in der spirituellen Entwicklung des Menschen. Ein Werk, das sich von vielen anderen Büchern des esoterischen Betriebs durch seinen Tiefgang unterscheidet, ist *Der Alltag als Übung. Vom Weg zur Verwandlung* von Karlfried Graf Dürckheim (Dürckheim 2008).

Einfacher ausgedrückt, geht es bei jeder Veränderung um einen Wechsel von Gewohnheiten. Verändern heißt ja, mindestens eine alte Gewohnheit durch eine neue zu ersetzen. Somit wird klar, welche Bedeutung der Wiederholung zukommt. Ohne wiederholtes Üben wird nichts Neues zur Gewohnheit. Wir müssen einüben, was in ein neues Zusammenspiel kommen will. Das Neue will gelernt werden, so lange, bis wir es ebenso gut beherrschen wie das Alte, und so lange, bis es zu einer Gewohnheit geworden ist. Mit der Wiederholung stellen sich Erfolge ein, kleine Erfolgserlebnisse, immer wieder. Das macht am Wege Mut und gibt neue Energie zur weiteren Wiederholung.

Beispiel: Lukas bleibt dran

Lukas wird seinen Entschluss zu joggen nicht aufgeben. Er hat verstanden, aus einem Wunsch durch die Geist-Herz-Resonanz ein Ziel zu machen, das er mit großem Willen verfolgt. Er hat sich entschieden im doppelten und wiederholten Sinne. Er hat auch gleich eine sehr gute Voraussetzung geschaffen und für sich wichtige Auslösereize für eine neue Gewohnheit eingebaut. Die orangefarbenen Schuhe, der Trainingsanzug, der Wecker um halb sechs. Auch das Spiel mit Belohnungen hat er verstanden. Das Frühstück, das Obst, die Geschichte für Sarah und letztlich die Vorstellung, auch Sarah für das Laufen gewinnen zu können, sind der Belohnungen genug. Wichtig ist auch für Lukas die Wiederholung. Dazu muss er sich täglich neu entscheiden und er weiß, hier liegt der Hund begraben. Es darf keine Ausrede geben, kein Regen darf ihn abhalten und keine schmerzenden Muskeln. Zumindest so lange nicht, bis es wirklich eine neue Gewohnheit in seinem Leben geworden ist. Lukas ist auf dem besten Weg dazu.

Sie könnten nun einwenden, das Prinzip Wiederholung mache uns zu Dumpfbacken. Das stimmt leider auch. Wiederholung selbst ist der Polarität unterworfen und hat eine gute und eine schlechte Seite. Wenn wir uns nur in der Wiederholung üben, dann entwickeln wir uns nicht weiter. Wiederholung führt zu Gewohnheiten und diese können bekannterweise auch schlecht sein. Die gute Wiederholung verfolgt daher immer ein Ziel. Im Prinzip Wiederholung steckt der Wunsch zur Weiterentwicklung, zur Verbesserung. Gute Wiederholung wiederholt nicht blindlings und ewiglich gleich, sondern sie wiederholt mit leichter Variation ganz im Sinne einer evolutionären Weiterentwicklung. Nach jedem Durchlauf werden wir besser. Auch Lukas wird jeden Tag besser, er wird weiterlaufen, die Schmerzen werden nachlassen und das Gefühl der Lust wird sich einstellen.

Beispiele dazu gibt es unzählige. Wer Musik in sein Leben bringen will, muss ein Instrument lernen und bekanntlich – Wunderkinder eingeschlossen – führt der Weg der Übung zum Erfolg. Wer sich einen Platz in der neuen Social-Media-Welt sichern will, wird alsbald feststellen, ohne Wiederholung und Weiterentwicklung des Contents ist nichts zu machen. Auf Twitter – dem Microbloggingportal – beispielsweise zählt nur derjenige etwas, der wiederholt Präsenz zeigt. Ohne Wiederholung wird man dort nicht wahrgenommen. Wer aber immer die gleichen Tweets wiederholt einspielt, verliert schnell das Interesse seiner Followers, denn nur in der Variation liegt der Erfolg.

Wer dem Wein seine Geheimnisse entlocken will, der muss seine Sinne durch wiederholte Wahrnehmungsübungen schulen. Wer Freude am Jogging finden will, muss wie Lukas nun täglich seine Runden drehen, wer als informiert gelten will, muss sich täglich durch den Blätterwald der Medien lesen. Und so weiter und so fort. Das wahre Leben beginnt mit der Bereitschaft zur guten Wiederholung. Und wahre Veränderung verlangt die Wiederholung des Neuen. Ohne Wiederholung kein Erfolg in der Veränderung. Das ist ein offenes Geheimnis, weil es jeder weiß. Gemessen an den unzähligen Misserfolgen in Veränderungsprozessen wird aber klar, dass Wiederholung kein einfaches Prinzip darstellt. Alle wissen über die Notwendigkeit zur Wiederholung, nur fehlt die Bereitschaft vielerorts, sie auch zu leben. Übung steht in der persönlichen Entwicklung nicht hoch im Kurs. Dem übenden Menschen wird oft ein Mantel des Verlierers umgelegt. Wunderkinder stehen höher im Kurs, obwohl gerade diese nur durch Übung ihre Höhenflüge absichern. Das wissen nur wenige und so richtig glauben mögen es noch weniger.

In der Arbeitswelt ist das anders. Uns allen ist der PDCA-Zyklus (Plan-Do-Check-Act) wohlbekannt. Auch in ihm steckt das Prinzip der Wiederholung. Im KVP – im kontinuierlichen Verbesserungsprozess – oder im Kaizen oder im Six-Sigma-Konzept (Schmitt/Pfeifer 2010) finden wir das Prinzip ebenso abgebildet und weithin anerkannt. Wiederholung ist somit Teil des Wirtschaftslebens. Sie ist nicht neu, sondern, zumindest im Umfeld des Qualitätsmanagements, bereits eine alte Gewohnheit.

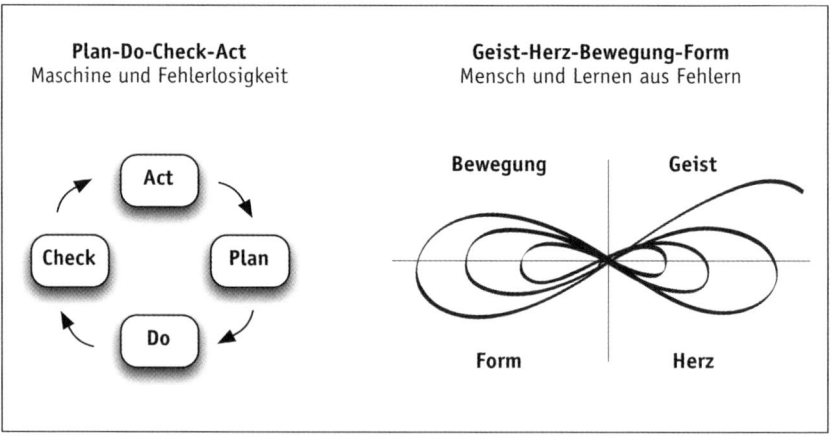

Abbildung 11: Der Plan-Do-Check-Act-Ablauf und der Geist-Herz-Bewegung-Form-Zyklus

146 | Die neuen Erfolgsprinzipien

In der Abbildung 11 sind beide Zyklen, der bekannte Plan-Do-Check-Act-Zyklus und der Geist-Herz-Bewegung-Form-Zyklus einander gegenübergestellt. Es gibt keinen Widerspruch und wohl auch kein richtig oder falsch, aber es gibt Unterschiede. Gemeinsam ist beiden das Prinzip Wiederholung, weil beide Veränderungszyklen darauf aufbauen. Der Unterschied liegt im Wesenskern des Modells. Plan-Do-Check-Act kommt aus einer mechanistischen Weltsicht und hat daher weder Platz noch Bedarf für den Menschen. Max Webers rationale Organisationssicht findet sich hier gut wieder. Geist-Herz-Bewegung-Form kommt aus einem ganzheitlichen Weltbild und integriert den Menschen als selbstverständlichen Teil des Veränderungssystems. Der Quadrant Herz – neue Haltung macht den offensichtlichen Unterschied, wenngleich sich das Modell auch grundsätzlich unterscheidet. Im mechanistischen Modell steckt die Checklisten-Gesellschaft mit ihrem Anspruch der Fehlerlosigkeit, im ganzheitlichen Modell stecken der Dialog der Menschen und die Psychologie des modernen Managements, mit dessen Anspruch in einen Prozess des Lernens der Organisation zu kommen.

Wiederholdung als Prinzip finden wir auch in der Change-Literatur. In Kotters Leading Change wird Wiederholung besonders in der Kommunikationsarbeit, und zwar auf allen Ebenen und mit allen Medien gefordert. Auch im Anliegen, Bereiche mit ersten Change-Erfolgen zu schützen, zu stärken und zu fördern, steckt die Wiederholung als Prinzip. Hier finden wir sogar die gute Wiederholung, weil über den Erfolg der Unterschied gemacht wird und nur die guten Muster gestärkt werden. Überhaupt sind nach Kotter die neuen Verhaltensmuster – die ja nur durch Wiederholung entstehen können – zu konsolidieren und im Anerkennungssystem abzubilden. Die gute Wiederholung verlangt nach Belohnung, womit wir uns wieder im Kern der Gewohnheit befinden (Kotter 2011). In der systemischen Beratungswelt wird oft der Satz verwendet: Einüben, was in ein gutes Zusammenspiel kommen soll. Auch das entspricht dem Prinzip Wiederholung.

Das Prinzip Wiederholung

Jeder Entscheidungs- und Veränderungsprozess muss die Wiederholung sinnvoll einsetzen. Wiederholung muss eine gute Wiederholung sein und braucht daher ein Ziel. Mit jeder Wiederholung kommen wir unserem Ziel ein Stückchen näher. Die gute Wiederholung öffnet uns alle Entwicklungsperspektiven für ein gutes Leben.

Eine wichtige Form der Wiederholung ist die sogenannte Iteration. Iteration ist das Lösen eines Problems in kleinen Schritten, eine Art von Musterbildung, bei der das Ergebnis einer Regelanwendung wieder in die Regelanwendung eingespeist wird. Das klingt sehr nach Mathematik?

Hierzu ein Beispiel: Wenn Sie eine mathematische Gleichung lösen wollen, Sie aber die Gleichung nicht umformen können, bleibt Ihnen ein exakte Berechnung der Lösung verwehrt. Jetzt müssen Sie iterativ vorgehen. Sie setzen für die Variable X einen ersten Wert ein und erhalten ein Ergebnis. Das ist nicht die Lösung, aber ein Anfang. Dann setzen Sie unter Kenntnis der ersten Lösung erneut einen Wert in die Gleichung ein und erhalten eine weitere Lösung. Dieses Spiel können Sie so lange wiederholen, bis die Lösung »ungefähr« passt. Dann haben Sie iterativ ein Problem gelöst. Vielleicht ist der Volksmund mit »Probieren geht über Studieren« hier nahe an dieser Problemlösung dran. Und genauso können Sie im inneren Spiel der Entscheidung auch vorgehen. Selten wird der erste Wurf schon die Lösung des Problems sein und die Entscheidung herbeiführen. Unsere Umwelt ist so komplex geworden, dass wir nur mit mehreren Versuchen an die wirkliche Problemlösung näher herankommen.

Beispiel: Zauber der Wiederholung

Frau Gruber hat in einem ihrer Change-Meetings alle Führungskräfte im Team eine erste Skizze für die neue Organisationsstruktur erarbeiten lassen. In einer ausgiebigen Diskussion haben sie dann gemeinsam alle Vor- und Nachteile dieses ersten Vorschlags diskutiert. Dabei hat sie es belassen. Eine Woche später hat sie im nächsten Meeting das Ergebnis und die Diskussion aus dem ersten Meeting wieder eingebracht. In einer weiteren Runde wurde

148 | Die neuen Erfolgsprinzipien

die neue Organisationsstruktur erneut skizziert. Die Diskussionen am Ende des zweiten Versuches zeigten schon in eine Richtung. Wenn auch das Ergebnis noch nicht final ist, so ist es entschieden besser als der erste Vorschlag. In zwei Wochen werden sie im dritten Versuch wohl zu einer guten Lösung kommen. Ohne es zu wissen, übt sich das Team Gruber in der Iteration, einer guten Wiederholung.

6.7 Das Prinzip Ordnungsmuster

Das sechste und letzte Prinzip nennen wir Ordnungsmuster. Weil am Ende jeder Veränderung neue Muster, Gewohnheiten und Strukturen entstehen, machen wir es zum Prinzip, das es zu beachten gilt. Wer erfolgreich eine Veränderung durchlaufen und das innere Spiel erlernen will, muss Gewohnheiten – die wir auch Muster nennen können – erkennen, neue Gewohnheiten ins Leben bringen und durch Wiederholung absichern. Veränderung ist ein Wettbewerb der Gewohnheiten und ihrer Routinen. Eine alte Gewohnheit will durch eine neue Gewohnheit ersetzt werden.

Gewohnheiten sind das Ergebnis einer Wiederholung, sie erheben sich im Nebel des Übens als neue Erkenntnis. In komplexen Systemen – und in solchen leben wir – ergeben sich aus dem Zusammenspiel der Menschen immer wieder erkennbare Gewohnheiten. Wir nennen diese Gewohnheiten dann auch Muster, die Verhaltensweisen eines Menschen oder die Kultur einer Gemeinschaft.

Ohne Gewohnheiten wäre unser Leben für uns nicht lebbar. Wir Menschen sind »ein Bündel von Gewohnheiten unter einem Schädeldach« meint Peter Sloterdijk und er hat recht. Durch Musterbildung machen wir für uns die Komplexität des Lebens ertragbar. Gewohnheiten sind aus wiederholten Entscheidungen und Übung entstanden. Wir leben in Mustern und wir sind Muster. Jedes Lebewesen ist ein Energiemuster im Universum. Ohne Muster gäbe es kein Leben. Oder: Leben ist Musterbildung.

Beispiel: Das Prickeln des Neuen

Mittlerweile hat sich Lukas das morgendliche Joggen zur Gewohnheit gemacht. Um sechs läutet er bei Sarah und sie laufen täglich die gleiche Strecke durch den Park, er läuft rechts, sie links. Am Ende ist sie ein wenig schneller als er und kommt immer vor ihm an ihrer Haustür an. Immer die gleiche Verabschiedung und immer anschließend das Wiedersehen dreißig Minuten später in der U-Bahn. Das alles sind liebe Gewohnheiten geworden. Der Büroalltag ist dann erneut ein Bündel voller Gewohnheiten. Computer einschalten, E-Mails checken und den Kalender nach Meetings für den Tag durchforsten. Um 9 Uhr dann der erste Kaffee. Um 10 Uhr pünktlich findet jeden Montag das Abteilungsmeeting statt. Lukas wird wie immer der Letzte sein, der den Raum betritt, und immer am selben Platz sitzen. Er kann bei diesen Meetings genau vorhersehen, wer was sagen wird und wer die Idee der Chefin unterstützen und wer sie kritisieren wird. Um 12 Uhr dann geht er in die Kantine und wird das biologische Menü bestellen. Die Liste der Gewohnheiten geht noch weiter. Der ganze Tag ist ein Bündel an Gewohnheiten. Das ist gut und macht das Leben einfacher. Gleichzeitig aber fühlt Lukas, ohne es zu wissen, die Polarität. Was einfach ist und aus Wiederholungen besteht, kann fad werden und zu einem inneren Stillstand führen. Gewohnheiten sind wichtig, lebensnotwendig sogar, aber das Leben darf deshalb nicht eintönig werden.

Erst die neu aufkeimende Beziehung zu Sarah bringt wieder ein Gefühl der Lebendigkeit in sein Leben. Alles beginnt, Spaß zu machen, an Kleinigkeiten kann er Freude empfinden. Er beginnt, seine Gewohnheiten teilweise infrage zu stellen. Ein ganz neuer Rhythmus kommt in sein Leben. Statt abends vor dem Fernsehen zu sitzen, geht er mit Sarah spazieren, trinkt ein Glas Wein und geht viel später zu Bett als je zuvor. Dennoch steht er um halb sechs auf.

Mit dem Prinzip Ordnungsmuster kommt also die Lebendigkeit in das Leben und in die Veränderung. Das Arbeiten mit Mustern ist ein Arbeiten mit Rhythmen und Schwingungen und führt uns zu mehr Lebendigkeit. Sie wünschen sich ein konkretes Beispiel, was das alles mit Veränderung zu tun hat? Wenn ich in meinem Leben eine alte Gewohnheit durch eine neue ersetzen möchte, so kann eine »Störung des alten Rhythmus« durch einen abweichenden Takt ein guter Einstieg sein. Das alte Muster kann der tägliche Weg zur Arbeit mit dem Auto sein, das gewünschte neue Muster der tägliche Weg mit dem Fahrrad. Obschon ein radikaler Umstieg möglich ist, kann auch ein Musterwechsel durch einen neuen Rhythmus erzielt werden. Zwei Tage mit dem Fahrrad, ein Tag mit dem Auto, zwei Tage mit dem Fahrrad und zwei Tage Pause. Dann die Wiederholung.

Rhythmen bestimmen auch einen Gutteil unserer Kultur. Das Jahr wird nicht linear durchlaufen, es gibt Höhepunkte, Feste und Fastenzeiten. Diese Unterschiede aber machen das Jahr spannender und lassen uns den Alltag leichter leben. Der Sommerurlaub wird zum Labsal für das Arbeitsjahr, das Weihnachtsfest zum feierlichen Höhepunkt im Winter, jeder Geburtstag oder Jahrestag erquickt unsere Seelen in den Wochen dazwischen. Und am Beispiel der Kirchenjahre können wir auch die Macht, die in solchen Rhythmen steckt, leicht erkennen. Auch wenn die Kulturen verschiedene Rhythmen leben, so eint uns doch die Tatsache, dass wir in fast allen Kulturen Rhythmen erkennen können. Wer sein Leben verändern will oder wer etwas in seinem Leben verändern will, tut gut daran, seine alten Rhythmen zu ändern. Über neue Rhythmen entstehen neue Muster und gleichzeitig werden diese gestärkt, damit sie gegen die alten Gewohnheiten eine faire Chance erhalten.

Beispiel: Das Spiel im neuen Takt

Frau Gruber ist mit ihren vielen Change-Vorhaben jetzt bereits recht erfolgreich unterwegs. Eine ihrer besten Ideen war ein neuer Rhythmus in den Besprechungen. Sie hat einfach die alten Besprechungen, die immer am Montag um 8 Uhr und am Donnerstag wieder um 8 Uhr stattfanden und alle irgendwie gleich abgelaufen sind, durch eine neue Struktur ersetzt. Montags beginnt sie jetzt um 10 Uhr mit dem Change-Meeting. Dabei geht es nur um Change-Themen und um nichts anderes. Mittwoch hat sie um 15 Uhr die Bereichsbesprechung angesetzt. Dort werden Prioritäten gesetzt, Entschei-

dungen getroffen und wichtige Informationen ausgetauscht. Freitags um 10 Uhr treffen sich alle kurz auf ein Reflexionsmeeting, wo die Erfolge der Woche besprochen werden und mit einem Ausblick auf die nächste Woche abgeschlossen wird. Dazu gibt es immer Brötchen und frische Säfte, ein feines Ritual für den Wochenausklang.

Rhythmen helfen uns also, Gewohnheiten zu verändern. Das hat auch die Welt des Change-Managements erkannt. Auch dort finden wir Entsprechungen für dieses Prinzip. Wenn etwa in den achtzig Change-Impulsen (Höfler 2011) von einer Prozessarchitektur gesprochen wird, so steckt darin der Wunsch, dem Change-Prozess ein bestimmtes Muster zu geben und ihm einen Rhythmus zu hinterlegen. Wenn Peter Senge eines seiner Bücher »Dance of Change« nennt (Senge 2000), dann ist das der Rhythmus, in dem der Change immer mit muss. Andere sind der Meinung, dass Change-Prozesse eine Choreografie brauchen, um erfolgreich zu sein (Hochreiter 2004). Allgemeiner wird Lebendigkeit als Prinzip auch in den achtzig Change-Impulsen »die Story der Veränderung klarmachen« oder »ein Fest feiern« angesprochen und für den Change-Erfolg genutzt.

Das Prinzip Ordnungsmuster

Gewohnheiten sind gut und wichtig. Veränderung heißt aber, bestimmte Gewohnheiten zu ersetzen und neue einzustudieren. Das geht uns leichter von der Hand, wenn wir mit Rhythmen arbeiten und auf vielfältige Weise, Lebendigkeit und Freude in unser Leben und Arbeitsleben bringen.

Das Prinzip Ordnungsmuster spricht auch die zwei Seiten des Lebens an. Es gibt die Ordnung und es gibt das Chaos. In der Ordnung liegt die Sicherheit, im Chaos die Lebendigkeit. Wir brauchen beide Seiten für ein erfülltes Leben. Es sind die Spiele, die beide Seiten miteinander verbinden können. Die Regeln – hier unsere sechs Prinzipien – bilden das Reich der Ordnung ab. Sie geben Sicherheit. Das Spiel bleibt aber in seinem Ausgang immer unbestimmt, das Ende ist offen. Und dort, wo uns die unerwarteten

Dinge treffen und wir überrascht werden, dort liegt das Reich des Chaos. Wenn wir spielen, stehen wir mit einem Bein im Reich der Ordnung, mit dem anderen im Reich des Chaos. Wir nehmen dann eine Brückenfunktion zwischen zwei Welten ein. »Spielen macht uns lebendig, schafft Konzentration, Mitte und Beziehung« (Koller 2012: 36).

Mit dem Prinzip Ordnungsmuster schließen wir unsere Hexalogie der Prinzipien ab. Mit diesen Prinzipien finden wir leichter einen Weg zur »Synthese« – die Lösung auf höherer Ebene, um aus den Widersprüchen des Lebens tragfähige Lösungen zu generieren und den Wandel erfolgreich zu gestalten. Sie bieten einen tiefen Einblick in die Welt der Veränderung, wir blicken quasi hinter deren Kulissen. Die Prinzipien sind die Leitlinien für das innere Spiel zwischen den Polen und mitten im Fluss.

Beispiel: Lukas' Visionen
Das gute Gefühl, etwas getan zu haben, das Getränk noch vor der Dusche, die Beziehung mit Sarah und der tägliche Sieg über seinen inneren Schweinehund, der Lukas den ganzen Vormittag erhobenen Hauptes durch das Büro gehen lässt, all das sind Belohnungen. Was ihn aber jetzt auch zwei Jahre später immer noch antreibt und nahezu täglich laufen lässt, ist ein neues großes Ziel. Er trägt die Vision in sich, einmal – wahrscheinlich in drei Jahren – beim New York City Marathon® dabei zu sein. Das lässt wieder Geist-Herz-Resonanz erzeugen. Besonders der Startlauf über die Verrazano-Narrows-Brücke hat es ihm angetan. Er hat in seinem Schlafzimmer ein großes Poster davon aufgehängt.

6.8 Das Masterprinzip

Wir kennen nun die sechs Prinzipien des inneren Spiels. Anfang und Ende, Polarität, Resonanz, doppelte Entscheidung, Wiederholung und Ordnungsmuster – so lauten sie. Wir gehen nun auf die Suche nach einem Masterprinzip. Dazu gibt es als Entscheidungshilfe nur Ihre Intuition. Was spricht

Sie in Ihrer Situation am meisten an? Was wird am stärksten wirken? Genau dieses Prinzip wird Ihr Masterprinzip für den jeweiligen Entscheidungsprozess sein. Das Masterprinzip ist der »Einstieg in Ihren Berg«, den Sie zu erklimmen haben. Alle anderen fünf Prinzipien werden in der Folge zu den unterstützenden, wegbereitenden Prinzipien, die uns einer Lösung auf höhere Ebene – einer Synthese – näherbringen.

Am einfachsten lässt sich das anhand unserer Story »Lukas beginnt zu joggen« erklären. Wenn mich eine Einsicht zum Veränderungswunsch trägt, mehr Bewegung durch sportliche Betätigung in mein Leben zu bringen, dann kämpfen zwei Bilder in mir um die Gunst meiner Energie. Einerseits prägt sich mein Wunschbild eines aktiven und gesunden Menschen immer tiefer ein. Andererseits bleibt das Bild des gemütlichen und trägen Menschen mit einem Faible für die Couch, dank meines inneren Schweinehunds, ebenso stark verankert. Diese beiden einander widersprechenden Bilder bilden eine starke Polarität ab, die mich in einen Widerspruch führt. Trotz des Wissens und der Einsicht, dass mehr Bewegung gut wäre, bildet die Trägheit einen Gegenpol aus. Das Masterprinzip in diesem Fall ist das Prinzip der Polarität. Wegweisende Prinzipien sind dann alle anderen.

Überhaupt zeigt uns unsere Erfahrung mit den Prinzipien, dass gerade das Prinzip Polarität in unserer Welt besonders stark wirkt und am häufigsten auch das Masterprinzip sein wird. Wir haben das Spiel auch deshalb »Zwischen den Polen und mitten im Fluss« genannt. Der Einstieg – das Masterprinzip – wird in den allermeisten Fällen die Polarität sein. Wir beginnen mitten im Widerspruch.

Es gibt immer ein Masterprinzip

Für jeden Veränderungsprozess lässt sich aus den sechs Prinzipien jeweils ein Masterprinzip herausfiltern, das den Entscheidungs- und Veränderungsprozess besonders stark beeinflusst.

Wenn das Prinzip Polarität das Masterprinzip ist, dann beginnt der Veränderungsprozess genau mit der Herausforderung, die Polaritäten zu erkennen und schrittweise zu entschärfen. Der Einstieg in die liegende Acht ist somit klar vorgezeichnet. Es gilt, die Polaritäten zu erkunden und entlang der liegenden Acht schrittweise aufzulösen. Wir wissen, dass uns eine langfristige Lösung von Polaritäten niemals gelingen kann. Wohl aber können wir den Umgang mit der Polarität üben und die Spannungen auf dem Weg zur Lösung auf höherer Ebene mindern.

6.9 Die weiteren fünf Prinzipien

Haben Sie sich der Polarität in der liegenden Acht gestellt, dann sind die verbleibenden fünf Prinzipien durchzuspielen. Es gibt dabei keine richtige oder falsche Reihenfolge. Am besten ist es, Sie folgen Ihrer Intuition und experimentieren mit den Prinzipien. Setzen Sie einen Anfang, skizzieren Sie das Ende. Üben Sie sich in der Resonanz. Es braucht oft große Anstrengungen, um Menschen mit neuen Ideen in Resonanz zu bringen, auch in der persönlichen Entwicklung. Lassen Sie dabei nichts unversucht. Die doppelte Entscheidung begleitet Sie ebenso wie die Wiederholung auf Ihrem Weg entlang der liegenden Acht. Geben Sie Ihrem Prozess der Veränderung eine Form, bringen Sie Rhythmen in Ihr Leben und stellen Sie alte Gewohnheitsmuster konsequent infrage.

6.10 Die Prinzipien am Beispiel »Lukas joggt«

Wie nutzt Lukas alle sechs Prinzipien für seinen Veränderungserfolg? Er beginnt in der Polarität zwischen einem gesunden, sportlichen Menschen und einem Couch-Potato. Hiermit hat er sein Masterprinzip gefunden. Sein Entscheidungsprozess ist ein einfacher. Die Entscheidung, sportlich und gesund zu werden, ist in seinem Inneren bereits gefallen, bevor er das innere Spiel überhaupt begonnen hat. Das weitere Spiel dient nurmehr der Umsetzung der Entscheidung im realen Leben. Die Entscheidung soll nicht scheitern, er will das Joggen zur neuen Gewohnheit in seinem Leben machen.

Sein Entscheidungsprozess geht also von der Wunschentscheidung aus. Seinen Prozess beginnt er im Aufbau einer Geist-Herz-Resonanz in der liegenden Acht. Er freundet sich mit dem neuen Pol langsam an. Dazu hilft ihm das Prinzip Resonanz. Er kleidet sich neu ein und malt sich innere Bilder aus. Er macht auch Gebrauch vom Prinzip Anfang und Ende. Sobald er genügend Resonanz mit der Idee in sich spürt, macht er sich einen Plan. Er gestaltet den Anfang seiner Veränderung ganz genau. Er geht den Plan im Kopf durch. Wecker stellen, Trainingsanzug und Laufschuhe richten, die Laufstrecke festlegen, mit Musik die Motivation erhöhen, alles Maßnahmen, einen bewussten und guten Anfang zu setzen. Er denkt auch gleich das Ende durch. Die Dusche, der gute Kräutertee und die Belohnung, im Büro über seinen Erfolg zu berichten. Das Ende denkt er auch langfristig durch. Er hat ein ziemlich genaues Bild, wohin in das führen wird. Am Ende läuft er über die Verrazano-Narrows-Brücke. Das ist eine klare Vision und eine klare Anwendung des Prinzips Anfang und Ende.

Die beiden Prinzipien doppelte Entscheidung und Wiederholung begleiten ihn durch den gesamten Entwicklungsprozess. Täglich enthemmt er sich zur Tat. Er weiß, sein Erfolg hängt davon ab. Und er trifft laufend die Entscheidung zur guten Wiederholung. Er verbindet die Wiederholung immer mit einem Ziel. Er setzt die Laufstrecke ständig neu fest, nimmt sich immer etwas Neues vor. Er wertet seine Leistungen aus und lernt seine Grenzen kennen. Zu guter Letzt nutzt er auch das Prinzip Ordnungsmuster für seinen Erfolg. Mit ausgewählter Musik bringt er einen Rhythmus in seinen Lauf. Er wählt eine Laufstrecke aus, die ihn mit anderen Menschen in Beziehung bringt, er findet Menschen, die er anlachen kann und die zurücklachen. Er genießt die Natur, freut sich über kleine Tiere, die er täglich sieht. Er kann die Lebendigkeit, die in ihm aufsteigt, immer stärker spüren.

7.
Vorbereitung auf das innere Spiel

Haben wir zu Beginn gesagt, das innere Spiel, das »neue Spiel«, sei einfach? Nun, wenn ja, dann war es nur die halbe Wahrheit. Wir laden Sie jetzt ein, mit uns ein neues Feld zu betreten und sich in das Trainingslager einzuschreiben. Wir wissen ja, jedes Spiel hat andere Voraussetzungen und verlangt andere Fähigkeiten, um erfolgreich gespielt zu werden. Einmal ist logisches Denken gefragt, einmal die Merkfähigkeit, ein anderes Mal Geschicklichkeit und dann wieder einfach nur Schnelligkeit. Immer aber brauchen wir Glück. Das ist ein Merkmal jedes Spiels. Das Ende ist offen und es tragen meine Fähigkeiten, aber auch der Zufall zum Ausgang des Spiels bei.

Auch das innere Spiel »Zwischen den Polen und mitten im Fluss« braucht Fähigkeiten, die erlernt werden wollen. Mehr denn je zuvor fordert die Zeit von uns Entscheidungs- und Veränderungskompetenz. Es geht um ein lebendiges, flexibles Agieren in Zeiten der Ungewissheit und extrem hoher Komplexität. Die vier Spielregeln bilden dazu zunächst nur den Rahmen, aber schon die sechs Erfolgsprinzipien eröffnen ein neues Spielfeld. Die sechs Prinzipien sind strategische Grundlagen, ein Wissen, ohne das unser inneres Spiel nicht erfolgreich gespielt werden kann. Es kommt aber noch eine Vertiefung auf Sie zu. Wir werden Ihnen entlang der liegenden Acht neue Zugänge für Ihr Spiel des Lebens eröffnen und ein Spielfeld für die nachfolgenden Übungen überlassen. Dazu stellen wir in jedem Quadranten vier Grundsätze vor. Aus solchen Grundsätzen können Sie für sich persönlich Ihre Lebensauffassungen und Spielfähigkeiten entwickeln und ausformen.

Die Grundsätze werden Ihnen alle bekannt vorkommen und das soll auch so sein. Anders hingegen wird es Ihnen vielleicht mit unseren Interpretationen gehen. Das innere Spiel »Zwischen den Polen und mitten im Fluss« ist ein Spiel über Entscheidung und Veränderung. Der Schwerpunkt liegt auf Veränderung und damit auf den instabilen Phasen in Ihrem Leben, privat oder beruflich. Wir gehen also von einer alten, bekannten Interpretation für Zeiten der Stabilität über zu deutlich unbekannteren Interpretationen für Zeiten der Instabilität. Genau darauf wollen wir uns ja vorbereiten. Wenn wir spielen wie bisher, werden sich keine neuen Wege auftun. Sie finden hier eine Gegenüberstellung des alten und des neuen Spiels. Diese Grundsätze scheinen uns dazu sehr gut geeignet zu sein, diesen Unterschied verstehbar und nutzbar zu machen. Abbildung 12 gibt einen schnellen Überblick über die neuen Grundsätze des inneren Spiels entlang der vier Quadranten der liegenden Acht.

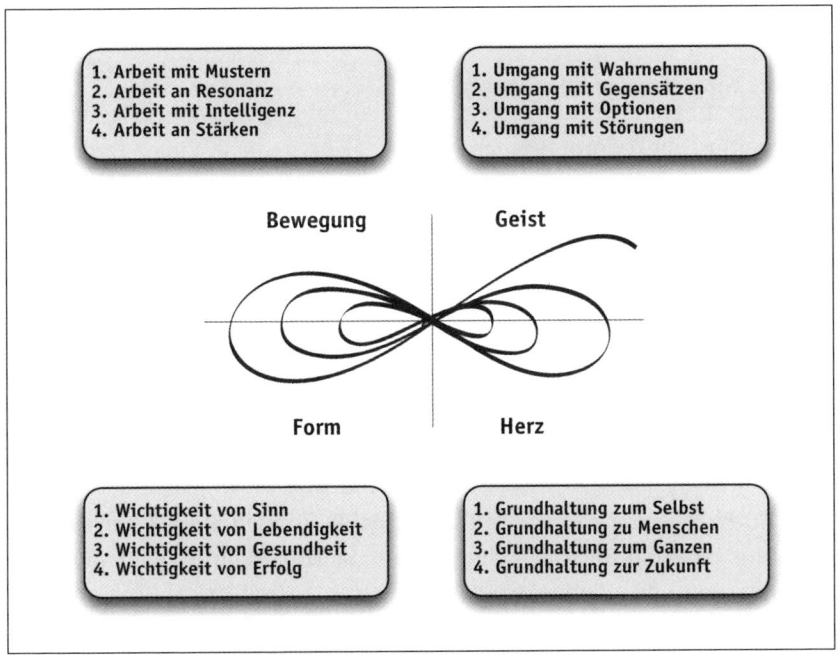

Abbildung 12: Die Grundsätze für das neue Spiel in der liegenden Acht

7.1 Das Training für Ihren Geist

Der Geist-Quadrant, der erste Quadrant entlang der liegenden Acht, also das neue Denken, eröffnet uns für das innere Spiel einen neuen Raum. Um unseren Geist zu schulen und zu trainieren, bieten sich hier sehr konkrete Ansatzpunkte an, aus denen wir unsere Lernbündel für unsere Zukunftsfähigkeit ableiten können. Was ist es, das Menschen in einer komplexen Welt der Entscheidung und Veränderung trainieren und zum Lebensgrundsatz machen sollten?

Tipp: Überdenken Sie Ihren Umgang
Den Umgang mit Wahrnehmung Den Umgang mit Gegensätzen Den Umgang mit Optionen Den Umgang mit Störungen

Gleichgültig, in welcher Phase Sie sich im Leben gerade befinden, ob es eher stabil zugeht oder ob Sie von Instabilitäten heimgesucht werden, wenn Sie diese vier Aufgaben mit ins Trainingslager nehmen, sind Sie gut beraten. Was ist mit einem neuen »Umgang mit Wahrnehmung« gemeint? Je nachdem, wie wir unsere Wahrnehmung ausrichten, konstruieren wir uns unsere Welt. Bisher war unsere Wahrnehmung sehr stark von der »Konzentration auf das Wesentliche« geprägt. Es war wichtig, aus einer Fülle von Optionen und Möglichkeiten schnell eine Auswahl zu treffen und sich auf wenige Punkte zu konzentrieren. In einer mechanistischen Weltsicht ist das gut nachvollziehbar. Die Welt aber wird immer komplexer und wir müssen damit einen neuen Umgang finden. Aus der Konzentration auf das Wesentliche wird ein neuer Grundsatz, der ebenso wichtig wird: »Das ganze Muster erfassen.« Mehr denn je ist es wichtig, Muster in der Welt zu erkennen, nach Gewohnheiten zu suchen und weniger Konzentration auf Details zu legen. Dazu gehört auch die Suche nach den eigenen blinden Flecken. Um die Komplexität der Welt nutzen zu können, brauchen wir eine erweiterte Perspektive und vor allem mehr Möglichkeiten. Wir dürfen uns nicht zu früh wieder auf wenige beschränken. Im Gegenteil, halten Sie sich viele Möglichkeiten lange im Spiel. Gute Kommunikation ist dazu der Schlüssel. Eröffnen Sie im Dialog mit anderen Menschen Bereiche der Wahrnehmung, die Ihnen bisher verschlossen blieben.

Der zweite Grundsatz »Umgang mit Gegensätzen« öffnet uns ebenso einen neuen Raum im Leben. Es ist der Raum der Widersprüche, der Konflikte und der Polaritäten. Wir müssen lernen, uns als Menschen in Widerspruchs-räumen elegant zu bewegen und uns mit Widersprüchen anzufreunden. Wir wissen es längst. Die wichtigen Probleme werfen für uns die nicht lösbaren Widersprüche auf. Sie bringen uns in Situationen, die prinzipiell nicht ent-scheidbar sind. Nie geht es also darum, die Widersprüche zu eliminieren. Viel eher sehen wir im Aussöhnen mit ihnen und im Umgang mit der Er-kenntnis, Widersprüche als fixen Teil des Lebens anzunehmen, die großen Herausforderungen. Die Ausprägung des Grundsatzes für stabile Phasen lautet dabei »Widersprüche und Konflikte moderieren«. In instabilen Zei-ten geht es aber nicht mehr um Ausgleich, sondern um die Nutzung der beiden Pole, die den Widerspruch aufspannen: »Unterschiedliche Pole als Energiequelle nutzen«, das verlangt das neue Spiel.

Der dritte Grundsatz »Umgang mit Optionen« scheint so ganz und gar nicht neu zu sein. Optionen zu erkennen und zu nutzen ist ja ein Grundpfeiler in jeder guten Entwicklung. Dennoch gibt es auch hier einen Unterschied in der konkreten Ausprägung. In den stabilen Phasen des Lebens haben wir wenige Optionen zur Verfügung. Stabilität bezahlen wir im Leben mit Optionenarmut. Das leuchtet uns ein, denn wir haben die Entscheidungen für bestimmte Optionen längst getroffen und uns – gemäß dem ersten Grundsatz – genau darauf konzentriert. Wir üben uns in der optimalen Um-setzung der wenigen Optionen, die wir haben. Wir sind Optimierer gewor-den. Unsere ganze Gesellschaft neigt mittlerweile zum Checklistendasein. Wenn wir beruflich nur eine Fremdsprache brauchen, warum sollten wir eine zweite erlernen? Ist es nicht viel zweckmäßiger, die eine zu perfektionieren? Sicher ist das so. Aber nur so lange, bis die nächste Instabilität in unser Leben kommt. Vielleicht wäre es dann besser, drei Fremdsprachen mäßig zu beherrschen und eine Ahnung von Mandarin-Hochchinesisch zu haben, als in einer Sprache perfekt zu sein. Wir wissen es eben nicht im Vorhinein, weil die Zukunft ihr Geheimnis hütet.

Vielleicht ist es die Asymmetrie unserer Welt, die durch die Zeitabläufe für uns entsteht. Wir erinnern uns lange in die Vergangenheit zurück, aber sind nur für ganz kurze Zeitspannen fähig, die Zukunft vorherzusehen. Manchmal sehen wir physisch etwas auf uns zukommen, manchmal spüren wir ein nahendes Ereignis. Das beobachten wir auch in der Natur. Wenn ein Stein im Fluss liegt, dann erkennt das Wasser den Stein erst sehr knapp bevor es auf das Hindernis auftrifft. Nach dem Stein aber bilden sich Strudel. Diese bleiben lange und über weite Strecken erkennbar. Während wir also über Generationen mit Leichtigkeit in die Vergangenheit blicken, ist die Zukunft immer eine Nebelwand, der wir uns zwar immer nähern, die aber immer im gleichen Abstand vor uns bleibt. Und im Nebel leben die Zweifel. Das aber hat auch Vorteile. Wenn wir die Dinge nicht klar sehen, erkennen wir leichter verschiedene Optionen und halten sie uns offen. Solange wir die Dinge unscharf wahrnehmen, weil sie noch nicht klar sichtbar sind, könnte sich alles Mögliche dahinter verbergen. Wir können also nicht so leicht etwas ausschließen und eine klare Entscheidung treffen. Das ist der Punkt. Genau dann aber, wenn wir nicht klar entscheiden können, sind es wahre Entscheidungen.

In instabilen Zeiten tun sich also plötzlich viele neue Optionen auf. Wir treffen auf das Optionenmeer im Nebelreich. Es ist dann nicht sinnvoll, voreilige Entscheidungen zu treffen und die Vielfalt wieder zu begrenzen. Ratsamer ist es, die Vielfalt der Optionen genießen zu lernen. Halten Sie sich die Möglichkeiten in der Schwebe. Lernen Sie das. Und hier stoßen wir wieder auf einen Zusammenhang mit den Widersprüchen. Jeder Widerspruch ist ein Tor in eine neue Welt der Optionen. Je mehr Widersprüche Sie aushalten, desto mehr Optionen stehen Ihnen zur Verfügung. Und in instabilen Zeiten kann uns nichts Besseres passieren. Instabilität macht sich durch Optionenvielfalt bezahlt. Bezahlen müssen wir mit der Währung der unlösbaren Widersprüche.

Der vierte Grundsatz im Geist-Quadranten der liegenden Acht ist der »Umgang mit Störungen«. Wie gehen wir mit Störungen eigentlich um? Wir müssen wieder unterscheiden, in welcher Phase des Lebens wir uns gerade befinden. In stabilen Phasen haben wir Gewohnheiten entwickelt, die den Umgang mit Störungen regeln. Wir blocken sie ab. Oder, noch besser, wir nehmen sie gar nicht wahr, weil unsere Filter viel zu gut funktionieren. Das ist auch gut so. Es ist aber ebenso schlecht. Wenn wir nicht mehr in der Lage sind, Störungen zu erkennen, dann können wir nicht darauf reagieren. In der wirklich stabilen Phase ist das ohne Bedeutung. Wenn wir uns im Leben aber einer instabilen Phase nähern, dann gibt es schon lange bevor uns die Krise erwischt zahlreiche Vorboten. Das Leben trägt uns die Kunde der drohenden Instabilität mit seinen leisen, vorsichtigen Boten zu. Wir nennen das die »leisen Signale«. Es wäre wichtig für unsere Zukunftsfähigkeit, diese Signale wahrzunehmen. Wir würden als Menschen nicht in so tiefe Krisen stürzen, wenn wir es wieder lernten, auf die leisen Signale zu hören. Denken wir nur an unsere eigenen privaten Beziehungen. Wie viele Warnungen unseres Partners haben wir überhört und sind dann von der ausgesprochenen Trennungsabsicht dennoch vollkommen überrascht? Das gleiche Muster finden wir im Arbeitsleben. Viele Unternehmen hätten große Schwierigkeiten verhindern können, da leise Signale des Marktes schon frühzeitig zu hören waren. Wir vergraben uns aber lieber in unsere Checklisten, analysieren die Vergangenheit und versuchen rational zu bleiben. Das ist der alte Umgang mit Störungen. Uns ablenken, auf Erfahrungen pochen, Intuition unterdrücken, noch mehr Lärm machen, Checklisten durchgehen und Kurs halten, komme, was da wolle. In instabilen Zeiten sind die Störungen freilich vollkommen anders zu interpretieren. Jede Störung dient uns vor und in einer Krise als Wegweiser und als willkommener Veränderungsimpuls. Wer schon die leisen Signale hören will, findet in der Stille eine gute Umgebung.

7.2 Das Training für eine neue Haltung

Im Herz-Quadranten der liegenden Acht finden wir die nächsten vier neuen Grundsätze. Der Herz-Quadrant ist eine der wichtigsten Quellen für Grundsätze, denn wir finden hier den Zugang zu unseren inneren Haltungen. Das innere Spiel lebt von inneren Haltungen. Im Herz-Quadranten manifestiert sich der Wunsch, uns weiterzuentwickeln und andere Menschen in ihrer Entwicklung zu unterstützen. Jeder, der andere Menschen in eine neue Zeit, in eine Phase des neuen Wirtschaftens führen will, muss die Herzgrundsätze besonders beachten.

Tipp: Arbeiten Sie an Ihrer Grundhaltung
Der Grundhaltung zum Selbst Der Grundhaltung zu Menschen Der Grundhaltung zum Ganzen Der Grundhaltung zur Zukunft

Der erste Grundsatz besagt, wir brauchen eine neue »Grundhaltung zum Selbst«. Wir können diese Grundhaltung auch mit eigenverantwortlichem Handeln umschreiben. Jedenfalls bildet hier das ganzheitliche Menschenbild eine entscheidende Grundlage. Der Mensch will als komplexes Wesen umfassend wahrgenommen und auch so behandelt werden. Da fängt man am besten bei sich selbst an. Um das zu üben, stellen wir uns eine sehr hilfreiche Frage. Was ist mein einzigartiger Zweck im Leben? Begeben Sie sich auf einen »Purpose Quest«. Eine tolle Anleitung dazu – derzeit leider nur in Englisch – bietet *The Way of Nowhere* (Udall/Turner 2008).

Wer lernt, sich als Mensch zu verlieren und wieder neu zu finden, wird mit einer anderen Grundhaltung zu sich selbst durchs Leben gehen. Aber es wird noch mehr bewirken. Es wächst dann auch eine ganzheitliche »Grundhaltung zu Menschen«. Wer ist mein Gegenüber? Wie viel von mir erkenne ich im anderen? Welche Verbundenheit nehme ich wahr? Hier kommen wir zum inneren Spiel mit den eigenen Grenzen. Zunächst müssen wir lernen, Grenzen zu setzen. Wir beginnen uns von anderen zu unterscheiden und stärken unser Ego. Später lernen wir, diese Grenzen wieder zu überwinden und die Menschheit oder die ganze Welt als Einheit wahrzunehmen. Das aber sind die spirituellen Wege der Entwicklung, die wir hier nicht weiter ausleuchten wollen. Die meisten Menschen sind in der Polaritätenwelt verwickelt und suchen nach Wegen, damit einen besseren Umgang zu finden.

Die beiden Grundsätze »Grundhaltung zum Selbst und Grundhaltung zu den Menschen« tauchen uns tief ein in die Welt der Widersprüche. Das überrascht uns längst nicht mehr. Im Arbeitsleben gibt es eine sehr praxisrelevante Ausprägung. Sie lautet: Individuum oder Gruppe. Besonders stark betroffen sind wir davon, wenn es um die Frage der Leistung geht. Wie viel Selbstverwirklichung ist gut und wo beginnt der Gemeinschaftssinn? Schaffen wir es, auf dieser Welle zu surfen, oder stürzen wir ab und bewegen uns in den Tiefen von Altruismus und Egoismus? Was wir lernen müssen, ist, eine Grundemotion des Vertrauens in uns auszubilden. Vertrauen hilft dabei, uns aus den Käfigen unserer Zwänge zu befreien.

Das ganzheitliche Denken führt uns in den Grundhaltungen noch weiter über den Menschen hinaus. Wir brauchen auch eine neue »Grundhaltung zum Ganzen«, zum System, zu den großen Systemen und zur Welt. In der konkreten Ausprägung heißt das dann: Für das Wohl aller sorgen. Gleich welche Entwicklung ich als Mensch anstrebe, ich bin nicht unabhängig von der Welt, ich bin zumindest Teil der Welt oder vielleicht bin ich sogar die Welt. Es wird mir zum Vorteil gereichen, wenn ich mich in meiner Entwicklung mit der Frage beschäftige, was dabei Gutes für die Welt herauskommen wird. In der Frage nach dem einzigartigen Zweck steckt die Welt schon drinnen. Es geht dabei weniger um mich als um meinen Beitrag für eine bessere Welt.

Aldo Leopold hat in einem berühmten Zitat die Grundhaltung zur Welt sehr einfach, aber tief gehend beschrieben:

»Examine each question in terms of what is ethically right, as well as what is economically expedient. A thing is right when it tends to preserve the integrity, stability, and beauty of the biotic community. It is wrong when it tends otherwise.«

Aldo Leopold, amerikanischer Biologe und Ökologe (Leopold 1991: 162)

Der vierte Grundsatz ergibt sich aus der Zeitdimension und dem Blick in die Zukunft. Was ist unsere »Grundhaltung zur Zukunft«? Jedenfalls ist damit verbunden, die Zukunft positiv zu besetzen, und zwar unabhängig davon, ob wir auf krisenhafte oder stabile Zeiten hoffen dürfen. Besonders dann, wenn wir Krisen erwarten, wird diese Grundhaltung zur zentralen Haltung der Menschen.

Wir können uns auf Störungen und Krisen gut vorbereiten, in dem wir unsere Widerstandsfähigkeit – auch Resilienz genannt – gezielt stärken. Die Resilienz-Forschung bietet uns klare Fähigkeiten an, die es zu entwickeln gilt (Mourlane 2012: 95). Eine solche Fähigkeit ist die Achtsamkeit: achtsam sein im Umgang mit sich selbst und mit anderen Menschen, aber auch im Umgang mit der Umwelt und letztlich mit der Zukunft. Das Training für eine neue Haltung ist auch ein Resilienz-Training.

Das gilt besonders für Menschen mit Führungsverantwortung. Wer sonst sollte die Zuversicht ausstrahlen, auch in Krisen einen guten Weg zu finden? Alle diese Grundsätze bedürfen der bewussten Auseinandersetzung und der Übung.

7.3 Das Training für das neue Tun

Im Bewegungs-Quadranten – dem dritten in der liegenden Acht – geht es um neue Grundsätze im Tun. Wir können die Grundsätze in diesem Quadranten auch Arbeitsgrundsätze nennen.

> **Tipp: Üben Sie sich in Ihrer Arbeit**
>
> Der Arbeit mit Mustern
> Der Arbeit an Resonanz
> Der Arbeit mit Intelligenz
> Der Arbeit an Stärken

Immer wichtiger wird die »Arbeit mit Mustern«. Komplexe Umwelten lassen uns keine Wahl. Der Wunsch, Details zu erfassen, wird zu schnell enttäuscht. Die Mustererkennung hingegen bietet uns Chancen, mit Komplexität umgehen zu lernen. In der konkreten Ausprägung wieder unterscheiden wir hier zwischen stabilen und instabilen Phasen. In stabilen Zeiten ist der Grundsatz einfacher zu leben. Wir müssen »erfolgreiche Muster stärken«. In instabilen Phasen hingegen ist es wichtiger, »neue Muster neugierig auszuprobieren«. Muster ist als Begriff vielfältig. Wir verwenden ihn manchmal im Sinne von Gewohnheiten oder von Verhaltensmustern. Der Begriff umfasst aber mehr Bedeutungen. Wenn wir Entwicklungen beobachten und aufzeichnen, dann können wir Änderungen im Detail erkennen, aber auch mehrfach wiederkehrende Entwicklungen, die zu Mustern werden. Es geht also um die Beobachtung von Zyklen in unserer Entwicklung. Menschen durchleben das Leben in Mustern. Wir durchlaufen Zyklen von sieben Jahren, in denen wir größere Entwicklungen durchlaufen. Auch Unternehmen entwickeln sich in erkennbaren Mustern, die sich in Zyklen darstellen lassen. Das gilt auch für die Lebenszyklen von Produkten. Ebenso lassen sich gesellschaftliche Muster erkennen, von einfachen demografischen Mustern bis hin zu Wanderbewegungen oder musterhaften kulturellen Ausprägungen, die wir später geschichtlich namentlich benennen. Die 68er-Generation hat beispielsweise ein neues Verhaltensmuster in die Welt gebracht.

Muster entstehen in komplexen Systemen durch Selbstorganisation. Die eindruckvollsten Beispiele zeigt uns die Natur mit den Vogel- oder Fischschwärmen. Plötzlich entstehen Ordnungen mitten in chaotischen Zuständen. Weil es eine Tendenz in der belebten Welt gibt, Ordnungen zu erhalten, können sich Muster über längere Zeiträume ausbilden. Unser Gehirn entscheidet sich gerne für eine Form der Wahrnehmung. Wir alle kennen die bekannten Kippbilder, die im Internet zur Verfügung stehen. Sie erkennen beim ersten Blick im Bild beispielsweise einen Saxofonspieler und dann plötzlich kippt das Bild und Sie sehen das Gesicht einer Frau. Mit diesem Effekt lässt sich einfach erklären, was wir mit dem »Arbeiten mit Mustern« meinen. Wir haben durch Gewohnheiten Muster gebildet und nehmen sie auf eine bestimmte Art wahr. Lernen Sie, Muster zu erkennen. Nehmen Sie öfters eine Position am Hochsitz des Lebens ein, um Ihre eigenen Muster und die anderer Menschen wahrzunehmen. Lernen Sie dann, Muster auch anders wahrzunehmen. Vielleicht kippt das Bild. Und lernen Sie zu guter Letzt, Muster zu ändern, indem sie neue Muster ins Spiel bringen. Das Prinzip Ordnungsmuster weist uns den Weg. Die Rhythmen des Lebens sind dazu ein guter Ansatzpunkt.

Muster entstehen dann, wenn wir Energien positiv verstärken, etwas ins Schwingen bringen oder anders ausgedrückt, Resonanzen erzeugen. Der zweite Grundsatz lautet daher auch »Arbeit an Resonanzen«. Wenn im Zusammenspiel der Menschen Resonanz auftritt, nehmen wir das als Motivationsgeist wahr. In stabilen Zeiten geht es also darum, das Zusammenspiel in Resonanz zu bringen. In instabilen Zeiten müssen die neuen Muster gestärkt werden, damit sie sich gegen alte Muster durchsetzen können. Es gilt also, Resonanzen mit neuen Mustern aufzubauen. Hier wirkt das Prinzip Resonanz hinein.

Was wäre ein Satz von Grundsätzen für das innere Spiel ohne Intelligenz? Eben. Daher kommt jetzt der Grundsatz »Arbeit mit Intelligenz«. In stabilen Phasen ist es wichtig, die Intelligenz zu nutzen und flexibel zu bleiben. In instabilen Phasen geht es um etwas anderes. In Veränderungsprozessen zählt die Intelligenz aller Menschen zum wichtigsten Kapital der Unternehmen und der Gesellschaft. Die Ausprägung für instabile Phasen lautet daher auch »die Weisheit der Vielen für die Veränderung zu nutzen«. In einer komplexen Welt kann kein einzelner Mensch mehr genügend Informationen speichern und genügend Wissen besitzen, um die Zukunftsfähigkeit zu sichern. Die Weisheit der Vielen ist zum prägenden Begriff geworden. Es gibt dafür auch noch den Begriff der »Schwarmintelligenz«. Auch wenn derzeit die Anwendung der Schwarmintelligenz in Unternehmen noch recht wenige wirklich konkrete Ansatzpunkte zeigt, so hilft sie uns doch bei der Stärkung der Mustererkennung. Und sie eröffnet uns die Perspektive, mit der gemeinsamen Intelligenz der Menschen zu arbeiten. Besonders die Zukunftsgestaltung in Unternehmen muss zunehmend auf die Weisheit der Vielen setzen. Obschon das immer mehr Zeit braucht und in Krisen gerade deshalb nicht eingesetzt wird, so ist dieser Grundsatz überlebenswichtig und lehrreich. In Krisen auf die Weisheit der Vielen aus Zeitgründen zu verzichten, ist ein altes Muster. Es gilt, ein neues Muster zu finden, das auch unter Zeitdruck die Intelligenz der Vielen nutzbar macht.

Der nächste Grundsatz fällt nun in die Kategorie »Bekanntes«. Er lautet »Arbeit an Stärken«. Wir alle wissen, kennen und versuchen das. Unsere Stärken und die Stärken anderer Menschen sind ein wertvolles Gut in einer arbeitsteiligen Gesellschaft. Meist investieren wir unser »Humankapital« in ein Unternehmen und hoffen auf eine gewinnbringende Anlage. Wenn ich mich als Mensch mit meinen Stärken und Talenten investiere – um die Sprache der Finanzwelt zu nutzen – dann erwarte ich mir reichen Ertrag. Jenes Unternehmen, das seine Ziele besserer erreicht, weil es meine Entwicklung fördert, bietet mir einen guten Nährboden. Das entbindet mich als Mensch nicht von meinen eigenen Anstrengungen um meine Entwicklung. Das Unternehmen wird mich selektiv entwickeln, für Ganzheitlichkeit muss ich selbst Sorge tragen.

In stabilen Phasen ist eine strategische Weisheit weithin bekannt. Es geht darum, vorhandene Stärken zu stärken und im Fokus zu behalten. In instabilen Phasen ändert sich die Situation grundlegend. Es beginnt ein neues Spiel. Hier stellt sich auch eine ganz andere Frage: Was verlangt die Zukunft von mir? Für welche Szenarien der Entwicklung bin ich gut aufgestellt, für welche eher nicht? Welche Optionen bieten sich mir an, meine Talente für neue Stärken zu nutzen? Was für mich gilt, gilt auch für die anderen Menschen, wenn ich in einer Führungsverantwortung stehe.

Sich in die Prinzipien und Grundsätze des inneren Spiels zu vertiefen, könnte den Weg öffnen, jene Stärken zu entwickeln, die Sie zukunftsfähiger machen. Das Spiel will Sie nämlich kompetent im Umgang mit der Komplexität des Lebens machen.

7.4 Das Training für die neue Erkenntnis

Im Form-Quadranten – dem vierten Quadranten der liegenden Acht – geht es um Erkenntnisse und somit um die Frage, was wesentlich in meinem Leben ist. Diese Grundsätze weisen also auf das zeitlos Wichtige für uns hin.

Tipp: Erarbeiten Sie Ihre Essenzen zur Wichtigkeit
Die Wichtigkeit von Sinn Die Wichtigkeit von Lebendigkeit Die Wichtigkeit von Gesundheit Die Wichtigkeit von Erfolg

Der erste Grundsatz lautet »Wichtigkeit von Sinn«. In stabilen Zeiten geht es darum, den Sinn im Heute zu finden, also um ein gutes, sinnerfülltes

Sein. In instabilen Phasen muss der Sinn erst entstehen. Der Fokus ist also darauf gerichtet, Sinn für Morgen zu schaffen. Es geht um das Werden. Und schon sind wir mitten im Widerspruch zwischen Sein und Werden.

Die Maschinenorganisationen – ein anderes Wort für Bürokratien – haben lange sehr effizient funktioniert und uns als Gesellschaft reich gemacht. Die Zukunft aber bringt den Wandel hin zum Lebendigen. Für uns Menschen wird die »Wichtigkeit von Lebendigkeit« zu einem neuen Grundsatz. Erkennbar wird Lebendigkeit an vielen Facetten. Ein typisches Merkmal ist der Rhythmus. In stabilen Phasen geht es um das Einschwingen in den vorhandenen Rhythmus und letztlich darum, im Rhythmus zu bleiben. In instabilen Phasen haben wir den alten Rhythmus bereits verloren und der neue hat sich noch nicht recht entwickelt. Es gilt also, neue Rhythmen einzustudieren. Hier ist der Zusammenhang mit dem Prinzip »Ordnungsmuster« und mit dem Grundsatz »Arbeit mit Mustern« ein sehr direkter.

Wohl weil wir uns als Menschen immer mehr ins Zentrum unserer Aufmerksamkeit rücken, kommt auch dem Thema Gesundheit eine immer größere Bedeutung zu. Die »Wichtigkeit von Gesundheit« muss zum neuen Grundsatz des Lebens werden. In stabilen Phasen ist die Gesundheit durch Sicherheit zu fördern, in instabilen Phasen erreichen wir Gesundheit, indem wir Orientierung suchen und diese anderen Menschen weitergeben.

An letzter Stelle im vierten Quadranten kommt jener Grundsatz, den Sie vielleicht zu Beginn erwartet hätten. Jetzt aber kommt er und lautet »Wichtigkeit von Erfolg«. Damit wissen wir alle umzugehen. Wenn es stabil dahinläuft, können Sie den Erfolg durch Optimierung Ihres Handelns sichern. Hier liegen die größten Stärken vieler Menschen in der heutigen Zeit. Es gibt eine große Schar der Erfolgreichen. In instabilen Zeiten aber müssen wir unseren Erfolg durch Veränderung sichern. Das wiederum fällt im Normalfall nicht in unsere heutigen Stärkenfelder.

Das innere Spiel braucht einen anderen Erfolg. Im alten Spiel war es wichtig zu siegen und im Wettbewerb gut dazustehen. Wir wissen es heute intuitiv besser. In Zukunft wird es nicht mehr um den Sieg gehen. Wie denn auch? In einer ganzheitlichen Welt hängt alles miteinander zusammen. Wenn ich einen Sieg erringe, dann ist per Definition ein anderer Mensch zum Verlieren gezwungen. Die neue Frage ist vielmehr so zu stellen: Wie kann ich meine Potenziale als Mensch bestmöglich entwickeln und zum Wohle für die Welt einsetzen?

Sie haben es in diesem Kapitel wahrscheinlich schon bemerkt. Wir sind jetzt in einem Bereich, der für Menschen mit Führungsverantwortung – wir nennen sie hier Führungskräfte – besonders relevant ist. Wir widmen ihnen daher ein eigenes Kapitel. Aber auch wenn Sie persönlich keine Führungsverantwortung zu tragen haben, könnte es interessant für Sie sein. Zum Führen gehört ja auch der Mensch, der sich führen lässt. Führen und führen lassen bedingen einander. Des Weiteren tut sich zwischen Führungskraft und Mitarbeiter ein großes Spannungsfeld auf – wir können es ganz klar sagen – es ist eine noch größere Welt der Widersprüche. Tauchen Sie mit uns gemeinsam in diese Welt ein.

8.
Spielzüge zum Führungserfolg

Wenn Sie im Arbeitsleben stehen, haben Sie immer auch mit Führung zu tun. Auch wenn Sie selbst vielleicht keine Führungsverantwortung übernommen haben, also keine Führungskraft sind, betrifft Sie dieses Thema. Es ist ein weit verbreiteter Irrglaube, ein Mensch müsse nur über bestimmte Eigenschaften verfügen und bestimmte Kompetenzen erwerben und schon könne er andere führen. Das ist zwar ein guter Anfang, aber nur die halbe Miete. Führung ist kein Problem des Individuums allein. Führung funktioniert nur im System von Führenden und Geführten. Wenn wir also über ein Führungssystem sprechen, sind Sie in beiden Rollen direkt angesprochen.

Dieses Kapitel können Sie als durchgängiges Beispiel verstehen. Wir versuchen die Spielregeln, die sechs Erfolgsprinzipien und auch die vorgestellten Grundsätze am Beispiel der Führungsarbeit durchzuspielen. Hier wird das innere Spiel zum »neuen Spiel der Führung«. Dabei wäre es ein Spielerfolg, wenn durch dieses neue Spiel mehr Ganzheitlichkeit in die Führungswelt einzöge. In letzter Konsequenz ist der Erfolg dieser neuen Führungsarbeit durch eine höhere Zukunftsfähigkeit der Unternehmen und Organisationen zu beschreiben.

8.1 Eine ganzheitliche Führungswelt

Was soll uns eine ganzheitliche Führungswelt für Vorteile bringen? Ist die Situation für Führungskräfte nicht ohnehin schon komplex genug? Wir stimmen ganz zu, die Situation ist hoch komplex und es wird noch diffuser. Sie merken das an der aktuellen Führungsliteratur. Reinhard K. Sprenger, einer der heutigen Gurus der Szene, rät zu einem »back to the roots« (Sprenger 2012). Vereinfacht könnten wir den Trend so zusammenfassen: Alles Überflüssige weglassen und auf wenige, aber wichtige Punkte der Führung konzentrieren. Damit stimmen wir überein.

Auch die Psychologisierung der Führungsarbeit, wie sie in der Trainings- und Coachingindustrie betrieben wurde, ist an einem Wendepunkt angelangt. Weniger ist dabei eher mehr, so die Devise der aktuellen Debatte. Jedenfalls finden wir uns auch hier in einem Widerspruch zwischen dem Wunsch der ganzheitlichen Führungsarbeit bei voller Selbstverantwortung der Menschen und der umsorgenden Führungsarbeit bei deren voller Bemutterung. Der Gipfel der Zumutbarkeit für Führungskräfte ist längst erreicht (Mahlmann 2012: 44). Anstelle der Obsorge und systemischer Pseudotherapie sollte ein Klima des Respekts und des Vertrauens entstehen. Wir wollen hier keine Bewertungen abgeben, sondern vielmehr das Spiel erkunden, das hier offensichtlich gespielt wird. Führung als Spiel unterliegt einem größeren Spiel und wird von diesen Spielen auf höherer Ebene geprägt. Natürlich ist Führung ein Spiel mit Widersprüchen und der Widerspruch Chef oder Therapeut ist nur einer, und wohl nicht der bedeutendste. Die wichtigsten Widersprüche aber, über die heutige Führungskräfte entscheiden müssen, werden von größeren Widersprüchen richtungsmäßig vorbestimmt. Nur wer dieses Spiel im großen Zusammenhang versteht, kann Entscheidungen treffen, die unsere Zukunftsfähigkeit erhöhen.

Zusammenhänge im großen Spiel

Die gesellschaftliche Entwicklung weist den Weg zu Ganzheitlichkeit. Daraus resultiert der Widerspruch »ganzheitlich und mechanistisch«. Dieser Widerspruch prägt heutige Führung. Zu viele mechanistische Klötze an den Beinen der Führungskräfte, die in steinerne Instrumente gehauen sind, verhindern die Entwicklung zu einem ganzheitlichen Führungszugang.

Die wirtschaftliche Entwicklung weist den Weg zur Nachhaltigkeit. Es ist ein Wirtschaften mit ökologischer Nebenwirkungsarmut und sozialem Wirkungsreichtum, ein Wirtschaften, das sich vom reinen Wachstumszwang verabschiedet hat. Steigerung und Ankunft werden zum alles bestimmenden Widerspruch der Wirtschaft. Unternehmen müssen diesen Grundwiderspruch in ihre Strategien aufnehmen und ganzheitlich verarbeiten. Es ist somit sonnenklar, Steigerung und Ankunft prägen als weiterer Grundwiderspruch die Führungsarbeit. Führungskräfte sind mit dem Rucksack der Steigerung schwer beladen. Alle Instrumente weisen den Weg des Wachstums. Obschon keiner mehr weiß, was noch wachsen sollte und die guten Ideen fehlen, wie das im großen Zusammenhang überhaupt noch funktionieren könnte, sind alle Führungszeichen klar ausgerichtet. Der Kompass der Führungskräfte steht immer noch bloß auf einfachem Wachstum. Das müssen wir aktiv verändern, weil wir sonst unter sinnlosen Schmerzen und Qualen zur Veränderung – in wirklich großem Stil – gezwungen werden. Das große Spiel kennt keine Gnade mit Spielverweigerern auf den unteren Ebenen. Das ist die Macht der natürlichen Hierarchie, die auch in Zukunft wirken wird.

8.2 Das größere Spiel in der Führungswelt

Für die Welt der Führung in Unternehmen und Organisationen lässt sich aus dem größeren Spiel und den übergeordneten Widersprüchen ein reduziertes Handlungsfeld erkennen. Im Grundmuster freilich nur – sicher nicht im Detail – lässt sich der alles entscheidende Widerspruch der heutigen Führungsarbeit mit »Effizienz und Effektivität« beschreiben. Das sind zwar beides sehr bekannte Begriffe, aber in ihrer polarisierenden Bedeutung wollen sie neu erkannt werden. Die ganze Führungswelt mit all ihren Büchern, Trainingslagern, gesammelten Aufgaben und Instrumenten ist auf Effizienz ausgerichtet. Effektivität kommt vielleicht noch in den Strategieprozessen oder in der Produktentwicklung als Frage vor, die Führungsarbeit hat sich der Effektivität aber vollkommen entledigt. Auch das muss sich ändern. Gilt doch das Spiel der Effizienz nur in stabilen Phasen der Entwicklung als hilfreich. Und in Europa, so können wir ganz ohne hellsichtige Fähigkeiten behaupten, wird in den nächsten Jahrzehnten wenig Stabilität zu spüren sein. Und im globalen Gesamtzusammenhang wird das Bild nicht viel anders sein. Global haben wir keine Steuerkrisen, sondern Zielkrisen. Wohin des Weges, wird die alles bestimmende Frage sein!

Führung braucht einen neuen Zugang zur Veränderung. Wir plädieren dafür, das ganze Führungssystem auf Veränderung – also auf instabile Phasen – neu auszurichten. Das Führungssystem steht dabei auf zwei tragenden Säulen. Es steht auf den Kompetenzen und Fähigkeiten der individuellen Menschen in Führungsverantwortung und auf den Führungsstrukturen in den Unternehmen und Organisationen. Gemeinsam bilden sie das Führungssystem.

Führungskräfte, meinen wir, sind auf einem guten Weg, wenn sie das innere Spiel »Zwischen den Polen und mitten im Fluss« als neues Spiel der Führung erlernen und zu spielen beginnen. Das Führungssystem braucht einen besonders genauen Blick. Wir wollen gemeinsam entlang der liegenden Acht – das sorgt nämlich für Ganzheitlichkeit – das Führungssystem neu skizzieren.

8.3 Das Ensemble der neuen Führungsgrundsätze

Wir können die Grundsätze des inneren Spiels, die wir bereits besprochen haben, auch als Ausgangs-Ensemble für neue Führungsgrundsätze verstehen. Führungsgrundsätze bilden das Führungsleitbild und sind somit Teil des Führungssystems. Das »train the eight«-Modell erlaubt eine bisher nicht gekannte Übersichtlichkeit in einer sehr komplexen Materie. Sehen Sie diese Führungsgrundsätze nicht in der Gesamtheit als zwingend an. Vielmehr wird es darum gehen, aus jedem Quadranten der liegenden Acht eine sinnvolle und für Ihr Unternehmen oder Ihre Organisation passende Auswahl zu treffen, ohne dabei die Ganzheitlichkeit aus den vier Quadranten zu verlieren. Jedes Unternehmen ist höchst individuell und steckt in einer einzigartigen Situation. Wie immer gibt es keine Patentrezepte. Es sind alles nur Wegweiser, um den eigenen Weg besser zu finden.

Das Ausgangs-Ensemble für neue Führungsgrundsätze

Umgang mit Wahrnehmung, mit Gegensätzen, mit Optionen und mit Störungen
(1. Quadrant)

Grundhaltung zum Selbst, zu Menschen, zum Ganzen und zur Zukunft
(2. Quadrant)

Arbeit mit Mustern, an Resonanz, mit Intelligenz und an Stärken
(3. Quadrant)

Wichtigkeit von Sinn, von Lebendigkeit, von Gesundheit und von Erfolg
(4. Quadrant)

Daraus kann sich nach eingehender Beschäftigung im Führungsteam ein auf das individuelle Unternehmen zugeschnittenes Ensemble an Führungsgrundsätzen ergeben. Beispielsweise könnten die Führungsgrundsätze so formuliert werden:

- Wahrnehmung schärfen
- Optionen erkennen
- Eigenverantwortung stärken
- Vertrauen aufbauen
- Resonanz erzeugen
- Intelligenz vernetzen
- Lebendigkeit fördern
- Erfolg sichern

Der Abschluss ist besonders wichtig. Der Zweck der Führung ist es, zu gemeinsamen Erfolgen zu kommen. Auch wenn wir Erfolg in Zukunft umfassender definieren müssen als auf rein finanzieller Basis, so bleibt doch der Zweck der Führung der gleiche.

Entlang der vier Quadranten der liegenden Acht können wir nach den Führungsgrundsätzen nun schrittweise das neue Führungssystem komplettieren. Die Grundsätze geben den Rahmen für die neuen Führungskompetenzen, die Aufgaben und die Instrumente vor. Wir gehen mit folgender Systematik durch die vier Quadranten der liegenden Acht. Der Satz an Führungsgrundsätzen (in den folgenden Abbildungen mit FGS angekürzt) im jeweiligen Quadranten bildet den Überbau. Darunter folgen dann logisch die neuen Kompetenzen, die Führungskräfte erlernen müssen, und die Instrumente, die es zu erkunden gilt. Zum Abschluss folgen die konkreten Führungsaufgaben, die als Herausforderung zu meistern sind, und ein paar abschließende Gedanken, die das große Bild zusammenfassen.

Während der jeweilige Satz an Grundsätzen invariant über den beiden Phasen »stabil« und »instabil« steht, unterscheiden wir bei den Kompetenzen, Instrumenten und Aufgaben nach den zwei Phasen stabil und instabil. Es entsteht ein umfassendes Bild eines ganzheitlichen Führungssystems, dem wir uns nun Schritt für Schritt nähern.

Führungssystem zur Schärfung des Geistes

Im ersten Quadranten der liegenden Acht können wir das neue Führungssystem nun ausformulieren.

1. Quadrant: GEIST – neues Denken		
FGS: Umgang mit Wahrnehmung, Gegensätzen, Optionen und mit Störungen		
	Stabile Phasen	Instabile Phasen
Kompetenzen	Motivation halten (für das Bekannte)	Begeisterung entfachen (für das Unbekannte)
Instrumente	Ziele und Zielsysteme (konkret ausformuliert)	Attraktive Zukunftsbilder, Visionen, Szenarien
Aufgaben	Entwicklung von klaren Zielen und Erarbeitung eines Zielsystems mit Kennzahlen	Entwicklung einer gemeinsamen Vision (Visionsklausur), Beschäftigung mit Zukunft
Zusammenhänge	Konzentration auf das Wesentliche, Widersprüche moderieren, aus der Vielfalt an Optionen sich für wenige entscheiden und Störungen ausgleichen, das System beruhigen. ⇨ Klarheit ⇨ Ziele	Das ganze System und seine Muster erfassen, »blinde Flecken aufspüren«, unterschiedliche Pole als Energie wahrnehmen, Vielfalt fördern und Begeisterung für das Neue erzeugen, Störungen als positiven Impuls wahrnehmen. ⇨ Chancen ⇨ Zukunftsbilder

Abbildung 13: Das neue Führungssystem im Quadranten GEIST – neues Denken

Bei den Kompetenzen greifen wir jeweils eine Option heraus, die aus unserer Sicht besonders relevant ist. Bei Ihren Überlegungen im Team wird es hier abweichende Ergebnisse geben. Das ist nicht auszuschließen, sondern vielmehr anzunehmen. Unser Vorschlag soll als Autorenvorschlag, der sich beispielhaft aus der eigenen Arbeit in Beratung und Management ergibt, an dieser Stelle aufgefasst werden. Mit dieser Wahl ergibt sich über die vier Quadranten jedenfalls ein schlüssiges Gesamtbild.

Change-Kompetenz für Führungskräfte

Als wichtigste neue Wandelkompetenz scheint folgende alle anderen zu übertreffen: »Begeisterung entfachen«. Menschen, die andere Menschen begeistern können, sind ein Segen für jede Organisation.

Führungskräfte, die es schaffen, Mitarbeiter für das Neue, noch Unbekannte zu gewinnen und Freude für Veränderung aufkeimen zu lassen, sind in Euro oder Dollar nicht zu bezahlen. Sie leisten einen Beitrag zu einer besseren Welt. Im praktischen Führungsalltag liegt ein möglicher und häufig gewählter Zugang dazu in der gemeinsamen Ausgestaltung attraktiver Zukunftsbilder. Das ist die Aufgabe, die ansteht. Die Visionsklausur ist ein gutes Instrument, mit dem sich aus unserer Erfahrung gute Ergebnisse erzielen lassen. Darunter verstehen wir ein ausgiebiges, gemeinsames Arbeiten im Führungsteam. Die Frage nach dem einzigartigen Zweck – also der bereits erwähnte Purpose Quest – ist ein guter, wenn auch schwieriger Anfang.

Führungssystem zur Schärfung der Haltungen

Vielleicht ist die neue Haltung vor allem durch eine neue Verantwortlichkeit charakterisiert. Eine Kultur, die Menschen in die Verantwortung für sich selbst, für andere, für das Ganze und für die Zukunft bringt, ist das Nonplusultra in der Debatte um eine zukunftsfähige Unternehmenskultur. Ganz so wie es Roger Connors und Tom Smith in *Change the Culture, Change the Game* darstellen, ohne Verantwortlichkeit geht nichts und mit Verantwortlichkeit geht alles (Connors/Smith 2011).

	2. Quadrant: HERZ – neue Haltung	
FGS: Grundhaltungen zum Selbst, zu Menschen, zum Ganzen und zur Zukunft		
	Stabile Phasen	**Instabile Phasen**
Kompetenzen	Die Menschen fördern und entwickeln (erfolgreich machen)	Menschen und Beziehungen emotionalisieren, mit Herz aufladen, in Resonanz bringen
Instrumente	Mitarbeiter(innen)-Gespräch (MAG), Feedback, Leistungsbeurteilung	Instrumente der interaktiven Führung, Coaching
Aufgaben	Menschen für ihre Aufgaben stärken und entwickeln	Gelingende Beziehungen initiieren und aufbauen
Zusammenhänge	Grundhaltung zum Menschen ist durch Vertrauen in den anderen geprägt; zur Eigenverantwortung führen, sich für das Wohl des anderen einsetzen und gemeinsam die Zukunft gestalten.	Kooperation statt Kampf als Grundhaltung, Vertrauen in die Menschen und in die gute Zukunft, für das Wohl des ganzen Systems sorgen und den eigenen Beitrag erkennen. Die ganzheitliche Verbundenheit spüren.

Abbildung 14: Das neue Führungssystem im Quadranten HERZ – neue Haltung

Nach unserer Meinung ist eine Grundbasis an Respekt und Vertrauen die wichtigste Basis der Führung. Menschen wollen in gelingenden Beziehungen zueinander stehen und Teil einer Gemeinschaft sein. Das ist nach der heutigen Neurobiologie ein evolutionäres Grundbedürfnis der Menschen (Bauer 2006). Alles Gerede um Motivation, wie schlau es auch immer sein mag, verstummt vor dieser einfachen Weisheit. Motivation oder Verantwortlichkeit ist langfristig undenkbar, wenn die Menschen nicht in emotionaler Beziehung stehen. Das Prinzip Resonanz regiert die Domäne der

Motivation und der Verantwortlichkeit. Für kaum einen anderen Begriff gilt die Feststellung, es sei schon viel geredet, aber noch wenig Wesentliches gesagt worden, besser als für Motivation.

Change-Kompetenz für Führungskräfte

Menschen und Beziehungen emotionalisieren, mit Herz aufladen und in Resonanz bringen. Das gelingt am besten durch gutes Fragen. Wieder gilt: Menschen, die wirklich gute Fragen stellen können, sind ein Segen für jede Organisation.

Das Coaching ist ein Zugang, den wir dabei herausgreifen wollen. Wenn Führungskräfte es gelernt haben, wirklich gute Fragen zu stellen, so bewirken sie Reflexion, stellen Beziehungen her, bringen die Bedeutung des Ganzen ins Spiel und holen die Zukunft in die Gegenwart des Handelns. Mit diesem Instrument, das als klassisches Element in fast jedem Führungstraining gilt, wird die Kernaufgabe in Zeiten des Wandels, nämlich gelingende Beziehungen herzustellen und das soziale Kapital der Gruppe zu erhöhen, ausreichend gut abgedeckt. Unter Sozialkapital versteht man laut einer OECD-Definition ein Produkt aus Bindungen und Beziehungen, Normen und Vertrauen innerhalb einer Gruppe oder Gesellschaft. Es gilt die Gleichung

Sozialkapital = Beziehungen × Vertrauen × Regeln

Nichts anderes bietet unser »inneres Spiel« für Führende. Die Anwendung der Regeln des inneren Spiels und der Aufbau entsprechender Beziehungen und entsprechenden Vertrauens ist somit nichts anderes als der Aufbau von Sozialkapital durch die Führungskraft.

Führungssystem zur Schärfung des Tuns

Erst durch unser Tun erzeugen wir Wirkung. Der Erfolg der Führungsarbeit wird im neuen Denken und in der neuen Haltung auf eine gute Basis gestellt. Im Tun aber erst entscheiden wir über den wahren Erfolg. Unser Tun muss einen Unterschied machen. Irgendetwas will anders getan werden als bisher. Ein neues Spiel wartet auf seine Geburt im Arbeitsleben mitten in der Routinearena. Hier liegt auch jenes Spielfeld, wo wir durch neue Aktivitäten überzeugen und überraschen können. Neue Ideen sind gut, aber reichen nicht aus. Ein neues Tun hingegen erhält alle Aufmerksamkeit der Welt. Wann haben Sie das letzte Mal etwas zum ersten Mal getan? Meist ist das lange her. Dabei ist das Spielfeld des neuen Tuns eine Domäne der Führungsarbeit. Jede Führungskraft kann häufig etwas zum ersten Mal tun und Mitarbeiter in kreativer Spannung halten.

Im Raum der Instrumente scheint uns der Dialograum der geeignetste zu sein, dem neuen Tun – ganz im Sinne neuer Muster – eine Chance zu geben. In der Kommunikation öffnet sich ein spannendes Universum für die Führungsarbeit, dessen Weiten kaum erahnt, geschweige denn genutzt werden. Der Dialog nach David Bohm sei hier erwähnt. Erstens, weil wir damit beste Erfahrungen gemacht haben, und zweitens, weil er Symbol der ganzheitlichen Kommunikation geworden ist. Im Dialog geht es darum, das kollektive Denken zu entwickeln (Bohm 2002). Der gemeinsam geteilte Gedankenraum wird schrittweise erhöht. Wie fast immer in Kommunikationen, in denen es um etwas Wichtiges geht, sitzen die Menschen im Sesselkreis. Selten hat die Welt ihre ganzheitliche Kraft in anderen Formen so stark zum Ausdruck gebracht wie im Kreis.

3. Quadrant: BEWEGUNG – neues Tun

FGS: Arbeit mit Muster, an Resonanz, mit Intelligenz und an Stärken

	Stabile Phasen	Instabile Phasen
Kompetenzen	Bekannte Muster optimieren und weiter entwickeln	Bekannte Muster verändern, neue Muster ausprobieren
Instrumente	Projektmanagement und Teamentwicklung, Aufgabenbeschreibungen	Dialog-Formen, lebendige Formen der Kommunikation (vom Dialog bis zum World Café)
Aufgaben	Arbeitsumfelder und Teams organisieren, Projektarbeit initiieren und optimieren	Die Intelligenz und das Wissen der Vielen vernetzen; Menschen und Teams in Kommunikation bringen (»Spirit«)
Zusammenhänge	Erfolgreiche Muster stärken, das Zusammenspiel der Menschen optimieren, Flexibilität erhalten und vorhandene Stärken ausbauen.	Neue Muster neugierig ausprobieren, Resonanzen zwischen Menschen und Teams aufbauen, Energien spüren, Neues erkennen und neue Stärken entwickeln.

Abbildung 15: Das neue Führungssystem im Quadranten BEWEGUNG – neues Tun

Change-Kompetenz für Führungskräfte

Bekannte Muster verändern, neue Muster ausprobieren. Das gelingt am einfachsten in neuen Mustern der Kommunikation. Der Dialog ist eine Belebung für jede Organisation.

Die Palette an kreativen Kommunikationsformen, die heute den Führungskräften angeboten wird, ist gut bestückt. Dabei geht es immer darum, die betroffenen Menschen zu Beteiligten zu machen und deren Intelligenz zu nutzen. Dazu müssen viele Menschen, einmal dreißig und ein andermal vielleicht dreihundert oder mehr, in eine intensive Kommunikation gebracht werden. Das ist leicht gesagt. Wir müssen schon einen tieferen Blick in die Methoden der Großgruppenarbeit wagen, um fündig zu werden. Dort tauchen sie auf, die World Cafés, die Zukunfts- oder Open Space Konferenzen, die Real-Time-Strategic-Change-Methoden (RTSC-Metoden) und noch viele andere mehr (Bonsen 2010). Überall hier sind wir auf der Suche nach der Weisheit der Vielen (Wisdom of Crowds), ein Begriff den James Surowiecki geprägt hat. Keine Führungsperson verfügt alleine über die ganze Weisheit. Die Intelligenz einer Person ist notwendigerweise immer begrenzt und einseitig. Es wird zur wichtigen Führungsaufgabe, die Intelligenz der Vielen für die Zukunftsfähigkeit von Unternehmen sinnvoll zu nutzen.

Führungssystem zur Schärfung der Erkenntnisse

Alles, was wir tun, braucht unsere Aufmerksamkeit. Jedes Tun bei fehlender Aufmerksamkeit ist sinnlos und nur Zeitvertreib gelangweilter Menschen. Aufmerksamkeit lenkt Energie, also braucht das Tun Aufmerksamkeit, damit wir wirkungsvoll werden. Und unsere Aufmerksamkeit führt uns direkt in den Raum der Erkenntnis. Was hat sich bewährt, was will verstärkt, was will wiederholt werden? Was hat sich leider nicht bewährt und muss bewusst in Zukunft vermieden werden?

In den instabilen Phasen geht es darum, die neuen und sich bewährenden Muster zu erkennen und zu prägen. Prägung heißt Auswahl und Wiederholung. Dazu ist das Instrument der Beobachtung zweiter Ordnung, das uns die Kybernetik offenbart, bestens zu empfehlen. Beobachtung zweiter Ordnung ist die Beobachtung der Beobachtung. Genau genommen, sind Sie – verehrte Leserinnen und Leser – eben in einem Prozess der Beobachtung zweiter Ordnung. Sie verfolgen und beobachten quasi jene Beobachtungen, die wir als Autoren gemacht und in diesem Buch niedergeschrieben haben. Niklas Luhmann hat in diesem Zusammenhang angeregt, die Fragestellungen zu verändern. Die uns vertrauten Was-Fragen sollten durch Wie-Fragen ersetzt werden. Ein Beispiel. Als Führungskraft sind Sie einem Fehler auf der Spur. Ihre Frage lautet daher: Was hat der Fehler bewirkt? Er hat uns viel Geld gekostet. Die bessere Fragestellung ist aber folgende: Wie konnte der Fehler das bewirken? Eine solche Frage entemotionalisiert die Situation und schafft mehr Distanz für einen quasi wissenschaftlicheren Blick auf die Dinge. Damit wird eine Wechselwirkung der Beobachter leichter möglich (Luhmann 2000).

Als Instrument in der Arbeit mit Menschen wollen wir noch die »Iteration« hervorheben. Darauf kommen wir noch zurück. Aber die Iteration – die Lösung in kleinen Schritten mit Feedback – überstrahlt alle anderen Instrumente um Tausende Lux.

4. Quadrant: FORM – neue Erkenntnis		
FGS: Wichtigkeit von Sinn, von Lebendigkeit, von Gesundheit und von Erfolg		
	Stabile Phasen	Instabile Phasen
Kompetenzen	Bekannte Muster evaluieren, Organisation und Struktur	Selbstorganisation zulassen, neue Muster prägen
Instrumente	Evaluierung, Ergebnis-kontrolle, Benchmarking, Leistungsbeurteilung	Kybernetische, lebensfähige Organisation, Beobachtung 2. Ordnung, Iteration und Dialog als Lösungsansatz
Aufgaben	Das System beobachten und evaluieren (WAS), Strukturen durch Wiederholung sichern	Unterschiede transparent und Veränderungen sichtbar machen, Beobachtung der Beobachtungssysteme (WIE)
Zusammenhänge	Erfolgreiche Muster stärken, das Zusammenspiel der Menschen optimieren, Flexibilität erhalten und vorhandene Stärken ausbauen.	Sinn im Werden erkennen, sich auf neue Rhythmen und Spielarten einlassen, Erfolg durch Meisterschaft in der Veränderung sicherstellen, Gesundheit durch Orientierung.

Abbildung 16: Das neue Führungssystem im Quadranten FORM – neue Erkenntnis

Die eigentlich wichtige Aufgabe in Veränderungsprozessen, die Führungskräfte wahrnehmen müssen, ist es, Unterschiede erlebbar zu machen. Was hat sich verändert? Welche Erfolge haben wir schon erzielt und was ist heute bereits anders geworden?

Change-Kompetenz für Führungskräfte

Die neue Kompetenz liegt im Verständnis und im Zulassen der Selbstorganisation. Aus Selbstorganisation können neue Muster – neue Verhaltensmuster oder neue Ablaufmuster – entstehen. Diese neuen Muster müssen wir prägen, also wiederholen und vor frühzeitiger Auslöschung bewahren.

Wir haben ein neues Führungssystem skizziert, wenn auch im Eiltempo und in der gebotenen Kürze, und vor uns ausgebreitet, das nun den Dialog braucht. Unschwer erkennen wir die Polaritäten im Führungssystem. Wir könnten sagen, die neuen Führungsgrundsätze sind eine Art Synthese, die sinngemäß die polaren Kräfte verbinden kann. Die Kompetenzen, Instrumente und Aufgaben aber bilden Pole ab, die uns mit Widersprüchen in der täglichen Führungsarbeit versorgen. Sie mögen vielleicht einwenden: Die Widersprüche sind leicht handhabbar, weil die Phasen ja zeitlich getrennt ablaufen. Das stimmt einerseits, aber schon die Frage, in welcher Phase Sie sich in Ihrem Unternehmen derzeit befinden, ist einen Dialog wert. Nur selten werden Sie schnell zu einer gemeinsamen Sicht der Dinge kommen.

8.4 Die sechs Erfolgsprinzipien für die Führung

Die sechs Prinzipien des Spiels »Zwischen den Polen und mitten im Fluss« können sehr einfach auf die Führungswelt übertragen werden. Für das Führungssystem leiten sie uns den Weg zu einer neuen Werthaltung, die Führung auszeichnen soll. Werte sind für Führungskräfte hierzulande sehr wichtig. In Umfragen schreiben über 90 Prozent der Führungskräfte den Werten einen sehr hohen oder eher hohen Stellenwert zu und gute

40 Prozent sehen in Werten eine Art der Identitäts- und Sinnstiftung für das Unternehmen (Hernstein 2011). Die Werte beeinflussen die Entscheidungen, sie regeln den Umgang miteinander, auch mit den Kunden und sie sind eine Art virtuelles Vorbild für das Verhalten, besonders für Führungskräfte. Werte sind ein heißes Thema und für die vielen Unternehmen wurde ein »code of conduct« entwickelt und auf Webseiten publiziert. Dieser Verhaltenskodex ist meist eine Sammlung von gewünschten Verhaltensweisen. Bekanntlich zählen Werte zum normativen Management, das all das regelt, was immer passieren und gelten soll. Im Normalfall regeln die Werte das Verhalten, aber Ausnahmen bestimmen die Regel. Werte brauchen also Gelassenheit im Umgang, sie fordern eine Polarität. Einerseits braucht es Strenge bei der Einhaltung der Werte, Verstöße müssen geahndet werden, sonst bringen Werte nichts. Andererseits braucht es klare Hinterausgänge, eben die Ausnahmen, unter denen Werte verletzt werden dürfen oder auch müssen. Werte können immer nur den Normalfall regeln. In Ausnahmesituationen braucht es einen Plan B. Natürlich gibt es dazu auch ganz andere Meinungen. Der dogmatische Zugang zu Werten, die ausnahmslos und immer rigoros zu gelten haben, ist auch weit verbreitet.

Wertearbeit in Unternehmen

Die Arbeit mit Werten in Unternehmen braucht ein sehr umfassendes Verständnis. Wertekataloge nach dem Motto »Schön wäre es, wenn wir uns so verhielten« führen kaum zu einer positiven Veränderung. Meist ist das Gegenteil der Fall. Die Gründe dafür sind vielfältig. Ein Muster, das immer wieder zu beobachten ist, könnten wir »Wertewunschlisten« nennen. In einem Organisationsentwicklungsprojekt werden Menschen eingeladen, beispielsweise in Konferenzen mit großen Gruppen, über die Werte der Zukunft nachzudenken. Das Ergebnis sind dann Wertelisten mit genau jenen Werten, deren negative Gegenpole derzeit gelebt werden. Wenn also wenig Offenheit im Unternehmen zu spüren ist, dann wird vermutlich »Offenheit« auf der Werteliste stehen. Das gilt in gleicher Weise für »Wertschätzung«

oder für »Innovation«. Diese Werte bilden die derzeitige Defizitsituation im Unternehmen ab und sind daher eine reine Wertewunschliste.

Ein anderes Muster in Werteprojekten können wir als »Werte-Status-quo« bezeichnen. In diesem Spiel werden die Werte, die derzeit das Unternehmen prägen, aufgeschrieben. Hier finden sich dann Werte wie »familiengeführt«, »Qualität« oder »Tradition«.

Und kurz noch ein drittes Muster, das wir »Werte des Managements« nennen können. In diesem Spiel gibt das Management die Werte vor. In diesen Katalogen finden sich dann die strategischen Defizite des Unternehmens. Werte wir »kundennah«, »flexibel«, »teamorientiert« oder »begeisterungsfähig« sind die typischen Vertreter. Mit diesen Spielen werden wir in Unternehmen keine gute Entwicklung einleiten. Die Wertelisten bleiben was sie sind, einfach nur Worte auf Listen, für die niemand Verantwortung übernimmt. In Unternehmen werden positive Veränderungsprozesse kaum über Wertekataloge initiiert.

Werte bringen Polarität

Sobald wir mit Werten arbeiten und solche in Unternehmen einsetzen, müssen wir uns der Polarität bewusst werden. Jeder Wert hat einen Schwesternwert, das gilt besonders, wenn wir auf der Ebene der Tugenden agieren. Auf dieses polare Wechselspiel der Werte hat uns Schulz von Thun aufmerksam gemacht (Schulz von Thun 1990). Hierzu gleich ein Beispiel. Wenn Konsequenz (im Sinne von Wirkung) zu einem wichtigen Wert im Unternehmen gemacht wird, dann wird der positive Gegenwert Flexibilität auf das Abstellgleis gestellt. Konsequenz und Flexibilität bilden aber ein polares Wertepaar. Konsequenz ist ohne Flexibilität nicht »wertvoll« und umgekehrt. Für eine bestimmte Zeit kann mehr Konsequenz gefordert werden, aber langfristig können diese Werte nur als Pol-Paar verstanden werden.

Ein guter Zugang wäre eine Formulierung: »Wir sind so konsequent wie notwendig und so flexibel wie möglich.« Setzen wir im Unternehmen nur auf einen der beiden Werte, so ist die Konsequenz meist eine negative. Aus der geforderten Konsequenz wird Dogmatismus. Wird Flexibilität zum Wert erklärt, endet das Spiel meist in Beliebigkeit. Wir dürfen die Polarität der Werte im Unternehmen nicht verlieren. Werte müssen Spannungsfelder aufspannen und die Menschen zwischen die Pole bringen. Nur dann hören wir das Plätschern des Eintauchens in den Fluss der Veränderung.

Natürlich gibt es sinnvolle Werte für Unternehmen, die einfach so für sich alleine stehen können. Beispielsweise ist »energiebewusst« oder »umwelt-bewusst« eine mehr als sinnvolle Ausrichtung für ein Unternehmen. Der Gegenpol wirkt in diesen Fällen nicht positiv, sondern destruktiv. Solche Werte dienen der zukunftsfähigen Ausrichtung eines Unternehmens. Das gilt in ähnlicher Form für die soziale und gesellschaftliche Ausrichtung, wie sie im CSR-Konzept (CSR = Corporate Social Responsibility) gefordert wird. Bei all diesen Werten muss klar kommuniziert werden, wo die Grenzen liegen und welche Ausnahmen in krisenhaften Situationen möglich sind. Mit einer dogmatischen Grundhaltung können auch diese Werte zu negativen Konsequenzen in Unternehmen führen.

Nicht unerwähnt sollen natürlich Werte bleiben, die das unternehmerische Handeln sinngemäß beschreiben. Welches Unternehmen möchte nicht eine gewisse Leistungsorientierung spürbar machen oder als verlässlicher Partner gelten? Solche Werte können aus unserer Sicht ebenso ohne Gegenpol eingespielt werden. Wie sollten diese jemals schaden?

Wertepaare mit polarer, widersprüchlicher Wirkung

Veränderung und Kontinuität

Innovation und Qualität

Konsequenz und Flexibilität

Wettbewerbsfähigkeit und soziale Verantwortung

Umweltorientierung und Gewinnorientierung

Shareholderorientierung und Stakeholderorientierung

Harmonie und Konfliktfreude

Ordnung und Freiheit

Hierarchie und Selbstorganisation

Managementsystem und Selbstverantwortung

Individuelle Entwicklung und Teamorientierung

Konkurrenz und Kooperation

Wertehaltungen und Prinzipien

Die sechs Erfolgsprinzipien für das innere Spiel führen uns auch in Richtung Wertehaltungen. Ein Erfolgsprinzip zu akzeptieren und zu leben, führt uns zu einer kompatiblen Grundhaltung. Wir können in der Führungsarbeit sachlich alles richtig machen, aber mit den falschen Grundhaltungen dennoch nur Leid erzeugen und Schaden anrichten. Für uns steht eine Grundhaltung in der Führungsarbeit über allen anderen: Es ist die Würde und Achtung des Menschen. Alle Aktivitäten und alle Interventionen in der Führungsarbeit müssen von der Grundhaltung der Würde und Achtung durchströmt werden. Achtung vor sich selbst und Achtung vor dem anderen Menschen sind der Anfang einer schöpferischen Führungskraft, die dann zu wirken beginnen kann. Was auch immer geschehen mag, welche Fehler, welche Fehlgriffe – die Würde des Menschen müssen wir achten und schützen.

Prinzip	Grundhaltung der Führungskraft	Grundhaltung der Mitarbeiter(innen)
Anfang (und Ende)	**Mut:** Der Anfang jeder Veränderung ist ein erster Schritt in ein unbekanntes Land. Dieser Schritt braucht Mut.	**Vertrauen:** Menschen müssen am Anfang der Führungskraft Vertrauen schenken und den ersten Schritt mitgehen.
Polarität	**Respekt:** Wenn sich die Polaritäten zeigen, braucht es Respekt vor dem anderen, vor anderen Meinungen, vor anderen Ansichten, vor dem »Anderssein«.	**Respekt:** Respekt ist wechselseitig notwendig und muss von beiden Seiten aufgebracht werden, vom Geführten und vom Führenden.
Resonanz	**Freude:** Jede Führungskraft braucht eine positive Grundhaltung. Es geht darum, mit Freude die Führungsaufgaben wahrzunehmen und durch die Veränderung zu führen.	**Bereitwilligkeit:** Menschen müssen den inneren Widerstand überwinden und zur Bereitwilligkeit finden. Durch Resonanz kann in der Folge auch Freude und manchmal sogar Begeisterung aufkeimen.
Doppelte Entscheidung	**Vertrauen:** Die erste Entscheidung folgt aus dem Herzen: Als Führungskraft vertraue ich auf den Menschen, den ich zu führen habe.	**Mut:** Die erste Entscheidung folgt aus dem Herzen: Als Mensch bringe ich den Mut auf, den Weg zu beginnen und entscheide mich dafür.
	Konzentration: Die zweite Entscheidung folgt aus der Erkenntnis: die Ergebnisse stimmen. Ich konzentriere mich auf unsere Erfolge.	**Konzentration:** Die zweite Entscheidung folgt aus der Erkenntnis: die Ergebnisse stimmen. Ich konzentriere mich auf meine und unsere Erfolge.

Prinzip	Grundhaltung der Führungskraft	Grundhaltung der Mitarbeiter(innen)
Wiederholung	**Beharrlichkeit:** Nur mit Konsequenz und Beharrlichkeit gibt es Entwicklung und Veränderung. Übung und Wiederholung zeigen den Weg und führen letztlich zum Erfolg.	**Beharrlichkeit:** Der Erfolg der Führungsarbeit braucht Beharrlichkeit auf beiden Seiten. Nur durch Übung neuer Muster gelingt die Veränderung.
Ordnungsmuster	**Lebendigkeit:** Nahe am Selbst, nahe am Menschen sein, sich öffnen, Vielfalt und Freiraum schaffen, Ressourcen bieten, lernen lassen und das Zusammenspiel fördern.	**Lebendigkeit:** Das lebendige Zusammenspiel annehmen, sich darauf einlassen, Freiräume nutzen, Ressourcen sinnvoll einsetzen und voneinander lernen.

Abbildung 17: Erfolgsprinzipien und Grundhaltungen in der Führungsarbeit

Hier nun eine Zusammenschau der Prinzipien und Grundhaltungen für die Führungsarbeit. Führen besteht immer aus führen und geführt werden. Diese Grundhaltungen braucht es daher auch immer auf beiden Seiten, bei der Führungskraft und beim Mitarbeiter.

In allen Veränderungsprozessen folgt die Energie der Aufmerksamkeit. Das, worauf wir uns konzentrieren, nimmt zu. Dieses schamanische Prinzip wurde in die moderne Psychologie übernommen und zu einem Leitsatz der systemischen Beratungsarbeit. Wir können den sechs Prinzipien »Muster der Aufmerksamkeit« und »Muster der Energie« zuordnen und miteinander sinnvoll verbinden. Hinter jedem Prinzip liegt auch eine Wissensdomäne der modernen Wissenschaft verborgen, die wir – mit einiger Unschärfe – auch zuordnen wollen. Es geht uns dabei darum, einen sinnvollen Zusammenhang herzustellen, der Ihnen helfen soll, Muster zu erkennen.

Prinzip	Grundhaltungen	Aufmerksamkeitsmuster	Energiemuster	Domäne
Anfang (und Ende)	Mut	Ganzheitlich wahrnehmen, was ist und was sein soll	Anfangsimpuls geben	Komplexität
Polarität	Respekt	Spannungen spüren und zulassen	Spannung aufbauen »zwischen den Polen«	Dualität
Resonanz	Freude	Wahrnehmen, was wirkt und die Dinge in ein neues Zusammenspiel kommen lassen	Schwache Energien verstärken	Selbst-organisation
Doppelte Entscheidung	Vertrauen und Konzentration	Der eigenen Intuition vertrauen und sich in der Reflexion üben	Steuerimpulse geben	Kybernetik
Wiederholung	Beharrlichkeit	Fortschritte durch Übung erkennen und Rhythmik wirken lassen	Steten Fluss ermöglichen »mitten im Fluss«	Lernen
Ordnungs-muster	Lebendigkeit	Aus Bewegungen heraus neue Muster erkennen (Schwarm-intelligenz wirken lassen)	Effektivität der Energie-versorgung	Ganzheitlichkeit

Abbildung 18: Prinzipien, Grundhaltungen, Muster der Aufmerksamkeit, Muster der Energie und wissenschaftliche Domäne – eine Zusammenschau

Das Prinzip Anfang und Ende für die Führungsarbeit

Das Prinzip Anfang und Ende braucht Mut als Grundhaltung der Führungskraft. Wir beginnen die Veränderung durch einen ersten, mutigen Schritt in ein unbekanntes Land. Es ist ein Erobern und somit auch ein marsisches Prinzip des Kampfes. Welcher Zauber dem Anfang aber zu dieser Zeit seine Kraft verleiht, müssen wir ganzheitlich wahrnehmen. Es ist ein Hineinspüren in das Jetzt, in die Gegenwart, ein Erkennen der Zeichen der Zeit. Und es ist ein nahezu prophetisches Weissagen, was sein wird, in dem wir formulieren, was in Zukunft sein soll. Energetisch geben wir die Impulse. Mit dem Impuls gilt es, die Trägheit zu überwinden und endlich in Bewegung zu kommen. Oft braucht es am Anfang einen wirklich starken Energieimpuls. Als Domäne nennen wir hier die Komplexität, weil im Anfang die ganze Komplexität des folgenden Prozesses bereits enthalten ist. Es ist für die Führungskraft ein Vortasten in die Welt der Komplexität der Veränderung, in der viele alte Regeln außer Kraft gesetzt werden.

Das Prinzip Polarität für die Führungsarbeit

Das Prinzip Polarität fordert von Führungskräften ehrlichen Respekt. Der erkannte Gegenpol wird häufig als »Gegner« wahrgenommen und dann naturgemäß bekämpft. Diesen Kampf aber kann kein Mensch gewinnen, weil sich der wahre Gegner immer in uns selbst verbirgt und von innen heraus destruktiv auf unsere Umwelt einwirkt. Wir sind hier mitten in der Domäne der Dualität. Wir nehmen die Welt dual – also polar – wahr, wir können nicht anders. Was immer wir tun, wir sind in der Polarität der Welt gefangen. Wenn wir eine Meinung einnehmen, macht diese nur Sinn, wenn es eine Gegenmeinung gibt; wenn wir etwas für wahr halten, schreiben wir dem anderen zu, falsch zu sein, wenn wir etwas als schön bezeichnen, so gibt es ein häßliches Gegenüber. Selbst wenn wir uns einer Tugend rühmen, so gibt es immer eine gegensätzliche Schwesterntugend, ohne die meine Tugend keinen Wert hätte. Kraft braucht Nachgiebigkeit, Humor braucht Ernsthaftigkeit, Nähe braucht Distanz, Härte braucht Weichheit, Weiß braucht Schwarz, Licht braucht Dunkelheit und letztlich braucht Yin Yang. Yin und Yang bilden die Gegensätze der Welt ab und in ihrem Symbol zeigt sich ihre wechselseitige Bezogenheit. Die Gegensätzlichkeit aus der polaren Welt ist zugleich das Tor zur Ganzheitlichkeit.

Ganz konkret kann diese Problematik mit dem bereits skizzierten Wertequadrat von Schulz von Thun beschrieben werden (Schulz von Thun 1990). Wenn Sie als Führungskraft ausgesprochen zielstrebig sind, dann gilt das als Tugend. Eine Schwesterntugend aber ist die Gelassenheit. Wenn Sie nicht auch etwas Gelassenheit an den Tag legen, dann überhöht sich die Zielstrebigkeit negativ und wird zum sinnentleerten Karrierewahn. Auch die Gelassenheit kann ohne Zielstrebigkeit negativ überhöht werden und zur energielosen Trägheit werden. Damit also ein zielstrebiger Mensch nicht in seinen Schatten fällt, muss er ein genügend hohes Maß an Gelassenheit entwickeln. Wir werden als Mensch also nur »ganz«, wenn wir die Polarität auf uns wirken lassen und bewusst wahrnehmen. Erst aus der Integration der Gegenpole wird unsere erstrebte Entwicklung möglich.

Das Wahrnehmungsmuster der Polarität ist das Spüren der Spannung in mir als Mensch und zwischen mir und den anderen. Das dazu passende Energiemuster ist der Spannungsaufbau. Für die Entwicklung muss sich zunächst Spannung aufbauen können. Wir kommen zwischen die Pole und beginnen das innere Spiel.

Das Prinzip Resonanz für die Führungsarbeit

Das Prinzip Resonanz bringt uns in Kontakt mit den Schwingungen der Welt. Wir können auch sagen, die Welt ist Schwingung. Wenn wir auf die Äste und Blätter eines Baumes im Wind achten, so erkennen wir periodische Schwingungen in der Natur, wenn wir Musik hören, spüren wir Schwingungen der Töne in unserem Körper und wenn wir uns in die Welt der Quantenphysik begeben, so bleibt am Ende nichts außer Schwingungen und Wellen. Schwingungen sind ein Zeichen der Lebendigkeit und nahe an den Gefühlen. Häufig kann eine Schwingung in uns Freude auslösen. Dieser Aspekt ist mit dem Prinzip Resonanz gemeint. Es geht darum, die Freude am Tun, die Freude an der Führungsarbeit und an der Veränderung zu erhöhen. Wir müssen dazu mit dem Neuen in Resonanz kommen, weil sich dadurch kleine Energien verstärken können.

Das Wahrnehmungsmuster ist das »Wahrnehmen, was wirkt«. In der Wirkung liegt die Wahrheit, sagt eine schamanische Weisheit. Und genau dort, wo uns unsere Wahrnehmung Wirkung signalisiert, müssen wir unsere Energien einsetzen. Schwache Signale müssen durch Resonanz verstärkt werden und Freude in uns erzeugen. Schwache Energien zu verstärken, ist somit auch das Energiemuster dahinter. Die passende Wissensdomäne ist die Theorie der Selbstorganisation.

Das Prinzip doppelte Entscheidung in der Führungsarbeit

Mit dem Prinzip der doppelten Entscheidung verlassen wir das Feld der bereits weithin bekannten Prinzipien. Die doppelte Entscheidung leitet sich logisch aus dem »train the eight«-Modell ab. Immer, wenn wir in der liegenden Acht durch den Ursprung gehen, ist eine Entscheidung fällig. Die erste Entscheidung der Führungskraft folgt aus dem Herzen und ist somit eine Sache des Vertrauens. Ich muss dem Menschen zunächst Vertrauen schenken, wenn ich ihn führen will. Vertrauen ist daher die zentrale Grundhaltung. Später, wenn ich Erkenntnisse aus dem Erlebten ziehen kann und Ergebnisse sehe, folgt die Entscheidung zur Wiederholung. Das ist eine konzentrierte Entscheidung auf die Erfolge. Die Grundhaltung in der doppelten Entscheidung ist daher Konzentration.

Das Wahrnehmungsmuster ist die Intuition. Meine innere Stimme sagt mir, wem ich vertrauen kann. Und es ist für den zweiten Teil der Entscheidung die Reflexion, die zur Erkenntnis führt, was wiederholt werden muss. Das passende Energiemuster ist das laufende Abgeben von Steuerimpulsen. Als Führungskraft gebe ich Menschen Impulse, die helfen, auf Kurs zu bleiben. Hier sind wir mitten in der Domäne der Kybernetik und im Steuern der komplexen Systeme Mensch und Organisation.

Das Prinzip Wiederholung für die Führungsarbeit

Übung hat wenig Attraktives in unserer Welt der Schnelllebigkeit. Weil aber ohne Übung kein Erfolg in der Veränderung absehbar ist, braucht es dringend eine Grundhaltung der Beharrlichkeit und der Konsequenz. Das Wahrnehmungsmuster ist ebenso einfach wie wirkungsvoll. Es gilt, Fortschritte zu erkennen und für andere erkennbar zu machen. Hier sind wir beim zentralen Punkt angelangt. Führungskräfte tragen Verantwortung dafür, die kleinen Erfolge der Veränderung für alle erkennbar zu machen. Es geht bei der Wiederholung auch um Rhythmen, weil sie alles erleichtern.

Das Energiemuster ist der stete Fluss. Wir brauchen einen ständigen Energie-Input, damit die Veränderung am Laufen gehalten wird. Übung fordert täglich ihre Energie. Als Führungskraft liegt es an mir, die Energie aufzubringen, meine eigene Trägheit zu überwinden und durch Energiezufuhr über sichtbare Erfolge Motivationsenergie in den Menschen zu wecken. Übung muss ermöglicht werden. Hier sind wir mitten in der Domäne des Lernens und im zweiten Teil des inneren Spiels. Wir kommen in den Fluss.

Das Prinzip Ordnungsmuster für die Führungsarbeit

Ordnungsmuster sind das Geheimnis einer komplexen Welt. Durch die Selbstorganisation, die schon der Materie innewohnt, bringt die Natur immer komplexere Strukturen hervor. Wir Menschen sind selbst ein komplexes Ordnungsmuster, dessen Bildung spekulativ auf morphische Felder zurückgeführt wird. Auch in jeder Organisation bilden sich Ordnungsmuster aus. Das bekannteste Muster ist die Hierarchie. Weil Musterbildung ein Lebensprinzip ist und überall in der Natur zu finden ist, sehen wir in diesem Zusammenhang die Grundhaltung der Lebendigkeit als besonders wichtig an. Gemeint ist eine ständige und bewusste Entscheidung für das Leben, für alles, was Lebendigkeit fördert und ermöglicht. Hierzu einige Beispiele, was Führung fördern kann.

Lebendigkeit in Organisationen (Wallner 2012)

Freiheit – ein Ausdruck dessen, was Menschen ungestraft tun dürfen

Caprice – ein Ausdruck dessen, was Menschen ohne Grund tun können

Kreativität – ein Ausdruck dessen, was Menschen laufend an Ideen hervorbringen

Kapriolen – ein Ausdruck dessen, was sich alles zu versuchen lohnt

Diversität – ein Ausdruck dessen, was an Verschiedenheit zu finden ist

Chaos – ein Ausdruck dessen, was an gewollten Unregelmäßigkeiten ertragen wird

Strukturiertheit – ein Ausdruck dessen, was Menschen an Ordnungen neu kreieren

Motivation – ein Ausdruck dessen, was Menschen tun wollen, ohne es zu müssen

Flow – ein Ausdruck dessen, was Menschen in Resonanz bringt

Spiegelung – ein Ausdruck dessen, was Menschen intuitiv verbindet

Verschränktheit – ein Ausdruck dessen, was an Verbundenheit zu spüren ist

---

Das Wahrnehmungsmuster hinter diesem Prinzip können wir so beschreiben: Wenn die Dinge in Bewegung kommen, beginnen sie zu wirken und bilden neue Muster aus. Schon im Ansatz zu erkennen, welche Muster sich gerade bilden, ist die Kunst der Veränderung. Neue Muster entstehen und vergehen wieder. Das Neue will gestärkt werden. Daraus ergibt sich auch das Energiemuster, das von der Effektivität der Energieversorgung für den Veränderungsprozess geprägt wird. Zu erkennen, welche Muster sich bilden, welche erfolgreich sind und im Sinne der gewünschten Veränderung positiv wirken, braucht Effektivität. Die Domäne des Wissens ist die Ganzheitlichkeit, die alles umfasst.

Das Resultat ist Verantwortlichkeit

Es steht immer zwischen den Zeilen, nie aber haben wir es bisher so klar formuliert. Diese Prinzipien führen nicht nur zu einer möglichen Synthese, also einer Lösung auf höherer Ebene, sondern sie bringen die Kultur der Organisation dorthin, wo sie hingehört: in die umfassende Verantwortlichkeit.

Nur eine Kultur der Verantwortung, ganz so, wie es Roger Connors und Tom Smith fordern, macht eine Organisation zukunftsfähig (Connors/Smith 2011). Verantwortlichkeit ist ein Phänomen der Kultur. Wir erkennen in ihr das Produkt aus der konsequenten Anwendung der sechs Prinzipien. Das innere Spiel – das neue Spiel der Führung – führt uns auf spielerische Weise in die Kultur der Verantwortlichkeit und der Ganzheitlichkeit. Das ist es, was die neue Führungsarbeit leisten muss.

8.5 Die großen Spiele für die Führungsarbeit – eine Übersicht

Das große Spiel	Der Grundwiderspruch
Das Leben an sich	Bewahren ⇔ Verändern
Spiel der Gesellschaft	Mechanistisch ⇔ Ganzheitlich
Spiel der Wirtschaft	Steigerung ⇔ Ankunft
Spiel der Führung	Effizienz ⇔ Effektivität
Mein Spielfeld als Führungskraft	*Beispiele für Widersprüche der Führungskraft:* Gesundheit ⇔ Leistung Individuum ⇔ Gruppe Hierarchie ⇔ Selbstorganisation Top down ⇔ Button up Selbstverwirklichung ⇔ Gemeinschaftssinn Sicherheit ⇔ Flexibilität Fehler machen ⇔ Lernen ...

Abbildung 19: Spielregel 1: Beobachte zuerst immer das größere Spiel – die Fenster der Führungsarbeit und deren Grundwidersprüche

9.
Spielzüge für Fortgeschrittene

Sie haben schon viel gelernt. Die Pflicht ist bereits übererfüllt. Das innere Spiel können Sie an dieser Stelle schon beruhigt zu spielen beginnen. Jetzt folgen noch ein paar Spielzüge, die eher der Kür entsprechen. Wir haben sie alle im Zuge unserer Diskussionen zumindest schon angesprochen, die einen mehr, die anderen weniger. Wichtige Aussagen hier noch einmal komprimiert auf einem Blick:

Vier wichtige Punkte für fortgeschrittene Spielzüge

Erstens: Wir finden in der Iteration einen unglaublich wirkungsvollen Zugang zu den komplexen Fragen des Lebens. Iteration wirkt, Iteration löst, Iteration macht uns lebendig, weil sie Ordnungen im Chaos schafft. Im Spiel um Entscheidung und Veränderung ist Iteration eine Basisausstattung.

Zweitens: Das Leben ist Kommunikation. Im Dialog, dem Gespräch am Ende der Diskussionen, lernen wir, einander zuzuhören und zu verstehen, wir lernen das Sein im Werden kennen, wir lernen die gemeinsame Intelligenz der Menschen zu erkennen und zu nutzen. Der Dialog ist die Kommunikationsform, die Lebendigkeit in Gemeinschaften und unsere Teams bringt.

Drittens: Jeder Wert in unserem Leben hat einen Gegenpol. Ohne Gegenpol verliert auch der beste Wert seinen Wert. Wenn wir nur einen Pol beleuchten, schaffen wir mehr Probleme als wir lösen können. Die Arbeit mit Werten braucht besondere Vorsicht. Am besten ist es, einen Wert, einen sinngemäßen Gegenwert und einen dritten über den beiden Polen stehenden Wert – den Synthesewert – zu suchen.

Viertens: Es ist alles eine Frage des Bewusstseins. Wir können unsere Entwicklung als Mensch und als Gemeinschaft, ebenso als Organisation, als Aufstieg auf einer Bewusstseinsskala verstehen. Der Weg der Entwicklung ist uns vorgezeichnet. Wir werden von »oben« her magnetisch angezogen. Dieser Beanspruchung müssen wir durch Übung nachkommen.

9.1 Die Zauberhand der Iteration wirkt

Wir haben bereits einiges über den iterativen Dialog geschrieben. Hier noch einige Varianten der Iteration, die Sie in Veränderungsprozessen einsetzen können. Das funktioniert in Gruppen und Gemeinschaften aller Art ebenso wie in Unternehmen, Organisationen oder Kommunen.

Das World Café

Das World Café wurde von Juanita Brown in den USA entwickelt und nach Europa gebracht. Heute ist das World Café als Workshop-Methode für große Gruppen sehr weit verbreitet. Kaum eine Konferenz kommt ohne ein World Café aus. Der Grund ist einfach. Es schafft einen kreativen Rahmen für Partizipation von Menschen, der einfacher und robuster nicht sein könnte. Das World Café braucht wenige Regeln, um zu funktionieren (Brown 2002). Unsere eigene Erfahrung mit unzähligen World Cafés lässt uns nur positiv darüber berichten. Es funktioniert immer, wenn wir die richtige Frage stellen und die Menschen sich auf die Frage einlassen wollen. Es gelingt auf unnachahmliche Weise, fünfzig, mehrere hundert oder auch über tausend Menschen in einen Dialog zu bringen. Wie es genau funktioniert, ist im Internet auf der Seite der World Café Community nachzulesen: www.theworldcafe.com.

Hier möchten wir nur den Aspekt der Iteration herausgreifen und Sie einladen, aus genau diesem Grund mit dem World Café in Ihrem Umfeld zu arbeiten. Beim World Café wird eine Frage gestellt. Die Menschen arbeiten in kleinen Gruppen an einem Tisch, meist zu fünft oder zu sechst, ihre Ideen und Ansätze zur Frage aus. Dazu schreiben sie ihre Beiträge auf den Tisch, der mit einem Papier bespannt ist. Nach einer kurzen Zeit, meist sind es fünfzehn oder zwanzig Minuten, wechseln die Menschen die Tische. Dabei verteilen sie sich zufällig neu im Raum, um eine möglichst große Durchmischung zu erzeugen. Eine neue Gruppe kommt nun an den Tisch, auf dem die Ideen und Ansätze einer anderen Gruppe notiert sind. Ein gewählter Gastgeber pro Tisch gibt einige Hinweise und initiiert den neuen Dialog. Das Ergebnis der einen Gruppe ist die Ausgangsbasis für die nächste Gruppe. Dieses Spiel wird mindestens dreimal wiederholt. Am Ende ist es üblich, dass die Ausgangsgruppe wieder zu jenem Tisch zurückkehrt, bei dem sie begonnen hat. Die Gruppe findet nun – ausgehend von ihren ersten Ideenskizzen – eine weiterentwickelte Ideenwelt auf dem Tisch vor und bereitet nun das Endergebnis für diesen Tisch auf.

Was auf den Tischen passiert, ist ein kollektives »Stille Post«-Spiel. Der einzige Unterschied: Im World Café wird nicht nur gesprochen, sondern auch geschrieben, gezeichnet und skizziert. Die Ideen der Menschen im Raum beginnen sich zu verbinden und eine einzige große Geschichte zu formen. Gegen Ende der drei Runden hat sich die große Geschichte im Raum durchgängig erzählt. Die Ergebnisse der verschiedenen Tische sind einander ähnlich. Es kann in unglaublich kurzer Zeit ein gemeinsam getragenes Ergebnis entstehen. Aus dem Chaos der »Ideen der Vielen« entsteht Ordnung in Form einer Geschichte. Wer ein gutes World Café miterlebt hat weiß, was die Zauberhand der Iteration hier leistet.

Variante des iterativen Dialogs

Mit einer Variante des schon vorgestellten iterativen Dialogs haben wir in Veränderungsprozessen besonders gute Erfahrungen gemacht. Wir lassen das Frau Gruber erzählen.

Beispiel: Die Großen spielen »Stille Post«

Frau Gruber muss für den Fortbestand ihres Bereiches noch eine Menge leisten. Es stehen große Change-Vorhaben bevor und einige ernsthafte Probleme wollen noch gelöst werden. Ein Problem, das nicht nur ihren Bereich betrifft, sondern den gesamten Standort, sind die relativ hohen Krankenstandszahlen. Zumindest im Konzern bildet der Standort eine unrühmliche Ausnahme. Die Krankenstandszahlen waren schon drei Jahre hindurch die höchsten im Konzernvergleich und die Tendenz ist – wie die letzten Zahlen leider zeigen – auch noch stark steigend. Alle anderen haben in dieser Frage entweder kein Problem oder den Turnaround geschafft. Mit einer Gesundheitsinitiative will sich Frau Gruber profilieren. Ihr Vorschlag, einen Führungskräfteworkshop zum Thema »Gesundes Führen« zu machen, wird angenommen. 56 Führungskräfte, hauptsächlich Teamleiter, aber auch einige Bereichsleiter, finden sich für einen Tag in einem großen Raum zusammen. Der Moderator kündigt einen iterativen Dialog zu wichtigen Fokusfragen an.

Im Konferenzsaal wird so einiges vorbereitet. In einem großen Kreis werden acht Tischgruppen für je sieben bis acht Personen aufgestellt. Bei jeder Tischgruppe stehen noch ein großer Zusatztisch, eine Pinnwand und ein Flipchart dahinter. Auf dem Flipchart stehen die Gruppennummer und eine der acht Fokusfragen geschrieben. Für jede Gruppe wurde also eine wichtige Frage zum Thema »Gesundes Führen« formuliert. Das Prozedere wird ausführlich erklärt, fast so, als hätte es der Moderator mit Workshopanfängern zu tun. Dann werden noch die Spielregeln projiziert. Nach einigen Verständnisfragen beginnt der iterative Dialog in diesem Saal.

In kleinen Gruppen wird an der jeweiligen Fokusfrage gearbeitet. Auf bunten Karten werden die Ideen gesammelt und auf den Tisch gelegt, ganz ohne Struktur. Der Dialog ist offen und jede Idee ist willkommen. Nach dem Gong legt die Gruppe alle Karten ungeordnet auf den dahinterstehenden Zusatztisch. Im Uhrzeigersinn bewegen sich die Gruppen weiter. Gruppe eins wechselt zu Tisch zwei, Gruppe zwei zu Tisch drei. Die kleinen Gruppen versammeln sich um den Zusatztisch, auf dem alle Kärtchen aufgelegt wurden. Im Stehen treten sie in den Dialog. Sie ordnen die Ideen, bilden Cluster, bewerten die Ideen mit Punkten und schreiben neue Kärtchen in einer neuen Farbe. Nach fünfzehn Minuten ertönt wieder ein Gong, die Gruppen wechseln im Uhrzeigersinn weiter zum nächsten Tisch. Die Zeitspannen werden zwar kürzer, aber alle Gruppen durchwandern alle Tische und arbeiten somit an allen Themen mit. Wenn sich der Kreis schließt, ist der iterative Dialog abgeschlossen. Die Gruppen fassen ihr finales Ergebnis zusammen und präsentieren die Antworten zur jeweiligen Fokusfrage auf der Pinnwand. Nach den kurzen Präsentationen der Gruppen sind die Ideen im Raum zu den acht Fokusfragen zu einer gemeinsamen Geschichte verbunden.

Am Ende müssen noch je ein bis zwei konkrete Maßnahmen pro Themenfeld formuliert werden. Abschließend reflektiert Frau Gruber die Ergebnisse und gibt sich ob der großen Übereinstimmung in vielen Punkten und der Zustimmung der großen Mehrheit, die Maßnahmen als Programm für das kommende Jahr zu verabschieden, als besonders begeistert. Auch auf Konzernebene *bleibt dieses Ergebnis des Workshops nicht ohne Folgen, denn Frau Gruber erhält eine Einladung, die Ergebnisse des Workshops und die eingesetzte Methodik in der Zentrale vor den Top-Führungskräften zu präsentieren.*

9.2 Der Dialog

Der Dialog nach David Bohm (Bohm 2002), den wir als Chance der Entwicklung der Menschen erkennen, hat viele Ebenen, die es zu beschreiben gilt. Viele Menschen haben sich dem Dialog gewidmet und viel unternommen, seine positiven Wirkungen der Menschheit wieder in Erinnerung zu rufen. Die Dialogfähigkeit ist Teil der kulturellen Entwicklung des Menschen. In vielen Kulturen war der Dialog ein zentraler Bestandteil des Gemeinwesens. Wir finden die Prinzipien des Dialogs sowohl in indigenen Kulturen als auch in den Brutstätten der westlichen Kultur, etwa in der griechischen Polis. Somit erhält der Dialog eine Polarität, die ihn ausmacht und ihn selbst zum Instrument auserkoren hat, um Polaritäten aufzulösen und zu entschärfen. Aus westlichen Prägungen folgt der exoterische Pol, aus indigenen Prägungen der esoterische Pol des Dialogs.

Mit Dialog wird heute meist das gemeinsame Bemühen der Menschen um den wahren Sinn und die wirkliche Bedeutung der Dinge bezeichnet. Besondere Bedeutung in der Entwicklung des Dialogs kommt dem Quantenphysiker David Bohm zu. Mit seinem Buch *Der Dialog* hat er die Dialogkultur umfassend beschrieben und vor allem ganzheitlich dargestellt. Der Dialog wird zu einer Gesprächsform, in der Menschen sich öffnen, ihre Standpunkte aus den Diskussionen hinter sich lassen und ihre Masken ablegen. Sich beim Denken zuschauen und die Annahmen offen legen, die zu meinen gesprochenen Worten führen, sind grundlegende Dialogprinzipien. Menschen sollen so miteinander in ein tatsächliches Gespräch kommen und einander das sagen, was wirklich zählt, und einander so zuhören, dass alles wirklich wichtig wird. Alles hat Bedeutung, aus allem, was gesagt wird, kann sich etwas Neues, für alle Beteiligten sehr Wertvolles entwickeln. Bei diesem

Austausch an Sichtweisen und Annahmen bekommt das kollektive Denken eine besondere Bedeutung. Es ist nicht der individuelle Fluss der Gedankenwelt eines Menschen, der wichtig für die Entwicklung wird, sondern der Anteil der individuellen Gedankenflüsse am kollektiven Bewusstsein. Was im Dialog entsteht, ist der Fluss des Lebens, der sich in Form von gehaltvollen Gedankenströmen zeigt.

Über die Wirkung des Dialogs

Der Dialog erhebt sich über die Schwelle des rationalen Denkens und dringt in die intuitive Erfahrungswelt der Menschen ein. Denken und Fühlen werden eins, Resonanzen können entstehen und Gemeinsames darf dabei wachsen. Im Bild der liegenden Acht verbinden sich »neues Denken« und eine »neue Haltung«, also Geist und Herz, zu einer starken Dialogachse. Im Dialog entlang der liegenden Acht werden individuelle Paradigmen infrage gestellt und der Weg in neue, gemeinsame Gedanken- und Erfahrungswelten geöffnet.

Der Einsatz des Dialogs ist vielfältig. Er eignet sich als Lösung in Konfliktfeldern ebenso wie in innovativen Entwicklungsbereichen. Überall, wo Menschen im echten Dialog nach neuen Lösungen suchen, erhöht sich die Chance, eine konstruktive Bewusstseinsebene zu erlangen, die zukunftsfähige Ideen hervorbringen kann. In regionalen und lokalen Entwicklungsprozessen – beispielhaft in lokalen Agenda-21-Prozessen – kommt der Dialogkultur immense Bedeutung zu. Wird der Dialog in seiner Ganzheitlichkeit eingesetzt, wird es Erfolg versprechende Entwicklungen geben, wird hingegen nur die Diskussion ermöglicht, sind neue Lösungen nur auf dem Papier, nicht aber in den Herzen der Menschen möglich. Auch die Zukunft der Europäischen Union wird von der Dialogkultur bestimmt sein. Die politischen Diskussionen und der Austausch der Meinungen allerdings werden Europa keine zukunftsfähigen Entwicklungswege eröffnen.

Der Dialog in der Praxis

Über den Dialog lassen sich ganze Bücher schreiben. Wir wollen nur einige wenige Aspekte sehr vereinfacht herausgreifen. Üben Sie den Dialog. Es geht am einfachsten, wenn Sie im Besprechungsraum die Tische entfernen und einen Sesselkreis aufstellen. Der Kreis ist das Symbol der Hierarchiefreiheit. Das ist ein guter Anfang. Ein weiterer Aspekt des Dialogs ist die Reduktion der Geschwindigkeit. Es dürfen zwischen den ausgesprochenen Gedanken Pausen entstehen, damit sich die Kommunikation entschleunigt. Wir sehen uns im Dialog ja selbst beim Denken zu und das braucht seine Zeit. Am einfachsten lässt sich das mit einem »Talking stick« verwirklichen. Ein einfacher Holzstab oder ein Stein wird in die Mitte gelegt. Wer sprechen will, holt sich den »Talking stick«. Nur wer ihn in Händen hat, darf sprechen, alle anderen hören zu. Das ist eine ebenso einfache wie wirkungsvolle Regel.

Im Dialog geht es nicht darum, Argumente zu bringen und einen Standpunkt zu vertreten. Im Dialog legen wir unsere Annahmen offen, die hinter unseren Standpunkten stehen. Das braucht vor allem Offenheit. Wir erkunden gemeinsam, was uns zu unseren Annahmen gebracht hat, und erzeugen so ein gemeinsames Verständnis. Kuno Sohm, ein systemischer Berater und Metalogikon-Mitglied, hat uns in einem Dialogseminar einmal folgende Regeln mitgegeben: Sprich vom Grunde deines Herzens, sieh dir selbst beim Denken zu, setze die Beurteilungen aus (unsere Spielregel Nr. 2), übe dich im produktiven Plädieren, lege deine Annahmen offen und mache sie für andere sichtbar, erkunde die Ideen anderer mit Interesse, vernetze Ideen zu einem Ganzen und halte das Gesagte in Schwebe.

Nehmen Sie sich für Ihre ersten Versuche einen Dialogbegleiter und ausreichend Zeit, mindestens aber eine Stunde. Hinsichtlich des Dialogs finden Sie im Internet gute Anleitungen für die Gestaltung. Die Internetseite von Metalogikon zeigt hier beispielhafte Aktivitäten (www.metalogikon.com). Hier werden verschiedene Dialogformen, angefangen beim World Café über den Open Space bis hin zum Dialog miteinander verschmolzen. Aus diesem Kreis ist auch ein Buch über den Dialog entstanden, das zu einer schöpferischen Gesprächskultur in Organisationen anregt (Mandl et al. 2008).

9.3 Das Wertedreieck

Der Umgang mit Werten ist eine kritische Sache. Das haben wir schon diskutiert. Wenn wir in Unternehmen mit den Werten die gute Seite besonders hervorstreichen möchten, es also nur gut meinen, ist oft das Gegenteil erreicht. Nicht umsonst kennen wir den Spruch, der Weg zur Hölle ist mit guten Vorsätzen gepflastert. Wir haben daher schon angeregt, die Wertelandschaften für Organisationen mit Wertepaaren, die Polaritäten abbilden, zu gestalten. Hier wollen wir dazu noch ein konkretes Beispiel aufzeigen.

Angenommen, Sie arbeiten in einer Organisation, die auf eine lange Tradition zurückblickt. Über viele Generationen wurden Werte geschaffen, die für die Zukunft gesichert werden sollen. Ein Wert im neuen Leitbild soll daher dieser Tradition gewidmet werden und auf Sicherheit bauen. Wenn wir aber den Wert »Tradition und Sicherheit« hervorheben, dann wird automatisch – ganz von unsichtbarer Hand – der Gegenpol der Veränderung auf den Plan gerufen. Wir können nicht für Sicherheit und für das Bewahren plädieren, ohne gleichzeitig Veränderung zu meinen. Was das Unternehmen braucht, ist das Spannungsfeld zwischen Sicherheit, der Tradition, dem Willen zum Bewahren und dem Mut zur Veränderung, der Neugier, neue Wege zu erkunden. Das Leitbild darf also weder den einen noch den anderen Wert in den Vordergrund stellen und per Entscheid zur Wahrheit erklären.

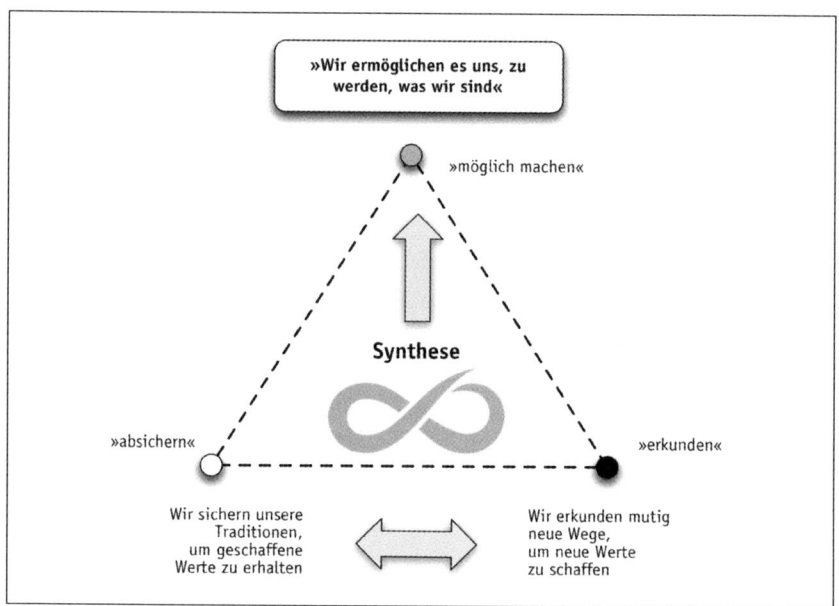

»Wir ermöglichen es uns, zu werden, was wir sind«

»möglich machen«

Synthese

»absichern«

»erkunden«

Wir sichern unsere Traditionen, um geschaffene Werte zu erhalten

Wir erkunden mutig neue Wege, um neue Werte zu schaffen

Abbildung 20: Das Wertedreieck anhand eines Beispiels

Das Wertepaar bestehend aus »Wir sichern unsere Traditionen, um geschaffene Werte zu erhalten« (erster Pol) und »Wir erkunden mutig neue Wege, um neue Werte zu schaffen« (zweiter Pol) ist ein guter Anfang für das Leitbild des Unternehmens.

Mit diesen Werten wird dem Gesetz der Polarität Rechnung getragen. Jetzt kommt noch der schwierigere Teil. Um diese Gegensätze für die Menschen lebbar zu machen, braucht die Polarität noch eine Auflösung. Wir müssen auf die Suche nach einer Synthese gehen, was beispielsweise in einem iterativen Dialog gut und schnell gelingen kann. Das Ergebnis eines solchen Dialogs kann nun folgender dritter Wert sein, der im Sinne einer Lösung auf höherer Ebene eine Synthese bewirkt.

Der Synthesewert »Wir stärken uns gegenseitig und ermöglichen uns eine gute Zukunft« bildet das Leitbild. Es kann dann in einem Satz – im Sinne einer Synthese – zusammengefasst werden: »Wir ermöglichen uns zu werden, was wir sind«.

9.4 Eine Frage des Bewusstseins

Jede Weiterentwicklung des Menschen ist immer eine Entwicklung des Bewusstseins. Es ist gut zu wissen, was Bewusstsein ist, aber seien Sie auf der Hut!

»Bewusstsein ist etwas, mit dem sich spirituelle Menschen beschäftigen, die dafür Zeit haben, Rituale auszuführen, sich in den Schatten der Mangobäume zu setzen, Kerzen anzustarren, Gebete zu murmeln und Räucherwerk zu entzünden. Und genau aus diesen und noch vielen anderen Gründen hat Bewusstsein im Business nichts verloren. Erlaubt ist das erst, wenn zu Hause die Tür von innen verriegelt wird.«

(Wallner 2012: 99)

Aber ist das heute wirklich noch so und vor allem, ist das sinnvoll? Die Welt hat sich verändert und wenn Sie an den Grundwiderspruch der Gesellschaft denken, ganzheitlich und mechanistisch, dann wird klar: Wir können den Pol der Ganzheitlichkeit nicht mehr wegleugnen. Wir müssen uns also mit der Entwicklung des Bewusstseins auseinandersetzen. Hierzu ein paar abschließende Gedanken.

Jede Entwicklung des Bewusstseins führt zu einer höheren Wahrnehmungsfähigkeit.

»Demnach ist Bewusstsein keine passive Eigenschaft, es ist ein aktiver Motor von Entwicklung. Das Bewusstsein jedes Systems drängt danach, mit dem Bewusstsein anderer Systeme in Wechselwirkungen zu treten, es

*drängt nach Wahrnehmung. Diese Eigenschaft des Bewusstseins ist beson-
ders wichtig für die Selbstorganisation von Systemen. Die Wechselwirkung
eines Systems mit seiner Außenwelt erfolgt ja über Flüsse, die durch das
System fließen. Das Bewusstsein zieht diese Flüsse an, indem es mit der
Außenwelt in Wechselwirkung tritt. Es ist damit der Motor der Selbstorganisation.«*

(Wallner und Narodoslawsky 2001: 171)

Wenn wir über die Bewusstseinsentwicklung des Menschen sprechen, dann
tauchen wir in die spirituelle Dimension der Welt ein. Vielleicht wäre es
zielführender, dieser Frage mehr Zeit und mehr Raum zu geben. Hier aber
können wir diese Dimension nicht mehr öffnen. Sie bleibt eingerollt wie
viele Dimensionen in der Stringtheorie über unser Universum. Es bleibt
uns nur der Hinweis auf die Suche nach Einheit, die in allen spirituellen
Traditionen zu finden ist. Die spirituelle Entwicklung ermöglicht uns erstmals, die Polaritäten der Welt aufzuheben und zur Einheit zu finden. Der
spirituelle Weg ist der einzige, der die unauflösbaren Widersprüche durch
Vereinigung der Gegensätze auflösen kann. Spirituelle Entwicklung will die
Dualität der Welt überwinden.

Für die Beschäftigung mit diesem Weg stehen alle spirituellen Lehren offen. Zwei Lehrer aus dem Westen seien kurz erwähnt. David Richard Hawkins, der mit seiner Tafel des Bewusstseins ein wunderbares Modell für die
Entwicklung menschlichen Bewusstseins geschaffen hat (Hawkins 2005:
443), und Eckhart Tolle, der mit seiner Lehre die Menschen, ganz in Übereinstimmung mit östlichen Weisheitslehren, wieder in den Augenblick zu-
rückbringen möchte. Unser Leben passiert immer nur im Augenblick. Darin
liegt der Sinn des Lebens, wir haben immer nur das »Jetzt« (Tolle 2005).

10.
Zum Schluss: Welcher Spieltyp sind Sie?

Hat Sie das innere Spiel angesprochen oder gar innerlich berührt? Wenn ja, laden wir Sie nun ein, das Spiel mutig zu beginnen. Wenn Sie das Spielbrett bereits vor Ihrem geistigen Auge aufgebaut haben, die vier neuen Spielregeln gelernt und die sechs Erfolgsprinzipien verinnerlicht haben, müssen Sie noch einmal eine Wahl treffen. Wollen Sie das Spiel lieber als inneres Spiel alleine spielen oder wagen Sie das Spiel gleich in größerer Runde? Ihnen stehen beide Wege offen und beide sind gut. Und schon alleine mit dieser Entscheidung tauchen Sie mitten in das Spiel ein. Sie können also gar nicht »nicht spielen«, weil Sie immer etwas Wichtiges zu entscheiden haben. Leben ist Problemlösen und das braucht Entscheidungen und Veränderungen. Wenn wir dem Leben spielerisch begegnen, wird es spannender, angenehmer und freudiger.

10.1 Szenarien für Ihr inneres Spiel

Wir führen Sie zum Anschluss des Buches durch zwei Spielszenarien. Das erste Szenario ist Ihr persönliches Solospiel, ein Weg der persönlichen Entwicklung. Das zweite Szenario ist ein Gruppenspiel, ein Weg der gemeinsamen Veränderung.

Spielszenario 1: Sie spielen alleine

Der Vorteil: Sie haben alle Möglichkeiten in diesem Spiel. Alle Widersprüche finden Sie in sich selbst und somit auch alle Optionen. Das ist das Spiel mit der größten Optionenvielfalt.

Der Nachteil: Alleine zu spielen ist besonders anspruchsvoll. Sie gehen mit sich in den inneren Dialog. Es scheint nur oberflächlich gesehen einfacher zu sein, mit sich selbst klarzukommen, als dies mit anderen der Fall ist. Das ist es aber nicht. Sich selbst zu hinterfragen, ist eine schwere Übung auf dem Weg zur Meisterschaft.

Die Herausforderungen: Wie kann ich den Überschuss an Möglichkeiten sinnvoll nutzen? Wie kann ich verhindern, zu schnell wieder in alte Muster zu verfallen? Wie kann sich mein Fluss des Lebens eine neue Bahn brechen?

Einige Hinweise: Den inneren Dialog können Sie auch nach außen bringen. Stellen Sie mindestens zwei Sessel in einem Raum auf. Nehmen Sie Platz und sprechen Sie aus verschiedenen Positionen und Perspektiven zu sich selbst. Achten Sie dabei auf die fiktiven Personen, die Ihnen dann gegenübersitzen. Was sind deren Wahrnehmungen, was ist Ihre Wahrnehmung? Beachten Sie die vier Spielregeln, die sechs Erfolgsprinzipien und die Grundsätze, auch wenn Sie alleine spielen.

Spielszenario 2: Sie spielen in einer Gemeinschaft, in der Gruppe oder im Team

Der Vorteil: Gemeinsam gehen wir von verschiedenen Wirklichkeiten aus. Wir haben mehr Komplexität zu verarbeiten, können das aber als Gruppe auch besser. Das Spiel bietet Actio und Reactio. Meine Interventionen werden beantwortet und erzeugen erkennbare Wirkungen. Das Spiel wird sehr schnell zirkulär, es entstehen spannende Wechselwirkungen und das macht meist mehr Spaß.

Der Nachteil: Gemeinsam müssen wir einige Möglichkeiten ausschließen. Es gibt Gebiete, die gemeinsam nicht betreten werden können. Somit fallen für uns wiederum Optionen weg. Das gemeinsame Spiel braucht mehr Zeit. Regel 4 »Halte inne, bis alle gelernt haben« nimmt eine gewisse Dauer in Anspruch. Ebenso braucht der Kommunikationsprozess Achtsamkeit und wieder Zeit.

Die Herausforderungen: Der Entscheidungs- und Veränderungsprozess ist komplexer. Es gibt mehr Wahrnehmungen, mehr Beobachtungen und Interpretationen. Die Suche nach Sinn und Bedeutung ist in Gruppen wesentlich aufwendiger. Die Einhaltung der Regeln, der Erfolgsprinzipien und der Grundsätze braucht hohes Einverständnis und Verantwortlichkeit. Die Fähigkeiten der Spieler sind immer ungleich verteilt.

Einige Hinweise: Mit den vier Spielregeln, den sechs Erfolgsprinzipien und den Grundsätzen ist fast alles gesagt. Der Dialog und die Iteration sind die wichtigsten Begleiter. Manchmal verläuft man sich mitten im Spiel. Dann hilft eine längere Pause oder neuer Anfang, ein »Zurück an den Start«. Vergessen Sie auch nicht die Möglichkeit, eine neue Regel ins Spiel zu bringen. Diese Möglichkeit steht Ihnen immer offen.

10.2 Befreien Sie den Homo ludens in sich!

Die beste aller Welten werden wir noch lange suchen. Diese Suche wird nie aufhören. Auch das Leben wird uns immer wieder mit großer Beharrlichkeit mit Situationen konfrontieren, die Entscheidungen von uns abverlangen und uns so in das ewige Veränderungsspiel verstricken. Das Leben ist selbst Veränderung, es ist ein Wandelprozess.

Wir Menschen sind auf einem guten Weg, wenn wir uns zwischen die Pole begeben, uns aufladen und uns mit einer guten Entscheidung – mit großem Vertrauen – in den Fluss des Lebens werfen. Das Leben will uns zu Entdeckern machen. Es verlangt von uns die Bereitschaft zum Aufbruch.

Wir haben uns für ein Spiel entschieden. Spielerisch wollen wir uns nun den Entscheidungen und Veränderungen nähern. Das Spiel regt uns an, neugierig zu sein, nach Möglichkeiten zu suchen und die Dinge einmal auszuprobieren. Das nimmt uns den Druck, aber nicht die Verantwortung. Im Gegenteil. Das innere Spiel bringt uns unserer Verantwortung für ein gutes Leben wieder näher.

Das Spiel bringt uns gemeinsam in wertvolle Lernprozesse. Weder die Intelligenz noch die Leadership-Qualitäten eines Menschen werden uns in eine gute Zukunft führen. Als »Homo ludens« dürfen wir uns auf das Spiel, auf den gemeinsamen Prozess, immer wieder einlassen. Nur gemeinsam können wir einen Umgang mit der hohen Komplexität unserer Zeit finden und in einen Lernprozess treten. Das Spiel birgt ein Risiko, weil der Ausgang ungewiss bleibt. Darauf aber müssen wir uns in unserer Entwicklung als Mensch und als Gemeinschaft einlassen. Das Leben bleibt spannend. Danke.

Wir wünschen Ihnen von Herzen viel Heiterkeit und viele Erfolg versprechende Aha-Erlebnisse bei Ihrem inneren Spiel.

11.
Anhang

11.1 Vertiefende Quellenhinweise

Wir haben uns von vielen Büchern inspirieren lassen und Sie werden anhand der Quellenangaben für uns besonders wichtige Werke gut nachvollziehen können. Einige unserer Gedanken aber werden in wenigen ausgewählten Büchern viel ausführlicher dargestellt. Es sind hier jene Werke kurz beschrieben, die Sie direkt als Vertiefung interessanter Aspekte verstehen können. Die erweiterte Literaturliste finden Sie im Anhang.

Bohm, David: Der Dialog. Das offene Gespräch am Ende der Diskussionen. 3. Auflage, Klett Cotta, Stuttgart 2002.
Das Standardwerk über den Dialog. Hier wird der Dialog als Kommunikationsform ausführlich beschrieben. Sie lernen die Philosophie des Dialogs verstehen und erkennen den Wert des kollektiven Denkens. Des Weiteren erhalten Sie genügend Anregungen und Beispiele, die Sie ermuntern werden, mit dem Dialog in Ihrem Umfeld zu experimentieren.

Dahlke, Rüdiger: Die Schicksalsgesetze – Spielregel fürs Leben. 5. Auflage, Goldmann Arkana, München 2009.
Einen Teil unserer Erfolgsprinzipien finden Sie als Schicksalsgesetze in vertiefter Form in diesem Buch beschrieben. Wenn Sie das Gesetz der Polarität oder das Gesetz der Resonanz in ihren Wirkungen auf das Leben weiter interessieren, werden Sie in diesem Buch fündig. Es ist eine Einführung in die ganzheitliche Denkwelt und eher dem esoterischen Wissen zuzuordnen.

Duhigg, Charles: Die Macht der Gewohnheit – Warum wir tun, was wir tun. 1. Auflage, Berlin Verlag, Berlin 2012.
Ein leicht lesbares und ausgesprochen gut recherchiertes Businessbuch. Hier erfahren Sie alles über unsere Gewohnheiten und Möglichkeiten, diese auch wirklich zu verändern. Mit unzähligen Beispielen und Geschichten lernen sie unterschiedliche Typen von Gewohnheiten kennen und verstehen. Es geht um Gewohnheiten von Menschen, aber auch von Organisationen.

Höfler, Manfred; Dietmar Bodingbauer; Hubert Dolleschall; Franz Schwarenthorer: Abenteuer Change-Management – Handfeste Tipps aus der Praxis für alle, die etwas bewegen wollen. 2. Auflage, Frankfurter Allgemeine Buch, Frankfurt 2011.

Ein Team von Beratern der ICG – Integrated Consulting Group – hat ein Buch über Change in Organisationen geschrieben. Es bietet eine Zusammenschau von 80 Change-Impulsen für die Praxis in Unternehmen. Hier erfahren Sie fundiert beschrieben, worauf es bei Change-Projekten wirklich ankommt.

Kruse, Peter: next practice – Erfolgreiches Management von Instabilität. 5. Auflage, GABAL, Offenbach 2010.

Dieses Buch besteht aus zwei Teilen. Wir empfehlen Ihnen besonders den ersten Teil, wenn Sie den wissenschaftlich-theoretischen Hintergrund von Veränderung erkunden wollen. Hier erfahren Sie allgemeingültige Grundprinzipien für den konkreten Führungsalltag. Im Kern geht es um einen erhellenden Verständnishintergrund für den strategischen Umgang mit Veränderung. Wir haben das Buch hier ausgewählt, weil es die Iteration – unser Basiswerkzeug – aufbereitet und konkrete Anwendungsmöglichkeiten zeigt.

Ossimitz, Günther; Christian Lapp: Das Metanoia-Prinzip: Eine Einführung in systemisches Denken und Handeln. 1. Auflage, Franzbecker, Hildesheim 2006.

Das Buch gibt einen Überblick über die Vielfalt systemwissenschaftlicher Ansätze und des systemischen Denkens. Wir sind zwar davon geprägt, haben es aber in diesem Buch nicht in den Vordergrund gestellt. Bei Interesse empfehlen wir dieses Werk. Der Aufbau des Buches orientiert sich an den grundlegenden Dimensionen systemgerechten Denkens und Handelns. Im Zentrum steht die Frage, wie Selbstorganisation funktioniert und was das mit lebenden Systemen zu tun hat. Das Buch kann Ihre Denkmuster infrage stellen.

Pietschmann, Herbert: Eris & Eirene – Eine Anleitung zum Umgang mit Widersprüchen und Konflikten. 1. Auflage, Ibera, Wien 2002.
Dieses Buch empfehlen wir uneingeschränkt. Es ist einfach geschrieben, schnell lesbar und dennoch sehr erhellend. Sie finden hier eine ausführliche Darstellung der Aporie – die auch wir beschrieben haben – mit einer viel grundlegenderen Aufbereitung. Aporien finden wir auf verschiedenen Ebenen, die alle kurz beleuchtet werden. Das geht bis zu den Aporien in der großen gesellschaftlichen Entwicklung. Des Weiteren beschreibt das Buch den dialektischen Prozess im Detail, was einer Weiterführung der Skizzen in unserem Buch entspricht. Es ist ein Buch über die größeren Spiele.

Sander, Constantin: Change! Bewegung im Kopf. Ihr Gehirn wird so, wie Sie es benutzen. 3. Auflage, BusinessVillage, Göttingen 2012.
Wir haben Entscheidung und Veränderung als Spiel beschrieben und sind somit sehr am Prozess orientiert. In diesem Buch finden Sie eine Zusammenfassung des grundlegenden Wissens über Entscheidung und Veränderung mit einem Fokus auf neurologische und biologische Grundlagen. Es ist ein Buch über die Funktion des Gehirns und eine Anleitung, wie wir es benutzen sollten, um im Change erfolgreich zu sein. Es ist sehr zu empfehlen, weil es viele Grundlagenwerke leicht lesbar aufbereitet und fundiert zusammenfasst.

Sloterdijk, Peter: Du mußt Dein Leben ändern – Über Anthropotechnik. 1. Auflage, Suhrkamp Verlag, Frankfurt 2009.
Bei diesem Buch müssen Sie philosophische Texte lieben. Wenn Sie sich darauf einlassen, dann ist dieses Buch eine wunderbare geschichtliche Aufbereitung des Menschen als übendes Wesen. Der Mensch übt, um sich selbst zu erzeugen und über sich hinauszuwachsen. Das Buch öffnet eine tief gehende Welt der Veränderung und liefert bewegende Einsichten und sehr außergewöhnliche Perspektiven. Wir können es auch ein großes Buch der Inspiration nennen.

Sprenger, Reinhard K.: Radikal führen. 1. Auflage, Campus Verlag, Frankfurt 2012.
Ein aktuelles Buch aus der Führungsliteratur wollen wir hier aufgreifen. Dieses Buch ist für die Praxis in Unternehmen geschrieben. Es reduziert und zeigt eine Auswahl an Kernaufgaben der Führung. Besonders die Suche nach dem Sinn der Führung, die zum Erfolg leiten muss, ist empfehlenswert. Des Weiteren wird die Entscheidung von Konflikten als Kernaufgabe beschrieben. Mit diesem Kapitel schließt dieses Buch an das innere Spiel direkt an. Hier ist aber die Zielgruppe durchgehend der Mensch mit Führungsverantwortung.

Völkl, Kurt; Heinz Peter Wallner: Das Lila-Management-Prinzip – Unternehmen neu denken und erfolgreich verändern. 1. Auflage, Signum, München 2008.
Unser eigenes Buch über das »Lernen in der liegenden Acht« war der Ausgangspunkt unserer Überlegungen. Der Veränderungszyklus »neues Denken, neue Haltung, neues Tun, neue Erkenntnis« bildet die Basis des inneren Spiels. Hier finden Sie eine tiefere Aufbereitung der Bedeutungsräume entlang der vier Quadranten der liegenden Acht. Der gesamte Inhalt des Buches wird ergänzend in Form einer Geschichte, geschrieben von Dodo Kresse, unterhaltsam aufbereitet.

Wallner, Heinz Peter: Im Zeichen der Veränderung – Persönliche Entwicklung, neue Führungsarbeit und Nachhaltigkeit. 1. Auflage, bloggingbooks, 2012 und das Blog http://hpwallner.at.
Dieses Buch bietet eine Auswahl von kurzen Artikeln, die den Denk- und Entwicklungsprozess vom »Lernen in der liegenden Acht« (train the eight®) hin zum inneren Spiel wie ein Logbuch beschreiben. Es wird die persönliche Entwicklung ins Zentrum gestellt. Es bietet aber auch Skizzen für die neue Führungsarbeit – an Beispielen tiefer gehend, als wir es in unserem Buch darstellen konnten – und Skizzen für eine nachhaltige Entwicklung der Gesellschaft und Wirtschaft.

11.2 Literaturangaben

Wir haben einen verantwortungsvollen Umgang mit Quellen gepflegt. In einem Buch für die Praxis und ohne wissenschaftlichen Anspruch hat die Angabe von Literatur aber klare Grenzen. Es wird vielleicht einige Gedankenskizzen geben, die, zwar ohne Quelle angeführt, sich auf bestimmte Literaturquellen zurückführen ließen. Wir entschuldigen uns bei jenen Menschen, deren Werke wir hier nicht genannt haben. Es ist nicht mit Absicht passiert. Verstehen Sie diese Aufzählung von Quellen bitte nur als eine Auswahl. Sie ist mit Sicherheit unvollständig.

Bartmann, Christoph: Leben im Büro: Die schöne neue Welt der Angestellten. 2. Auflage, Carl Hanser Verlag, München 2012.

Bauer, Joachim: Prinzip Menschlichkeit – Warum wir von Natur aus kooperieren. 1. Auflage, Hoffmann und Campe, Hamburg 2006.

Berne, Eric: Spiele der Erwachsenen: Psychologie der menschlichen Beziehungen. 13. Auflage, rororo, Reinbek 2002.

Bonsen, Matthias zur: Leading with Life – Lebendigkeit im Unternehmen freisetzen und nutzen. 2. Auflage, Gabler, Wiesbaden 2010.

Brown, Juanita: The World Café – A Resource Guide for Hosting Conversations that Matter. The World Café Community, Whole System Associates, CA 2002, www.theworldcafe.com.

Byrne, Rhonda; Karl Friedrich Hörner: The Secret – Das Geheimnis. 19. Auflage, Arkana, München 2007.

Connors, Roger; Tom Smith: Change the Culture, Change the Game: The Breakthrough Strategy for Energizing Your Organization and Creating Accountability for Results. 1. Auflage, Penguin Group, Portfolio Hardcover, New York 2011.

Dürckheim, Karlfried Graf: Der Alltag als Übung: Vom Weg zur Verwandlung. 10. Auflage, Verlag Hans Huber, Bern 2008.

Ehrenreich, Barbara: Smile or Die. Wie die Ideologie des positiven Denkens die Welt verdummt. 1. Auflage, Verlag Antje Kunstmann, 2010.

Fisher, Len: Schwarmintelligenz: Wie einfache Regeln Großes möglich machen. 1. Auflage, Eichborn, Frankfurt am Main 2010.

Fisher, Roger; William Ury; Bruce Patton: Das Harvard-Konzept – der Klassiker der Verhandlungstechnik. 23. Auflage, Campus, Frankfurt am Main 2009.

Hawkins, David R.: Das All-sehende Auge »The Eye of the I«. 1. Auflage, Sheema Medien Verlag, Wasserburg/Inn 2005.

Hernstein Institut für Management und Leadership der Wirtschaftskammer Wien: Wertemanagement, Hernstein Management Report, Nr. 5/2011.

Hinterberger, Friedrich; Harald Hutterer; Ines Omann; Elisabeth Freytag (Hrsg.): Welches Wachstum ist nachhaltig? Ein Argumentarium. Mandelbaum Verlag, Wachstum im Wandel – Eine Initiative des Lebensministeriums, Wien 2009.

Hochreiter, Gerhard: Choreographien von Veränderungsprozessen. Die Gestaltung von komplexen Organisationsentwicklungen. 1. Auflage, Carl-Auer Verlag, Wien 2004.

Johnson, Spencer: Die Mäuse-Strategie für Manager. Veränderungen erfolgreich begegnen. 1. Auflage, Ariston, München 2000.

Kibéd, Matthias Varga von; Insa Sparrer: Ganz im Gegenteil. Tetralemmaarbeit und andere Grundformen Systemischer Strukturaufstellungen – für Querdenker und solche, die es werden wollen. 7. Auflage, Carl-Auer Verlag, Wien 2011.

Kotter, John P.: Leading Change: Wie Sie Ihr Unternehmen in acht Schritten erfolgreich verändern. 1. Auflage, Franz Vahlen, München 2011.

Koller, Gerald: spring ... und lande: Landkarten für die Rausch- und Risikopädagogik, Buch und Film. 1. Auflage, Edition LIFEart, Seewalchen am Attersee 2012.

Leopold, Aldo: A Sand County Almanac. 31. Auflage, Ballantine Books Edition, New York 1991.

Luhmann, Niklas: Organisation und Entscheidung. 1. Auflage, Westdeutscher Verlag, Wiesbaden 2000.

Mahlmann, Regina: Unternehmen in der Psychofalle – Wege hinein. Wege hinaus. Mein Coach. Mein Therapeut. Mein Chef. 1. Auflage, BusinessVillage, Göttingen 2012.

Mandl, Christoph; Markus Hauser; Hanna Mandl: Die schöpferische Besprechung – Kunst und Praxis des Dialogs in Organisationen. 1. Auflage, EHP-Verlag Andreas Kohlhage, Bergisch Gladbach 2008.

Mourlane, Denis: Resilienz. Die unentdeckte Fähigkeit der wirklich Erfolgreichen. 1. Auflage, BusinessVillage, Göttingen 2012.

Neun, Winfried: Warum es uns so schwerfällt, das Richtige zu tun. Die Psychologie der Entscheidungen. 1. Auflage, BusinessVillage, Göttingen, 2011.

Peale, Norman Vincent: Die Kraft positiven Denkens. 1. Auflage, Oesch Verlag AG, Zürich 2000.

Prigogine, Ilya; Isabelle Stengers: Dialog mit der Natur. 6. Auflage, Serie Piper, München 1990.

Schmitt, Robert; Tilo Pfeifer: Qualitätsmanagement: Strategien, Methoden, Techniken. 4. Auflage, Carl Hanser Verlag GmbH & CO. KG, München 2010.

Schulz von Thun, Friedemann: Miteinander reden 2: Stile, Werte und Persönlichkeitsentwicklung. Rowohlt, Reinbek 1990.

Schulze, Gerhard: Die beste aller Welten: Wohin bewegt sich die Gesellschaft im 21. Jahrhundert? 3. Auflage, Hanser Belletristik, München 2003.

Senge, Peter M.: The Dance of Change. 1. Auflage, Signum, Seedorf 2000.

Senge, Peter M.: Die fünfte Disziplin. 9. Auflage, Klett-Cotta, Stuttgart 2003.

Sloterdijk, Peter: Tau von den Bermudas: Über einige Regime der Einbildungskraft. 2. Auflage, Suhrkamp Verlag, Berlin 2001.

Stockhammer, Richard (Hrsg.): Niemand lernt so wie ich. Ein Reise durch österreichische Lernlandschaften. 1. Auflage, Studienverlag, Innsbruck 2011.

Tolle, Eckhart: Eine neue Erde: Bewusstseinssprung anstelle von Selbstzerstörung. 1. Auflage, Arkana, 2005.

Udall, Nick; Nic Turner: The Way of Nowhere – Eight Questions to Release Our Creative Potential. 1. Auflage, HarperCollinsPublishers, 2008.

Wallner, Heinz Peter; Michael Narodoslawsky: Inseln der Nachhaltigkeit – Logbuch für ein neues Weltbild. 1. Auflage, NP-Buchverlag, St. Pölten 2001.

Watzlawick, Paul (Hrsg.): Die erfundene Wirklichkeit. 5. Auflage, Serie Piper, München 1985.

Change! Bewegung im Kopf

Constantin Sander
Change! Bewegung im Kopf
Ihr Gehirn wird so, wie Sie es
benutzen. Mit neuen Erkenntnissen
aus Biologie und Neurowissenschaften
3., überarbeitete Auflage 2012

256 Seiten; 24,80 Euro
ISBN 978-3-86980-177-3; Art-Nr.: 881

Barack Obamas Motto „Change" hat Menschen angespornt und elektrisiert. Aber wie geht eigentlich Veränderung? Reichen positives Denken, Bekämpfung des inneren Schweinehundes und ein Motivationstraining als Schlüssel zur Veränderung aus?

Wir laufen meist noch völlig untauglichen Vorstellungen von Wahrnehmung, Lernen und Motivation hinterher. Entscheidungsprozesse in unserem Kopf funktionieren anders als wir denken. Der Bauch dominiert den Kopf - der rational gesteuerte Homo oeconomicus ist ein Mythos vergangener Zeiten. Veränderung kann nur gelingen, wenn wir die Grundlagen unseres Verhaltens verstehen und als Ressource nutzen. Denn das Potenzial, über uns selbst hinauszuwachsen und etwas zu verändern, ist uns angeboren – wir müssen es nur nutzen.

Leicht verständlich und unterhaltsam belegt Dr. Constantin Sander anhand neuer wissenschaftlicher Erkenntnisse aus der Neuropsychologie und Biologie, wie Veränderungsprozesse in der Praxis funktionieren.

Resilienz

Denis Mourlane
Resilienz
Die unentdeckte Fähigkeit der wirklich
Erfolgreichen

232 Seiten; 2012; 24,80 Euro
ISBN 978-3-86980-191-9; Art-Nr.: 895

Erfolgreiche Menschen haben eine Eigenschaft, die sie von anderen unterscheidet und doch sofort wahrnehmbar ist: Gelassenheit. Sie meistern schwierige Situationen scheinbar mit Leichtigkeit, persönliche Angriffe prallen an ihnen ab und selbst unter hohem Druck büßen sie ihre Leistungsfähigkeit nicht ein.

Was machen diese Menschen anders? Sie beherrschen die Gelassenheit im Umgang mit sich, mit ihren Mitmenschen und mit den Herausforderungen, die das Leben und ihre tägliche Arbeit für sie bereithalten. Eine Eigenschaft, nach der sich immer mehr Menschen sehnen und die in der heutigen Zeit immer bedeutender wird. Resiliente Menschen verbinden diese Fähigkeit mit einer erstaunlichen Zielorientierung, Konsequenz und Disziplin in ihrem Handeln und erreichen dadurch etwas, was sie von vielen anderen unterscheidet: persönlichen Erfolg UND ein sehr großes Wohlbefinden.

In einer der wahrscheinlich spannendsten Reisen, der Reise zu Ihrem eigenen Leben, bringt Ihnen Dr. Denis Mourlane das Konzept der Resilienz näher und zeigt Ihnen, wie Sie es in Ihren Alltag integrieren.

Wuselmanagement

Claudia Hupprich
Wuselmanagement
Wie Sie Selbstsabotage vermeiden und
den inneren Kritiker für sich gewinnen

224 Seiten; 2013; 24,80 Euro
ISBN 978-3-86980-205-3; Art-Nr.: 915

Jeder von uns kennt ihn, den „inneren Kritiker". Er mischt sich ungefragt in unser Denken und Handeln ein. Er gibt uns vermeintlich wohlwollende Ratschläge und ermahnt uns, was wir müssen, nicht dürfen oder nicht können.

Der innere Kritiker erscheint wie ein guter Freund, der uns davor schützen möchte, Schiffbruch zu erleiden. Tatsächlich aber setzt er uns objektiv nicht vorhandene Grenzen und ist oft die Ursache für mentale Blockaden.

Dunkelseher, Zwergenmacher oder Druckmacher ... Der innere Kritiker hat viele Gesichter. Auf hurmorvolle und unterhaltsame Weise zeigt Claudia Hupprich, welche Selbstsabotageprogramme in uns oft ablaufen, woher sie kommen und warum sie so hartnäckig sind.

Mit einer Reihe von einfach umsetzbaren und schnell wirksamen Praxistipps zeigt dieses Buch, wie Sie den inneren Kritiker für sich gewinnen können, um mentale Selbstsabotage in Zukunft erfolgreich zu stoppen.